白话全译本·插图珍藏版

重读晚清变革总设计师李鸿章
如何突破政治、经济、外交困局
一个秉承中国儒家文化传统的文人
一个深谙中国封建官场之道的官僚
一个外国人眼中的东方“俾斯麦”
一个国人心中颇具争议的历史人物

白话全译本·插图珍藏版

李鸿章

梁启超·著
李安安·译

中国城市出版社
·北京·

图书在版编目（CIP）数据

李鸿章传 / 梁启超著. —北京：中国城市出版社，2010.10

ISBN 978-7-5074-2344-0

Ⅰ. ①李… Ⅱ. ①梁… Ⅲ. ①李鸿章（1823 ~ 1901）—传记 Ⅳ. ①K827=52

中国版本图书馆CIP数据核字（2010）第166541号

选 题 策 划　徐昌强
责 任 编 辑　华　风（greatbook@sina.com　13661335586）
装 帧 设 计　同人阁图书•书装设计 郭亭亭
责任技术编辑　张建军
出 版 发 行　中国城市出版社
地　　　址　北京市海淀区太平路甲 40 号（邮编　100039）
网　　　址　www. citypress. cn
发行部电话　（010）63454857　63289949
发行部传真　（010）63421417　63400635
发行部信箱　zgcsfx@sina. com
编辑部电话　（010）52732085　52732055　63421488（Fax）
投 稿 信 箱　city_editor@sina. com
总编室电话　（010）52732057
总编室信箱　citypress@sina. com
经　　　销　新华书店
印　　　刷　北京九天志诚印刷有限公司
字　　　数　202 千字　　印张 18
开　　　本　787 × 1092（毫米）　1/16
版　　　次　2011 年 5 月第 1 版
印　　　次　2011 年 5 月第 1 次印刷
定　　　价　28.00 元

目录

译文部分

原文部分

序例

梁启超（1873—1929），字卓如，一字任甫，号任公，别号饮冰室主人、饮冰子、哀时客、中国之新民、自由斋主人等。汉族，广东新会人，中国近代著名的政治活动家、启蒙思想家、资产阶级宣传家、教育家、史学家和文学家。戊戌维新运动领袖之一。著有《饮冰室合集》，代表作有《李鸿章传》、《清代学术概要》、《中国近三百年学术史》、《中国历史研究法》等。

一、本书完全依照西方人的传记文体，记述李鸿章一生的事迹，并加以评论，使今后的读者，对他这个人有所了解。

二、中国的旧式文体，凡是记一个人的事迹，或者用传，或者用年谱，或者用事略（叙述死者世系、生平、生卒年月、籍贯、事迹的文章，常由死者门生故吏或亲友撰述，留作撰写墓志或史官提供立传的依据），都是记述生平经历和事迹的，不做是非褒贬的评论，如果有也只是附于文章后面。这种夹叙夹议的方式，实际是史马迁首创的，《史记·伯夷列传》、《屈原列传》、《货殖列传》等篇都是这样的。后世人缺乏历史见识，不敢跟着学。我愚钝不敏，偷偷把司马迁的写法拿来一试。

三、四十年来，中国发生的重大事件，无一不和李鸿章有关，所以为李鸿章作传，不能不以做近代史的态度和笔法来写。我对于时局稍微有些见解，不敢隐讳，目的不是给前人看，而是给后人看。只可惜时间太短，身边没有一本书可参考，因此书中记述错误之处，在所难免。希望日后有机会补充修正。

四、关于江南之战，记述湘军事迹很多，似乎有些跑题了；但淮军与湘军的关系极其复杂，如果不这么写就不能充分展现当时的形势，望读者谅解。

五、《中东铁路和约》、《中俄密约》、《辛丑条约》，都全文转载下来。因为李鸿章本人事迹的前因后果，与这类公文的关系很密切，因此宁愿使文章拖沓，也全部收录。

六、李鸿章在中国背负的指责和诽谤很多。我与他，在政治上是公敌，私下里也只是泛泛之交，当然不会有心为他抱屈辩护。所以书中有不少为他开脱辩护的语言，很多与时下的论调不一致，这完全是因为作史者一定要禀着公平之心来写。否则，就会失真也有失公允。英国著名首相格林威尔曾呵斥为他画像的画家说：“画出我的真实面目来！不要失去了我的真相。”我写这本书，自信不至于遭到格林威尔那样的呵斥。李鸿章若泉下有知，必然也会含笑于地下说：“这小子是我的知音。”

光绪二十七年十一月既望 作者自序
（一九〇一年十一月十六日）

白话全译本·插图珍藏版

译文部分

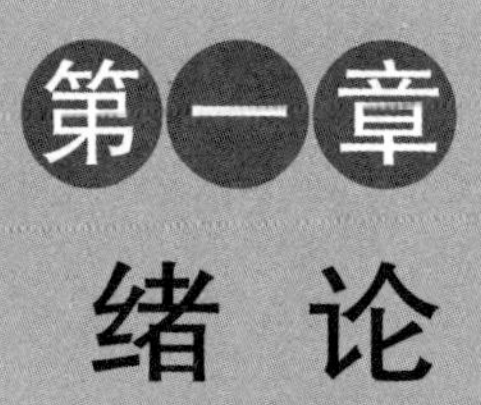

绪论

天下只有平庸的人不被责怪，也不受赞誉。如果一个人被全天下的人憎恨，那么他可说是超乎寻常的奸雄了。虽然，天下说这些话的，大部分都是平常人，千百人里也难找出一个非同寻常的人，那么，以平常人的眼光和见识来评论非常之人，是可信的吗？所以，享誉满天下的，未必不是被人厌恶的伪君子；遭天下诽谤的，未必不是伟人。俗话说：盖棺论定（即死后才给一个人下结论）。我看有不少人死后数十年甚至数百年，对他的评价也还是没个定论的。各自认为自己所评论的是非没问题，那么，后世的史家或论者将如何从中甄别鉴定呢？如：有的人被千万人赞誉，同时也被千万人诋毁；对其称颂达到顶点，对其诽谤也达到顶点。他今天所遭到的诋毁，正好可以与他当初受到的赞誉相抵消；他今天所受的赞誉，正好与他当初所受的诋毁相抵消，像这样的人，那是什么样的人呢？回答是：这种人可以说是非同寻常的人了。他是非常人的奸雄，还是非常人的豪杰，我们暂且不论，而看他所处的位置和所做的事情，就不是平庸之人的眼光和见识随便可以信口雌黄的。明白这个道理的人，可以读我的这本《李鸿章传》。

我敬重李鸿章的才干，我惋惜他见识的不足，我又同情他的遭遇。李鸿章曾环游欧洲，在德国面见当时的宰相俾斯麦，曾请教地问道："作为一国的大臣，想尽自己所能为国家做事，但满朝的人与自己意见不合，大家合力阻挠，束缚你的手脚，此种情况下，仍想不放弃自己志向，应从何处入手，怎么做呢？"俾斯麦回答说："首先要得到皇上的支持，有他支持你就获得了特别权力，那还有什么事做不成呢？"李鸿章说："比如现有这么一个大臣，他的君主无论什么人的话都能听进去，君主身边的近臣和侍卫人员，又经常狐假虎威，借主子名义把持着大局。那处于这种情况的人该怎么办呢？”俾斯麦深思了良久说：“作为大臣，如果他是以忠诚之心操劳国事，估计就没有不被君主理解体谅的，只有与妇人女子共事，就不好说了。”（这些话是从西方报纸翻译过来的，普通华文如《星轺日记》所登载的内容，因有所忌讳而不敢全译）对此，李鸿章沉默认同。唉，我看李鸿章胸中的气闷不快和牢骚忧郁，不是旁观者所能理解的。我因此批评他，我也因此理解他。

李鸿章

自从李鸿章在全世界扬名以来，五大洲各国各界，几乎只知道李鸿章，不知道有中国。简单地说，可以说李鸿章就是中国独一无二的代表人物了。以甲国人的身份来评论乙国人的事，是必然不能得知其真相的，原因自不必说，但若举出重要人物，李鸿章确实是中国近四十年来第一流的重要人物。读中国近代史，势必不能不说到李鸿章；而读《李鸿章传》的人，也势必不能不参见中国近代史，这是有识之士都认同的。所以我现在这本书，也可命名为“同光以来大事记”了。

不仅如此。大凡一个国家今天之现象，必然与它之前的历史有因应关系，所以，过去的历史是今天现象出现的原因，而今天的现象是之前历史发展的结果。以李鸿章与今日中国的深切关系，那么要想评价李鸿章这个人物，就势必要以高远而准确的眼光，观察中国数千年来政权变化更迭的大势、中国各民族的此消彼长与兴衰的发展方向，及当今中外交涉中的隐情内幕，如此才能了解李鸿章在中国历史上所处的独特位置。孟子说：知人论世。世情世事固然不容易评论，而人难道是容易了解的吗？

今天中国的一些时评家，往往以平定太平天国、平定捻军叛乱为李鸿章的功绩，以数次与外国的谈判议和为李鸿章的罪过。我以为这种功罪评价都有失妥当。过去，俾斯麦曾对李鸿章说：“我们欧洲人把抵御异族入侵当作功绩。为保全一家的利益而自相残杀，是欧洲人不赞赏的做法。”李鸿章平定太平天国和捻军叛乱，可说是兄弟间同室操戈，兄长得胜罢了，如果以此为功劳，那天下兄弟们都会忧惧不安啊。国人因为国耻，积愤已久，痛恨与外国的和议，从而把怨恨都迁怒、集中到李鸿章一人身上，事出固然有因，然而如果设身处地想想，在一八九五年二三月份、一九〇〇年八九月之交，假使这些批评者也处在李鸿章的位

李鸿章与俾斯麦交谈

置，那么他们的举措和行为，果真就能比李鸿章表现出色吗？对李鸿章批评指责的人，不过是站在旁观者的角度嬉笑怒骂，图一时口舌之快罢了。所以，我对李鸿章对于中国的功罪评价，恰恰是与此不同的。

李鸿章现在已经去世了。国外的评论者，都把李鸿章当成当今中国的第一人。有人说：李鸿章的死，势必会带来中国局势的大变动。李鸿章果真可称得上中国第一人与否，我不敢说，但现在年龄一般在五十岁以上的人，三四品以上的官员，没有一人比得上李鸿章的，这个是我可以断言的；李鸿章的死，与中国全局有无关系，我不敢说，但现今政府失去一个李鸿章，如同虎失去其伥，失去得力助手，瞎子失去说唱的本领，可说是情势危险，前途堪忧，此后麻烦事会越来越多，这个也是我敢断言的。而我又希望外国人对李鸿章的评论有失其真，假使这些评论是真的，那么以我诺大一个中国，只靠一个李鸿章来支撑吗？中国还有病愈的时候吗？

西方有哲言说：时势造英雄，英雄亦造时势。像李鸿章这样的人，我不能不称他为英雄。虽然，他是时势所造的英雄，而不是造时势的英雄。时势所造的英雄，是平常的英雄。天下如此之大，历史这么久远，何时何代没有时势？所以读一读二十四史，像他李鸿章这样的英雄，可说是为数众多，车载斗量；而造时势的英雄，阅尽历史，往往千年也不出一个啊。这就是我中国历史一直以来因循守旧、缺少创造活力、终不能大放异彩、震撼世界的原因。我写这本书时，胸中自始至终有着这种感慨。

历史学家评价霍光时，常感叹其不学无术。我认为李鸿章之所以不能成为非常的英雄，也因这四个字。李鸿章不了解国民之间相互依存的原理，不通晓世界的大趋势，不懂政治的民生之本原，在十九世纪这个竞争进化加剧的时代，只知道做些添补缺漏的改良工作，苟且偷安，不为休养并扩充国民实力做些事情，把国家建成威名远扬的强大国家，仅仅捡拾了点西方的皮毛，取水却忘了源头，就此自足自安，甚至还凭借自己的那点小才智，想与世界上著名的大政治家抗衡，让出大的利益，却争竞蝇头小利，这不是他不鞠躬尽瘁，但这于事何补呢？孟子说：在尊长面前大吃猛喝，却讲求不要用牙齿啃干肉，这就叫做不知什么是最

重要的事情。说得很对啊。李鸿章晚年所做的事桩桩失败，都因为此。尽管如此，这又何必深加指责他？他李鸿章本来就不是一个造时势的英雄。大凡一个人，生于一个社会当中，总会被这个社会数千年来所形成的思想、习俗和观念所束缚而不能自拔。李鸿章没生在欧洲而生在中国，没生活在今日而生在数十年前，先于他而生和与他同时代的人，并没出现一个能造时势的英雄来引导他、帮助他，而当时中国所孕育培养的人物，也就是这样了，自然不能把责任归咎于李鸿章一人。况且他的遭遇也和他的心志在当时形势下难以得到实现有关吧？所以我说：我敬李鸿章的才干，惋惜李鸿章的见识之不足，而哀怜李鸿章的遭遇。但自此后会有沿着李鸿章的道路有所成就的人吗？时势既然已变，那能称为英雄的，自然与以往也不一样，希望他不要用我为李鸿章开脱的话来自我宽恕。

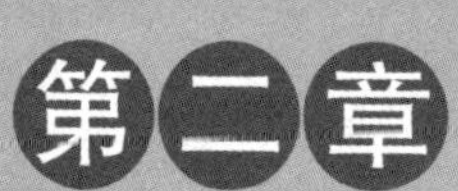

李鸿章所处的历史位置

要评定李鸿章这个人物，就要对李鸿章所属的国家，及他所生活的时代这两个方面，都不能没有深刻了解。

一是李鸿章所属的国家，是一个数千年来君主专制的国家，又正好赶上专制政体发展到成熟，达到极限的时代；

二是李鸿章所处的国家，是满洲人入主中原成立的统一国家，又正好赶上杂居和统治已久，汉族权利逐渐恢复的时代。

宣统元年李鸿章像大清银行兑换券

评论家们动不动就说：李鸿章是近代中国的权臣。我不知道他们所谓的权臣，这个说法界定的标准是什么。即使如此，如果把李鸿章与两汉的霍光、曹操，明代的张居正相比，与近代欧、美、日本那些所谓的君主立宪制国家的大臣们相比，那李鸿章的权利则远远不能与他们相提并论。假使李鸿章果真是个权臣，那回顾古代中国的权臣，他们都是专权独断、擅自作威作福、挟持君主、天下人不敢正视，从而动摇江山社稷的人，而李鸿章却是忠直不二，并无非分野心，这也可说是纯正的大臣了；假使李鸿章果真是个权臣，那看近代各国的权臣们，他们都是雷厉风行、改革政务、按自己意愿把持操纵、不回避嫌猜和责难的人，而李鸿章却是因循守旧、不自振作、缩头缩尾、无所成就，这可说是个庸碌的大臣了。即使这样，李鸿章所处的时代，还是与他们有很大的不同的，在此我试着与读者一起放大、放明我们的眼光，上下古今，逐一分析。

挟天子以令诸侯的曹操

中国是一个中央集权的专制国家，这是全天下的人所共知的。虽然，这个专制政体，也在因循着进化论的原理，渐渐发展并发达起来，到现代中国，开始走向圆满，所以所谓权臣的权力，到今天几乎被剥夺削除完了。回溯春秋战国时代，鲁国的三桓（季孙、孟孙、叔孙），晋国的六卿（智氏、赵氏、韩氏、魏氏、中行氏、范氏），齐国的陈田，都可说是千百年来最大的权臣了。那时候可说是纯粹的贵族政体，大臣对于国家来说，是万中取千，千中取百，一层层选拔上来的。如同一棵大树，树枝如果太强大，必然会伤了树干，这是势所必然的。自两汉起，天下成一统，中央集权的政体逐渐生成，但其根基还没稳固，所以外戚掌权的祸乱特别严重。像霍光、邓骘、窦宪、梁冀这些人相继而起，其权势炙手可热，王莽趁机篡夺了汉朝的江山，此时还带有贵族政治的特点，可说是贵族政治的余波了。如果没有相当的家世门弟，绝不敢有掌握大权的非分之想。范晔在《后汉书》中说到张奂、皇甫规等人，虽功劳盖世，名声传四海，举手投足间，几乎可决定天子性命，但面对天子还是不顾形象地恭敬跪拜而毫无后悔之心，这就要归功于“独尊儒术”的儒家思想的作用了，这理应如此吧。然而此时贵族掌权之风气并未衰落，所以如没有贵族的出身和资历，是不敢有不轨之二心的。这可说是权臣的第一种类型。

儒家创始人——孔子

至董卓以后，各路豪杰纷纷而起，曹操趁机窃取了高位，靠武功成为权臣的应该说是从曹操开始的。此后司马懿、桓温、刘裕、萧衍、陈霸先、高欢、宇文泰等人，都是走的这条武功夺权的道路。这是权臣中的第二类。又如秦朝的商鞅、汉代的霍光、诸葛亮、宋代的王安石、明代的张居正等人，都出身于平民家庭，并没什么家世背景和依靠，却能凭自己的才学被主上赏识信任，从而委以大任，得以实行自己的志向，全国上下都俯首听命，一时间大权在握，无人可及，其权势几乎相当于近代君主立宪国家中的首相了。这是权臣中的第三类。还有一类层次在

下面的权臣，他们花言巧语，讨好献媚，取悦主上，窃取国家的大权，却带给百姓祸乱和悲惨命运，如秦朝的赵高，汉代的十常侍，唐代的卢杞、李林甫，宋代的蔡京、秦桧、韩侂胄，明代的刘瑾、魏忠贤，都是些气度狭小，见识浅陋的强盗一样的人物，其实不值得充数的。这些是权臣中的第四类。以上四类，可以说把中国数千年来所出现的权臣，都大致包括进去了。

简言之，越是古代权臣越多，越到近代权臣越少，这是什么原因呢？大概权臣势力的此消彼长，和专制政体的发展进化成比例关系，而中国专制政治的发达，应有两大原因：一因传统儒家思想的渗透教育，二因雄才大略之君主的谋略和努力。当初，先哲孔子看到周朝末年贵族政治所存在的极大弊端，就思考着如何通过一个明君来安定天下，所以在贵族势力恣肆猖獗时，他就著书立说，建立起儒家思想这个理论体系来教化民心，并一再解释、谆谆诱导，强调其作用和意义。

“罢黜百家，独尊儒术”的汉武帝

西汉建立后，叔孙通、公孙弘等人，开始承袭、完善并利用儒家思想，以此树起君主的权威。汉武帝尊崇标榜六艺，而罢黜百家之思想学术，专门弘扬儒家思想来教化并统治天下，天上地下、天子与臣民的尊卑关系更加明显，天下人才开始认识到权臣现象是应该被指责诟病的。之后两千年来，都以此儒家思想作为国民教育的核心思想，宋代学者又进一步补充、弘扬这种思想，使之基础更加稳固，凡是上流社会的官员、名流，及洁身自好的人，无不悉心学习，检点自己的言行以遵守之。儒家的思想和义理既然已深入人心，自然就消除了人心中的野心和飞扬跋扈之气，自觉规范自己的言行，使之符合儒家思想。如汉代的诸葛亮、唐代的郭子仪，到近代的曾国藩、左宗棠及李鸿章，都是受此思想影响很深刻的人。加之历代的君主，有鉴于国家兴亡之原因和补救之方法的思考和研究，其方法日益完善周密，所以贵族势力的权柄，到汉代末年几乎已消失殆尽。汉光武帝刘秀、宋太祖赵匡胤对待功臣，都给予优厚的俸禄，却削夺其兵权；汉高祖刘邦、明太祖朱元璋对功臣，则是抓嫌疑定罪状，甚至满门抄斩，虽然做法和宽忍程度不同，但削弱其兵权以巩固自己作为君主的无上权威则是相同的。到了近代，天下采取郡县制度，土地世袭制也被取消，中央政府和地方政府之间，互相

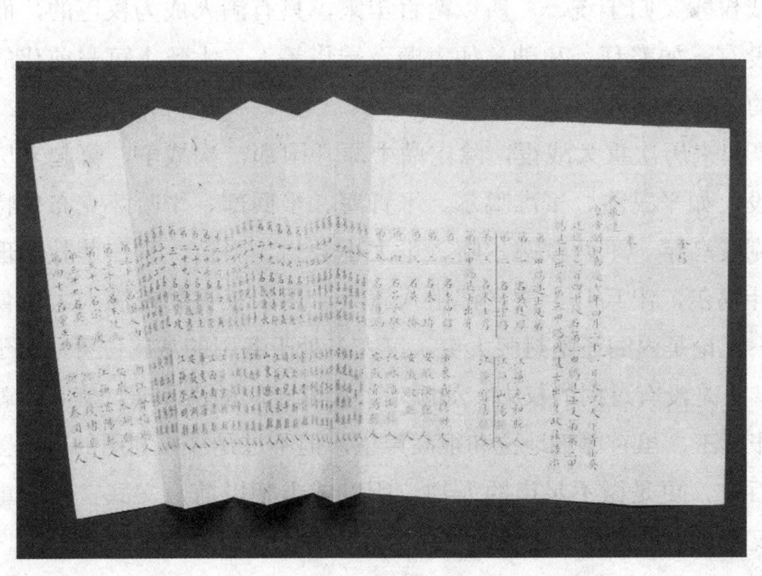

封建社会的金榜

牵制，而皇帝则可执一条长鞭随意对他们进行统御。即使在朝中当十年宰相，在地方做官被封疆千里，但皇帝的一纸诏书一朝传令下来，就可能被削夺官职，束手就擒，被小吏押送，与平民百姓没什么区别，所以身居重要地位的人几乎没多少能有幸获免的，只好以持盈保泰来保全名声和身家性命，并以此自勉，难道是他们的性情修养比古人更好了吗？实在是势态所逼啊。因为以上两个原因，所以心存骄傲和野心的人就有所顾忌，不敢透露释放其志向，天下也就因此得以安定了。而那些洁身自好的人，则常有如履薄冰之感，并以此为警戒，不想身居要职以避嫌疑，即使有国家大事，明知道自己应坚持原则，应有所担当，也不敢首当其冲地去力排群议，违抗圣旨。俗话说：当一天和尚撞一天钟。满朝人士，都是明哲保身主义者，非一朝一夕而成，而是由来已久，逐日形成的。

到了本朝（清朝），又有一个特别的原因。本朝源于中国东北的一个部落，逐渐强大，龙飞崛起，进而入主中原。以其数十万人的一个外来民族，统治人数上亿的汉族人，他们不可能没你我之区别，这是形势造成的。自从在云南、福建和广东设立三藩，任命降将为封僵大吏，结果造成尾大不掉、致使其犯上造反的危险形势，竭尽全力才将其平定，之后威权才又归于统一。所以两百年来，只有满人成为权臣的，而汉人中则没有。如鳌拜、和珅，如肃顺、端华等人，大致上可与前代的权臣相比的，都是满人。

算起来历次重大战役，除定鼎中原开国那一次战争，算起来历次重大战役，如平三藩、平准噶尔、平青海、平回部、平哈萨克布鲁特敖罕巴达克爱乌罕、平西藏廓尔喀、平大小金川、平苗、平白莲教天理教、平喀什噶尔，出兵几十次，都用八旗兵，用亲王贝勒或满人大臣督军。平常，无论是内阁还是封疆大吏，汉人多处于备用的从属位置，对于国家政事，更是没有过问的权力。如顺治、康熙年间的洪承畴，雍正、乾隆年间的张廷玉，虽有尊贵地位和很高声望，但不过是被人利用的臣子罢了。其余百官，更是微不足道的人物。所以咸丰朝以前，文武官员之重要职位，汉人从来没担任过（将帅中偶尔有一两人，则是汉军旗人）。

清朝八旗兵

到洪秀全、杨秀清造反发难时，赛尚阿、琦善都以大学士身分被任命为钦差大臣，率八旗精兵远征，结果延误了战机，使敌人实力得以发展壮大，至此才知道八旗兵已经落后不可用，汉人从此被委以重任的时机开始来临。所以金田战役，实际是满汉权力此消彼长的关键时期。到曾国藩、胡林翼等人，起兵于湖南、湖北，成为平定江南的中坚力量，但朝廷还是命令满人以大学士身份担任钦差大臣。当时朝廷虽不得不倚靠汉人，但岂能因此就对汉人推心置腹呢？曾国藩、胡林翼全力与满人搞好关系，每当有军中事宜向朝廷请示汇报，总要请满人领衔；遇有军功，必要推满人为首功；上报奏折，总要等满人同意了才发，其谦谨虚心固然可敬，但内心的苦衷也实在可怜啊。看《曾文正集》，自攻破金陵（南京），平定太平天国后，他每天都战战兢兢，如芒刺在背。以曾国藩的学识修养

同治帝 在位第三年（1864）清政府将太平天国镇压下去。

之深厚，尚且如此，更何况自信力不如曾国藩的李鸿章呢？所以我说：李鸿章之地位，比起汉代的霍光、明代的张居正，及近代欧洲、日本等所谓君主立宪制国家的大臣，还是远远不同的，形势造成了这样啊。

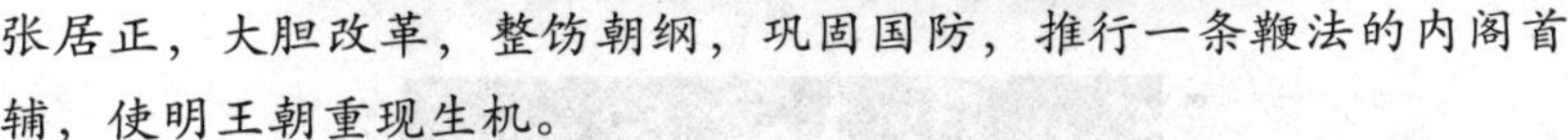
张居正，大胆改革，整饬朝纲，巩固国防，推行一条鞭法的内阁首辅，使明王朝重现生机。

说到李鸿章的地位，更不可不明了中国的官僚体制。李鸿章历任的官职，是大学士、北洋大臣、总理衙门、商务大臣、江苏巡抚、湖广总督、两江总督和直隶总督。表面上看，可说是位极人臣了。尽管如此，本朝自雍正朝以来，政府的实权，掌握在军机大臣手里（同治以后，地方督抚的权力虽然日益增强，但也要看掌握在谁人手里，不可一概而论），所以一个国家政治举措上的得失功罪，军机大臣首先要负主要责任。虽然李鸿章作为总督、巡抚，与平常的总督、巡抚不一样，但要把近四十年来政务上的失败，都归罪于李鸿章一人，那么李鸿章也理当有不能完全接受的理由。现试举同治中兴以来军机大臣中有实力者如下：

第一	文祥、沈桂芬时代	同治初年
第二	李鸿章、翁同龢时代	同治末年及光绪初年
第三	孙毓汶、徐用仪时代	光绪十年至光绪二十一年
第四	李鸿章、翁同龢时代	光绪二十一年至光绪二十四年
第五	刚毅、荣禄时代	光绪二十四年至今

案语：在这个表中，满汉权力之消长由此可见一斑。太平天国和捻军作乱之前，汉人并无真正的掌权者，文祥和沈桂芬两人，实为汉人掌权的开始。其后，有李鸿章、翁同龢两人，孙毓汶、徐用仪又接其后，他们各人的贤能才智暂且不必讨论，总之同治以后，不只封疆大吏，汉人已占多半，就是内阁中枢，汉人的实力也迅速增强了。到一八九八年八月之后，形势又发生变化。这其中的内容，说起来话长，因与此书没直接关系，所以不详细介绍了。

由此可知，与李鸿章数十年来共事的都是哪些人。他们的贤能与人品不便细说，但总的来说都不是与李鸿章同心同力同见识同理念的人。李鸿章面对俾斯麦所说的话，确实是真的啊。况且还有只会奉旨办事的军机大臣，还有别的人，这就是我之所以怜悯李鸿章的原因。只是我这

翁同龢

个观点，并不是有意偏袒李鸿章而为之开脱，即使李鸿章果真有实权，能尽心力实行其心志，我认为他的成就也绝不可能超过今天的成就。为什么呢？因为李鸿章本就是个没有学识的人。而且，假使李鸿章为真豪杰，那他凭借自己所取得的地位，怎么不能够巩固增强自己的实力、广泛培植自己的力量来推行自己的政策于天下呢？像格莱斯顿、俾斯麦，难道就不会遇到阻力吗？因此，为李鸿章做辩护也似乎不应该了。虽如此，如果把中国政府政策上的某种失误归罪于李鸿章一人，李鸿章本人也有罪不当辞、不值得同情的一面，但那些执政误国的内阁大臣们，反倒有理由推诿逃避责任，而我中国四亿人中放弃国民责任的，也将不再自觉意识到自己的罪责。这就是我所看到的李鸿章的处境、为他有所辩护的原因。至于他的功罪和人品影响，请允许我在最后讨论。

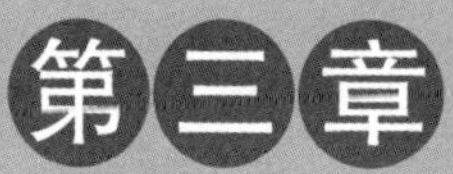

李鸿章未发达以前及当时中国的形势

李鸿章的家世

欧洲势力的东扩

中国内乱的发生

李鸿章与曾国藩的关系

李鸿章，字渐甫，号少荃，安徽庐州府合肥县人。父亲名为李进文，母亲沈氏，生有四个儿子，长子李瀚章官至两广总督；李鹤章、李昭庆都投身军旅，立有战功；李鸿章排行第二，生于道光三年（一八二三年）正月五日。自幼在普通私塾里读书，准备科举应试；二十五岁时，中进士；道光二十七年进入翰林院，那年是丁未年。

李鸿章、李瀚章家族合影

李鸿章出生时，法国大革命的风潮刚刚平息，盖世英雄拿破仑被流放到异国的孤岛上死去。西欧大陆的风波平息，局势得以稳定，各国不再互相侵略，而是养精蓄锐，把野心和目标投射到东方。于是数千年来一统至今的中国，就开始了多事之秋：伊犁划界条约，与俄国人在北方失和；鸦片战争，与英国人在南方造成事端。可说正是世界多事之秋、各国正需人才的时候。加上瓦特新发明了蒸汽机，大型轮船军舰，可冲涛破浪，万里之遥被大大缩短，天涯之隔如近在比邻；苏伊士运河开凿成功，东西间距离骤然缩近。西风东渐，西方势力开始逐日向东方发展，这势力奔腾澎湃，如狂飙，如怒潮，击石拍岸，顿时天地日月为之变色，其力量猝不可挡，也无力对抗。即李鸿章出生以来，实为中国与世界发生密切关系的时代，也是中国与世界各国交涉最艰难的时代。

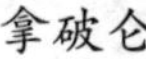

拿破仑

瓦特

再回过头来，看中国国内的情况。自乾隆朝以来，开始盛极而衰，民生凋敝，官吏腐败骄横，国内的麻烦事日渐增多。乾隆六十年，湖南、贵州爆发了红苗叛乱；嘉庆元年，白莲教起义，势力蔓延到五个省区，前后持续九年，（嘉庆九年）耗资军费两亿两白银，才只是平息了严峻的形势而已。同时，又有海寇蔡牵等人，以越南为巢穴，侵扰广东、广西、福建、浙江等地，所到之处，烧杀掠夺，大肆蹂躏，到嘉庆十五年，才被平定。而天理教李文成、林清等人又起来作乱，振动滋扰山东、河北一带；在陕西，还传来万行五变乱的警报。道光年间又爆发了回疆张格尔叛乱，边境安危受到惊扰，官军大举进攻讨伐，整整七年时间才平定。嘉庆、道光之间，国力开始衰败，民心躁动不安，而满朝上下又多

醉生梦死之人，还在安闲自得，一片歌舞升平景象，国家处于水深火热之中了，还像视若无睹或者知而不言，有识之士却早已心怀忧思了。

李鸿章安徽合肥故居

中国数千年的历史，可说是一部流血牺牲的历史；所谓的人才，也多是杀人的人才。纵观古往今来的大事，只有动乱时才出英雄，和平时代则没有英雄出现。一直是这种情况。到道光、咸丰末年，所谓的英雄们，才开始磨刀霍霍，跃跃欲试，以等待大显身手的时机。中国自从有国家以来，就没有人民参与国家政治的先例，百姓一直是被官吏所欺凌逼迫的，那些受到暴政和官吏的欺压，求告无门而无奈的人，他们的反抗方法，只有两个途径：小则罢市，大则造反作乱，这也是情急之下的无奈之举。如果易姓受命于天，改朝换代，也被视为平常事，所谓成则为王，败则为寇。汉高祖刘邦、明太祖朱元璋，都出身于无赖平民，今天是盗贼，明天就可成为神圣的君主，唯有强者值得崇拜，其他不值得一说。有这个风气，也就有这个人心，所以历代平民揭竿起义的事件，不绝于史册。其间有太平百数十年的，不过是因为经历前次祸乱，杀戮太多，人心思平，厌恶了战争；又人口骤减，谋生不再艰难；或者君主统治有方，以小恩小惠笼络民心得些威望，弥补些不足，姑且得到一时的安稳而已。实际上国内引发动乱的种子或者说隐患，从来没有灭绝过，稍微有点可乘之机，就再次揭竿而起。所以中国数千年的历史，实在是用血腥写就、用肝脑涂抹而成的，这是不可隐讳的。本朝既兴起于关外，入主中原，统治众多汉民，以我汉民向来自尊自大蔑视他族的心理，自然心上有不满不快。所以从明朝灭亡以后，其遗民中就有人组织了秘密党会，企图造反、光复汉人统治的明朝江山，二百多年来从没灭绝，甚至蔓延到十八个省，到处都有这样的光复组织。以前这些人虽屡屡煽动造反，但都因有英明的君主相继出现，使动乱没能得逞；被压迫积郁久了，自然有一触即发之势。道光、咸丰两朝以后，官吏们的庸俗劣迹已不足以忌惮，越来越明显了；加上政府腐败无能，弊政繁琐，外国侵犯致使国耻纷至沓来，怀有爱国热诚的人一心想扫除阴霾，破旧立新，狡黠凶恶的人想乘机得便实现野心，这就是形势所致，自然也有其必然的道理在。于是一代英雄曾国藩、左宗棠、李鸿章等人，因时因事出现了。

曾国藩书法

李鸿章最初是作为优贡生的身份（科举制度中由地方贡入国子监的生员之一种）在北京客居，因为文章得到曾国藩的赏识，就成为他的学

生。日夜与曾国藩朝夕相伴，学习儒家义理和经世致用之学说，李鸿章的毕生学养，实在说就得益于这段时间的学习积累。等到他入翰林院，还不到三年，金田之乱爆发，洪秀全以一介平民在广西揭竿而起，仅两年多，其势力就已蔓延了半个中国，东南部的重要城市相继陷落，土崩瓦解，岌岌可危，颇有令清朝统治者惶惶不可终日的势头。此时李鸿章正好在安徽老家，作为幕僚为巡抚福济和吕贤基参赞军事。当时庐州已经陷落，敌兵分别占据在附近地区，成为两面夹攻的犄角之势。福济想收复庐州，但苦于不能实现。李鸿章就建议先攻取含山、巢县以断绝敌人后援，福济就授权给他指挥部队，李鸿章攻下了这两个县。于是李鸿章在军事上的名声就此传出，这年是咸丰四年十二月。

太平军安庆保卫战

洪秀全攻陷武昌时，曾国藩以礼部侍郎之职在老家丁忧守孝，圣旨下来，让他负责组织团练，曾国藩慷慨答应，决心操练出一支劲旅精兵以解救危难之中的清朝统治，并以此为己任。于是湘军成立。湘军，是产生淮军的母体。此时八旗的绿营（清朝常备兵之一。顺治初年，清廷在统一全国过程中将收编的明军及其他汉兵，参照明军旧制，以营为基本单位进行组建，以绿旗为标志，称为绿营，又称绿旗兵）旧兵，都是些懒惰颓废、胆小怯懦的寄生虫，没多少可用的；其将领们也都是些庸劣无能、不尽忠职守的人，曾国藩深入调查研究了这个形势，认识到不扫除这些腐败的作风习气，另换一套班子和人马，必然不能奏效。为此他四处招揽人才，统筹全局，坚忍刻苦，百折不挠。清朝兵力的恢复，就是在这时开始的。

《南京条约》签署油画

洪秀全占据金陵之后，渐渐生出骄傲自大和怠惰心理，加之内部相互倾轧，自相残杀，腐败的趋势已经很厉害了。假使当时官兵中有得力的人才，以实力进攻捣毁之，太平天国瞬间可剿平。无奈官军的骄横腐败，比敌人更厉害。咸丰六年（一八五六年），向荣指挥的江南大营第一次溃败；咸丰十年（一八六〇年），钦差大臣和春、江南提督张国梁指挥的江南大营再次溃败，导致江苏、浙江相继沦陷，敌人的气焰比年初时更加嚣张。加上咸丰七年（一八五七年）丁未以来，又与英国开战，当张国梁、和春阵亡时，正是英法联军入侵北京，火烧圆明园的日子。天时人事，厄运交叠，交相逼迫，至此清朝传了十代的江山社稷，虽还没灭绝，但已是命悬一线了。

被焚烧后的圆明园

曾国藩虽统兵十年，但他所担任的只是长江上游一带的军事，这固然与曾国藩深谋远虑、善于设计、谨慎行事、不急功近利、采取脚踏实地、节节进攻的策略有关，但也与朝廷用人不专，事权不统一，不能完全按自己意愿行事有关。所以当湘军转战湖南、湖北、江苏、安徽等省区时，因地方官员的牵制束缚而贻误很多的战机，这种情况经常发生，所以很长时间不能建立功业。当金陵大营第二次溃败时，朝廷才认识到除湘军外，没有可靠的部队了。于是，咸丰十年四月，就任命曾国藩代理两江总督，很快又授以实权，并授予钦差大臣，监督办理江南军务。此时，兵权、财权才统一于曾国藩一人，曾国藩才得以与左宗棠、李鸿章等人规划解决苏州、安徽、江苏、浙江等地的战事，大局才开始有所转机。

晚清吸食鸦片的百姓

李鸿章在福济幕府做幕僚时，福济曾经荐举他做道员，被郑魁士阻止，没能得到此职位。当时对他的谣言纷纭而起，毁谤丛生，使李鸿章几乎不能在老家立足。后来虽然被授予福建延邵建的道员遗缺，但徒有虚名，并没实际职守。直到咸丰八年（一八五八年），曾国藩率军转战

到建昌，李鸿章便前来拜访，就留在曾国藩幕府做事。咸丰九年五月，曾国藩调遣在抚州的湘军旧部四营，又重新招募了五营，任命他的弟弟曾国荃为统率，到景德镇助剿，令李鸿章作为参谋一同前往。肃清江西的敌军后，李鸿章又跟随曾国藩在指挥部待了两年多。

曾国荃画像

咸丰十年，曾国藩担任两江总督，商议建立淮阳水师，向上级奏请任命李鸿章为江北司道，未获批准；又荐举李鸿章为两淮盐运使，奏折到北京，正赶上咸丰帝到承德避难，事情就被搁置不提了。此时李鸿章已经三十八岁，怀才不遇，抑郁满怀，只能像失意的古人那样，拍着大腿空叹岁月蹉跎。已经过了半生，自以为命数如此，也不敢再谈功名利禄了。唉，这是上天在磨砺李鸿章，还是上天在厚待李鸿章呢？使他意气不得伸，颠沛流离十余年，这是为磨砺他的气量，巩固增长他的才干，为他日后能担当大任做准备。而随军在曾国藩手下做参军的几年，正是他学习并积蓄能力的实验学校，也成为他终生受用的经历。

第四章

军事家李鸿章（上）

李鸿章的崛起与淮军的建立

当时官军的衰败和粮饷的匮乏

江浙两省得失的关系

常胜军的兴起

李鸿章与李秀成的交战

淮军平吴之功

江苏军与金陵军、浙江军的关系

金陵的收复

秦朝末年，天下大乱，各路豪杰纷纷而起，到项羽称霸后，韩信开始出现；汉朝末年，天下大乱，各路豪杰纷起，到曹操成就霸业后，诸葛亮开始出现。自古大伟人，其进退升降之间，上天似乎也对其有所压抑限制，必定要等到时机成熟，如满弦的弓，箭才让射出。冥冥中似乎没有力量使他这样，又有种力量使他这样。谢灵运曾说："各位升天虽然在我之前，但成佛必在我之后。"我看中兴的各大臣中，论声望，李鸿章是最晚成名的，而论名声之高，李鸿章也是最大的。事情和机遇满天下，时势造英雄，李鸿章自然成为时代的骄子。

项羽

咸丰六七年之际，太平天国的声势达到极点，而清朝军队的衰败也更加厉害了。朝廷决策动摇不定，各方面的实力官员们互相猜忌倾轧，加上军需缺乏，国库空虚，财政拮据，只有靠各省自行筹集粮饷解决各项开支，零零碎碎，拆东补西，以解一时燃眉之急。这时，即使有全心为国的忠臣和雄才大略之人才，也不能迅速起到作用，这是显而易见的。于是出于万不得已，采取雇用欧美军队来助剿的想法产生了。

洪秀全、杨秀清占据南京后，开始四面进攻，大肆蹂躏，十八个省

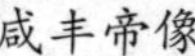
咸丰帝像

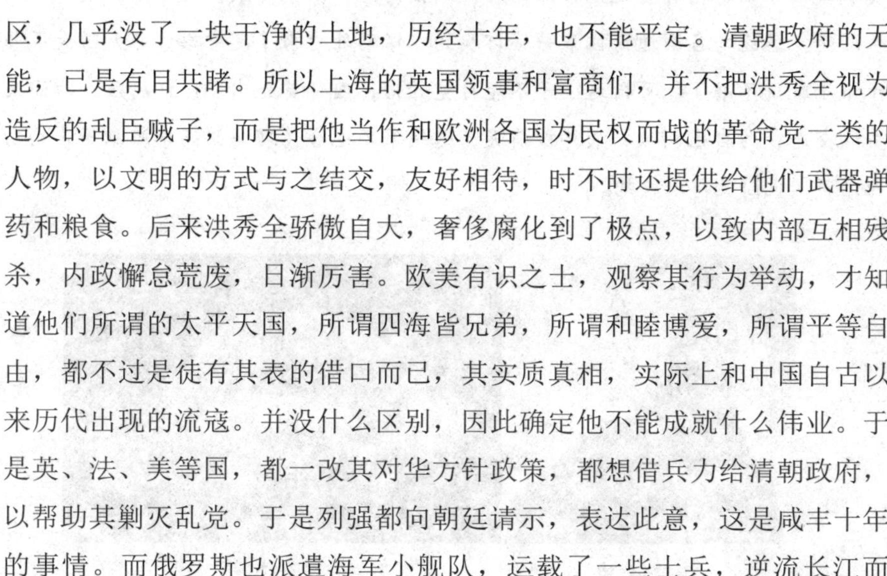
区，几乎没了一块干净的土地，历经十年，也不能平定。清朝政府的无能，已是有目共睹。所以上海的英国领事和富商们，并不把洪秀全视为造反的乱臣贼子，而是把他当作和欧洲各国为民权而战的革命党一类的人物，以文明的方式与之结交，友好相待，时不时还提供给他们武器弹药和粮食。后来洪秀全骄傲自大，奢侈腐化到了极点，以致内部互相残杀，内政懈怠荒废，日渐厉害。欧美有识之士，观察其行为举动，才知道他们所谓的太平天国，所谓四海皆兄弟，所谓和睦博爱，所谓平等自由，都不过是徒有其表的借口而已，其实质真相，实际上和中国自古以来历代出现的流寇。并没什么区别，因此确定他不能成就什么伟业。于是英、法、美等国，都一改其对华方针政策，都想借兵力给清朝政府，以帮助其剿灭乱党。于是列强都向朝廷请示，表达此意，这是咸丰十年的事情。而俄罗斯也派遣海军小舰队，运载了一些士兵，逆流长江而

英舰与天京守军炮兵

上，来帮助剿匪，俄国公使伊格那还拜访恭亲王奕䜣，表达友好之意。

案语：欧美各国，当时与中国刚刚通商，他们自然不想让中国处于动乱之中。所以当两军对战相持不下，历年胜负不决时，他们必然要站出来帮助一方结束战争，使局势归于稳定。而北京政府之腐败，长久以来也让西洋人厌恶忌惮，他们寄希望于太平大国也就多些，这是当时情况决定的。当时欧美各国，帮助官军则官军胜；帮助太平天国，则太平天国胜。胜败之机，瞬息可变。假使洪秀全真有些雄才大略，有些远见卓识，对内加强内治，改革弊政；对外结交友好，精于外交，迅速与各国通商往来并签订和约，借助外力来平定中原，那天下大事归于谁手就说不准了。可惜这小子不能自觉开悟，内部首先出现内讧腐败，外面又失和交恶，为自己树敌，最终被消灭，这结果不也合情理吗？而李鸿章等人的功业名声，也因此得以成就。

洪秀全像

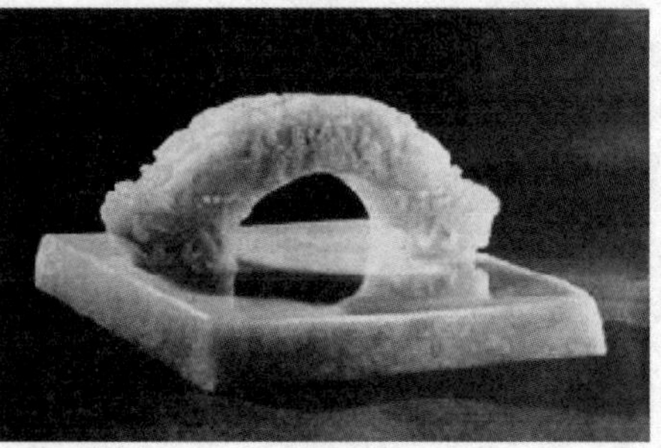
洪秀全玉玺

当时英法联军刚刚入侵北京，咸丰帝远逃热河。虽然和约已经签订，但彼此的猜忌心还是很严重。所以，对于向外国借兵剿匪这件事，恭亲王不敢一人擅作主张，一面向热河的皇帝请示，一面征求江南江北的钦差大臣曾国藩、袁甲三（袁世凯之父）及江苏巡抚薛焕、浙江巡抚王有龄等人意见，让他们各抒己见。当时极力反对，说有百害而无一利的，只有江北钦差大臣袁甲三。薛焕虽不赞成向欧美借兵，却建议雇用印度士兵，让他们防卫上海及周边地区，并请示任命美国人华尔、白齐文为队长。曾国藩也再次上奏折，他的意思大致也与此相同。说眼下中国兵力疲敝衰败，外国人既然有相助的美意，就不好拒绝回驳，所以应该一面以好言答复其助剿的热心，但延缓他们出师会合的日期；一面利用外国的军官，以收到剿匪的实际功效。于是朝廷批准了这个建议，但谢绝各国派兵助剿，而命令曾国藩聘请外国军官训练新军，这就是"常胜军"的产生，而李鸿章开始建立功名，与此事大有关系。

华尔，美国纽约人，毕业于美国陆军学校，成为军官，因为犯了一点小罪逃出美国，藏匿在上海。咸丰十年，太平天国军队侵入江苏，苏州、常州都陷落了。上海候补道杨坊，得知华尔是个深沉而有才能的人才，就向布政使吴煦荐举。吴煦就向美国领事馆申请，赦免了华尔的

华尔攻慈溪

罪过，让他招募几十个愿当兵的美国人，又增加了几百个自愿加入的中国人，让华尔训练，用来保卫苏州、上海。后来这支部队屡次与敌人交战，常能以少胜多，所向无敌，所以无论官兵、敌兵，都称之为“常胜军”。常胜军的成立，其实在李鸿章来上海之前就成立了。

洋枪队

现在叙述李鸿章的战功，请允许我先从李鸿章立功的地方及其形势说起。

江苏、浙江两省，是中国财政税收的主要省份，可以说没有江、浙，国家就没法生存。所以，要说兵家必争之地，非武汉莫属；要说争夺粮饷之地，非江浙莫属，这是稍微懂点兵法的人都知道的。因近来各地官军的声势高涨，洪秀全不敢像以前那样蔑视官兵了，而且安庆刚被收复（咸丰十一年八月曾国荃收复的），南京日益被孤立，形势紧张，于是洪秀全就派李秀成、李世贤等人兵分两路进攻江苏、浙江，以牵制官军的兵力。李秀成所带部队勇敢善战，萧山、绍兴、宁波、诸暨、杭州接连陷落，浙江巡抚王有龄战死，江苏各地也被李秀成的部队侵入，逃难的百姓涌向上海。

宫廷画家郎士宁笔下的清朝士兵

收复安庆后，湘军的声望更加高涨。中央和地方大员中，那些原来与曾国藩不和的，都不是死就是被罢官，因此征讨剿灭太平天国的重任，完全落到曾国藩的身上。朝廷传下圣旨，敦促曾国藩，让他移师东进，收复苏州、常州、杭州等失陷各区县，五天之内，接连下了四道口气严厉的谕旨。曾国藩就上奏折推荐左宗棠一人负责浙江军务，江苏绅士钱鼎铭等人，又在十月坐着轮船逆流而上来到安庆，拜见曾国藩，哀求曾国藩派遣部队前往江苏支援，说吴中地区有可乘之机，将不能持久，表现在三方面：一是当地团练，二是洋枪和火轮船，三是早已埋伏下的内应；还有三座城池虽没陷落但也将不能持久，他们是镇江、湖州、上海。曾国藩见他说得可怜，也深表同情。然而当时粮饷缺乏，兵力单薄，左宗棠的楚军也实在抽不出兵力，就与李鸿章商议，约定来年二月出兵援助。

咸丰十一年十一月，圣旨下来，向曾国藩征询援苏部队统帅的人选，曾国藩就推荐李鸿章，并向朝廷请示酌情调拨几千部队，让李鸿章带领迅速奔赴长江下游，以支援助剿。于是李鸿章回到庐州招募淮人勇士。等到达安庆后，曾国藩又帮他制定营规军制、武器军械的配备、军饷口粮的分配等制度，都依照湘勇的章程制定，同时参照了楚军的营规建制，对淮勇加以训练。

先是淮南屡次遭到太平天国军队和捻军的入侵，百姓被围困其中。合肥的志士张树声、张树珊兄弟，周盛波、周盛传兄弟，及潘鼎新、刘铭传等人，自从咸丰初年，就开始组织当地民兵团练来保卫家乡，筑起堡垒以防止流寇，时时警卫，所以安徽全省几乎都遭受战乱，只有合肥还能安定自守。李鸿章开始招募淮军，是在原来乡里团练的基础上加以训练的，所以二张、二周、潘、刘等都跟随他参军。安徽人程学启，一直以来是曾国荃的部下，官至参将，智勇双全，在军中出类拔萃，曾国藩特别选拔出来让他跟随李鸿章。后来此人因勇敢善战，闻名一时。又淮军成立之初，曾国藩划拨了湘军的几个营给淮军，而且特意从湘军将领中选出一名优秀军官作为统帅，也归李鸿章指挥，此人就是郭松林。因此，淮军名将，算起来主要有程、郭、刘、潘、二张、二周。

淮军

同治元年二月（一八六二年），淮军正式成立，总共八千人，计划沿长江顺流而下，从太平军的营垒旁边冲过去，以支援镇江，但还没决定下来。二十八日，上海官僚、绅士们筹集白银十八万两，雇了七艘轮船，驶来安庆迎接淮军。于是决定兵分三批奔赴上海。三月三十日，李鸿章全军抵达上海，圣旨命令他代理江苏巡抚，任命薛焕（原江苏巡

曾国藩

抚）为通商大臣，专门负责外交事务。

此时常胜军的军制，还不够完备。华尔以一个外国将领的身份，指挥着一支五百人的部队，守卫松江。这年正月，太平军一万多人前来进攻松江，包围华尔及其部队有几十层，华尔带队奋力抵抗，击败敌军。等到李鸿章到达上海，华尔带队归到李鸿章部下；又招募了一些强壮英勇的中国人，让华尔训练。常胜军士兵的薪水和待遇，比起湘军、淮军都高得多。从此常胜军的作用，开始得到大大发挥。

松江府，在江苏、浙江两省交界处，是当地最高武官的驻扎之地，为江苏的重要交通要道。太平军急于围攻下这个地方，李鸿章就命令常胜军和英、法防兵（当时英法有防兵若干，专屯上海自保租界）合兵一处，攻打松江南部的金山卫和奉贤县；命令淮军中的程学启、刘铭传、郭松林、潘鼎新等将领，攻打松江东南的南汇县。太平军拼命死战，英法联军抵挡不住而撤退，嘉定县陷落。太平军乘胜进攻上海，程学启率军途中拦击，大败太平军。南汇的太平军将领吴建瀛、刘玉林等人，开城投降。川沙厅（在吴淞口南岸）的太平军有一万多人又来进犯，刘铭传坚守南汇县，大败太平军，收复了川沙厅。然而太平军的气焰仍十分强劲，一队围攻松江青浦，一队又屯集在广福塘桥，集中主力在泗滨，对新桥虎视眈眈。五月，只有程学启一支部队守卫在新桥，抵挡众多太平军的进攻，连日来被围困，情况十分危急。李鸿章得知后，亲自带队前去支援，与太平军在徐家汇交战，击败太平军。程学启在军营中远远看见李鸿章的帅旗，就率军出营两面夹击太平军，大获全胜，斩首消灭太平军三千人，俘虏四百人，一千多人投降。驻扎在松江府外面的太平军，得到此消息，全军震惊，急忙向北撤退，于是新桥解围，上海的严峻形势得到缓解。

淮军刚到上海时，西洋人看士兵们衣帽粗陋，都暗地里耻笑他们，

李鸿章镇定地对左右将领说："能否打仗，难道要看军服吗？等他们见识了我军队的水平，自会有定论。"当欧美人看到淮军将领们的勇敢坚毅，部队的严整和严明纪律时，无不改变了态度，对他们肃然起敬。而其部下的常胜军，也开始对李鸿章心悦诚服，顺从地听其指挥了。

当时曾国藩以一人担负着讨伐歼灭太平天国的大任，责任重大，无人可代，也无人可牵制他。于是命令李鸿章负责平定江苏南部，左宗棠负责平定浙江，曾国荃负责平定南京。南京，是太平天国的根据地，而南京与江苏、浙江两省，其实需要相辅相成，才能形成强大的势力。所以不肃清江苏的太平军，就不能使南京陷于围困之中；而如果不能包围南京的太平天国巢穴，那江苏的歼敌任务也不能完成。当淮军前往上海时，曾国荃和杨载福（后改名岳斌）、彭玉麟等人，计划着水陆并进协助淮军，击破长江南北两岸的太平军堡垒。四月，曾国荃从天平府出发，顺流而下，一连攻破金柱关、东梁山营寨、秣陵关、三汊河、江心洲、蒲包洲。五月，就进驻到南京城外的雨花台。这实际上得益于李鸿章对松江的解围。所以谈到这场子战役的功绩，应当知道湘军能攻克南京，歼灭巨敌，并非曾国荃一人之功，实际依靠李鸿章等人消灭太平天国的外围势力，阻断其兵饷来源，使南京成孤立之势，树根干枯大树自然会枯萎死亡。淮军能平定全吴和苏南地区的太平军，也并非李鸿章一人之功，实际依靠曾国荃等人捣毁太平天国的巢穴，使敌军精锐部队产生后顾

太平军官兵

之忧，致使其战斗力下降，成受困坐顿之势。苏东坡说：“江山如画，一时多少豪杰。”同治元年、二年之际，也是中国出现这种景观的时代。

李秀成，李鸿章的劲敌，是太平天国将领中的后起之秀。洪秀全开始起兵造反时，其同党中最杰出的将领主要有：东王杨秀清、南王冯云山、西王萧朝贵、北王韦昌辉、翼王石达开，当时号为“五王”。后来，冯、萧战死在湖南；杨、韦在南京争权夺利，互相残杀；石达开个人另有远大志向，不安现状，便别树一帜，转战于湖南、江西、广西、贵州、四川诸省区，这样，“五王”实际已不存在。咸丰四、五年间，朝廷军队已经萎靡不振，而在江南，太平天国的气势也衰落了。李秀成出身于部队小兵，地位最为低下。当太平天国在南京定都时，李秀成不过是杨秀清手下的一个小侍卫，然而他十分聪慧机智，善于谋略，胆气超群。所以太平天国晚期，李秀成得以扬起太平天国的余力，以颠波倒海之势让官军疲于奔命，经过六七年才最终平定，全靠李秀成和陈玉成两人之力。陈玉成在长江上游纵横驰骋，在河南、安徽、湖南、湖北扬起飓风狂飙；李秀成出没在长江下游及入海口地区，在苏州、杭州、常州、扬州激起万丈波涛。陈玉成战死后，洪秀全所依靠的主要人物，也就李秀成一人了。李秀成不仅智勇过人，而且胸怀大度，宽厚仁慈，爱护部下，很得人心。所以，当时安庆虽然得以收复，但下游的太平军气焰仍高，当地形势严峻。在曾氏兄弟合围雨花台之后，江苏及南京方面的大小战役仍在持续，让李鸿章、曾国荃费尽了心力，付出了巨大的代价，才取得一些表面的功誉，这仅仅因为李秀成的存在。所以，说到李鸿章，就不能不说到李秀成。

翼王石达开

李鸿章自从南汇一战后，根基逐渐稳固，于是打算与南京的官军配合，以牵制太平军兵力，于是制定了进攻之策。这年七月，命令程学启、郭松林等人突然袭击青浦县城，收复之；又派遣另一支军队驾驶汽船渡海攻打浙江绍兴府、余姚县，收复之。八月，李秀成让谭绍洸带领十多万士兵进攻北新泾（在江苏地界，离上海只有几里地）。刘铭传在半路截击，大败之，太平军于是退守到苏州。

同月，淮军与常胜军一同进入浙江，进攻慈溪县，收复之。在这次战役中，常胜军统帅华尔英勇奋战，身先士卒，不幸胸部中弹牺牲。按他死前的遗嘱，为他穿上中国人的衣服安葬。美国人白齐文代替华尔统领常胜军。

同年夏秋交接之时，江南瘟疫流行，官兵中有不少传染死亡。李秀成抓住这个机会，想为南京解围，于是在闰八月，挑选苏州常州的精兵十多万人奔赴南京，包围了曾国荃的大营，调用数十门西洋开花大炮，集中火力进行轰炸，连续十五昼夜。清朝军队拼死抗战，士气高昂，丝毫没见削弱。九月，李秀成又令李世贤从浙江带领十多万士兵过来，一起合围了南京，进攻进一步加剧。曾国藩听到战报，深表忧虑，急忙从别处征集援兵。这次战役，可说是两军开战以来最激烈的一次战斗。当时太平军有二十万大军，而陷于重围中的官军才三万多，而且将帅和士兵病死、战死及负伤者也有大半。曾国荃与将士们同甘共苦，共患难，团结关爱如同家人父子，所以三军将士愿意以死来报达他，也因此能够抵抗十倍于自己的敌军，从而成就自己的功业。李秀成眼看不能为南京解围，又因为江苏的官军气势也日益高涨，恐怕江苏失守而南京也不能自保，十月，就带兵撤退，雨花台之围就此解开。

白齐文

案语：此次战役后，洪秀全的大势已去。在敌人坚固的城池下驻扎部队，是兵家的大忌。向荣、和春，都因此两度失败，所以曾国藩对此十分警觉，十分慎重。曾国荃之前曾屯兵雨花台，曾国藩曾屡次告诫他。等到这次战役时，外有十倍于自己的强悍军队，内有困境中殊死抵抗的流寇，官军的处境之危急，可说是前所未有。然而太平军明知道官军势单力薄，又伤病那么惨重，却终不敢拼死突入重围，决一死战，以抓住此机会建起非常之功业，却功亏一篑，忽然引兵退去，致使进退失守，进而灭亡，这是什么原因呢？大概因为当时太平军将帅们也多富贵已极，骄奢淫逸，贪生怕死，所以失败灭亡。这也是朝廷军队所始料不及的。曾国藩曾说："军队最怕萎靡不振，缺乏士气。"道光、咸丰两朝的时候，官军开始不思振作，而太平军则充满朝气活力；到同治初年，太平军开始士气下降，而官军军威重振。得失的关键，全在于此。这话是可信的啊。以李秀成的贤能，尚且不能避免失败，像洪秀全那样几乎快入土的，更加微不足道了。所谓灭六国的，是六国本身，并非秦国；灭秦朝的，是秦朝自己，并非天下。前车之鉴，后世之师。有志于夺取天下的人，不能不以此为借鉴。洪秀全以一介市井无赖平民，一朝崛起，没几年其势力便席卷半个中国，但他不能抓住当时的有利形势乘胜前进，通过武力夺取江山，却苟且偏安于一方，视南京为安乐窝，筑起深宫高宅，真是连陈胜也不如的人物！死守在一座城里，坐以待毙。所以，向荣、和春的溃败，不是洪秀全本身有多少克敌制胜的手段，而实在是他所遇到的对手，也与自己水平不相上下而已。所以洪秀全得以苟延残喘，勉强支撑了几年。唉！曾国藩、洪秀全两人一兴一亡，是天意，还是人事决定的呢？君子说：是人，是人事造成的。

又案：这次战役是湘军和淮军立下功劳的最大最关键的战役。不包围南京，就不能牵制江苏、浙江的太平军，而李鸿章新成立不久的军队，也难以立即取胜；而如果不进攻江苏、浙江的太平军，也不能解南京之重围，曾国荃久已疲顿的军队，也将不能保全。读者不能不对此有清醒的认识。

李秀成包围南京，让他的副手谭绍洸、陈炳文留守苏州。九月，谭绍洸等人率领部队十多万人，分道从金山、太仓向东进发，淮军有诸位将领进行抵防，两军在三江口、四江口交战，互有胜负。太平军又沿着运河安营扎寨，横亘数十里。又在运河及其支流上驾起浮桥，往来交通，进攻黄渡，包围四江口，情势危急。九月二十二日，李鸿章命令诸位将领进攻太平军大本营。太平军强悍善战，淮军几乎支持不住。刘铭传、郭松林、程学启等人身先士卒，挥剑奋斗，全军士气为之一振，大败太平军，俘虏斩首一万多人，四江口解围。

常胜军统领华尔死后，白齐文凭借华尔副手的资格接替他的职务。白齐文的为人处事，与华尔完全不同，属于贪权谋利的狡黠小人。当时他见官军处境窘迫危急，就私下与李秀成勾结。十月，暗地计划在松江城为李秀成作内应。到上海威胁逼迫道台杨坊，索要巨额军费，没能得到，就殴打杨坊，掠夺了白银四万两逃去。听说此事，李鸿章大怒，立即与英国领事馆交涉。还罢免了白齐文的职务，要他偿还所掠夺的钱财，以英国将官戈登取代他的职务，常胜军才重被启用。时为同治二年二月。这实际是李鸿章与外国进行交涉的第一件事情，他表现出的果敢与强硬作风，令人交口称赞。

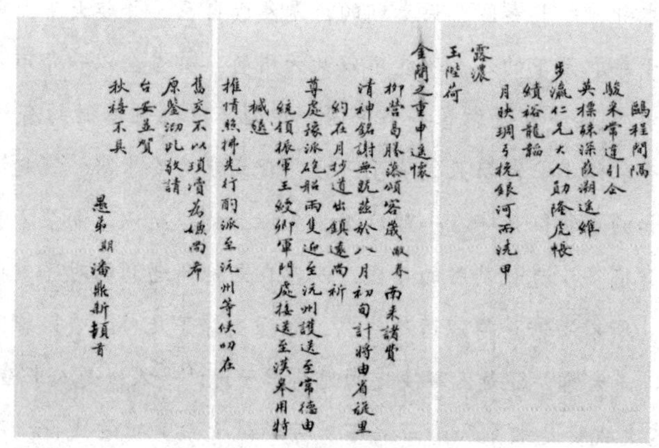
鷗程閒隔
駿采常違引企
英標睞深葭溯遙維
步瀛仁兄大人勛隆虎帳
績裕龍韜
月映瑚弓挽銀河而洗甲
露濃
玉陛荷
金闕之重中逸懷
柳營爲勝添頌客歲 敝恭 雨來諸費
清神鉛謝無既茲於八月初旬計將由省旋里
約在月抄道出鎮遠尚祈
尊處撥派砲船兩隻迎至沅州護送至常德由
統領振軍王紋卿軍門處接送至漢皋用特
椷遞
推情照拂先行酌派至沅州等候叩在
舊交不以瀆瀆爲嫌尚希
原鑒泐此敬請
台安並賀
秋禧不具
愚弟期潘鼎新頓首

潘鼎新书札

白齐文被罢免后，本要杀他，却被美国领事馆阻拦，就放了他。白齐文就投到李秀成帐下，做了他的参谋，参与策划了一些战役，只是规模成效十分有限。他建议李秀成放弃江苏、浙江，掠夺收割当地的桑茶，烧毁其村舍房屋，然后集中兵力北上，占据秦晋齐豫（陕西、山西、山东、河南）等中原地带，以控制东南，这里是官军水兵的能力无从发挥的地方，可以成就大业。李秀成没采纳他的建议。白齐文还为太平军购买武器，偷窃汽船，偷到官军的几门新式大炮，献给了李秀成。正因此，官军在宝带桥一战中牺牲数百人。后来白齐文在李秀成那里不能得志，又跑到漳州投奔到别的太平军将领手下，最后被郭松林捉拿杀掉。

先是曾国藩抓获了一个太平军的谍报人员，得到洪秀全给李秀成下的一道手谕，说湖南、河北及长江以北地区，现正兵力空虚，命令李秀成带兵二十万，先攻陷常熟，然后一面攻打扬州，一面窥视安徽。曾国藩就让人飞报给李鸿章，让他先发制人，说应紧急夺取太仓州，以干扰常熟的形势，牵制李秀成，让他不能赶到长江以北。李鸿章的意见正好与此相同。同治二年二月，就下令常熟守将，令他死守等待支援，而派遣刘铭传、潘鼎新、张树珊率领自己的部队驾驶轮船赶赴福山，与敌军数十次交战，都取得胜利。李鸿章另外又派遣程学启、李鹤章攻打太仓昆山来阻断敌军的势力，而命令戈登率领常胜军与淮军一起攻打福山，攻克之，常熟解围。三月，又攻克了太仓、昆山，擒拿敌人七千多，程学启的功劳最大。戈登从此更加佩服程学启。

戈登

五月，李秀成从无锡出发，和他的五个部将一起率领水陆大军数十万人准备支援江阴，占据常熟。李鸿章派遣他的弟弟李鹤章及刘铭传、郭松林等人分路阻击敌军。刘铭传、郭松林与敌军先锋相遇，打败之，取得胜利。然而敌军来势太猛，每次战斗双方都死伤人数相当。当时敌人在运

河两岸筑起连营，北自北漍，南到张泾桥，东自陈市，西到长寿，纵横六七十里，还有上百个堡垒，都扼守在运河的险要位置。又把桥梁全部拆毁，在河上备置了船炮，水陆相呼应配合，一时形势十分紧张。

李鹤章与刘铭传商量后，暗地里收集些木材来造浮桥，在半夜紧急渡过运河袭击太平军，击破北漍的敌营三十二个。郭松林也发起猛烈进攻，击破南漍的敌营三十五个。周盛波又带领部队，击破麦市桥的敌营二十三个。太平军陷入大溃败，死伤数万人，致使运河被堵塞不流。擒拿各级军官头领百余人、马五百匹、船二十艘，兵器弹药粮食无数。从此顾山以西太平军的足迹消失，湘军士气又高涨。六月，吴江的太平军将领望风投降。

程学启率领水陆大军一万多人，与刘铭传商量一起攻打苏州。攻入苏州，打下花泾港，守将投降，驻扎在滩亭。七月，李鸿章亲自带队，收复了太湖厅，向苏州进发，先令刘铭传攻打江阴。太平军的强将陈坤书，调集了湖南、湖北、山东等四股共有十多万人的庞大军队，合力来支援江阴。李鸿章、刘铭传亲自勘察敌情，见敌军大大小小的军营堡垒如棋子般星布排列着，西自江滨，东到山口，便定下了猛攻之策略。敌军拼力抵抗，两军相持不下。后来江阴城内有人发动内变，开门投降，于是江阴收复。

当时程学启驻扎在苏州附近，连日来奋力激战，前后大约有数十战都取得胜利。敌人在宝带桥、五龙桥、蠡口、黄埭、浒关、王瓜泾、十里亭、虎丘、观音庙等十多处的营垒都先后失陷。而郭松林的军队，也在新塘桥大获全胜，斩杀太平军伪王两名，连杀带伤一万多人，夺得数百艘船舰，太平军水师因之大大衰落下去。李秀成为此痛哭流涕，悲伤得不能自控。从此淮军的威名响彻天下。

太平军经此巨大挫伤之后，李秀成又大举反攻，图谋恢复失地，他命令部将集合无锡、溧阳、宜兴等地的部队八万多人，船一千多只，从运河口出发，又亲自率领精兵几千，占据金匮援助苏州，两边互相配合策应，与官军连续作战，互有胜负。十月十九日（同治二年），李鸿章亲自率军，程学启、戈登为先锋，向苏州进攻，经过激烈苦战，攻破苏州外围防护。李秀成和谭绍洸等人退回内城，宁死不屈。后来官军水陆

并进，联合起来三面围攻，此时城中断了粮食，人心慌乱。李秀成的部下郜云官等人，生了猜疑二心，就私下与程学启联系，向官军投降。于是程学启与戈登亲自登上轻便小船，到城北的洋澄湖，与郜云官等人面谈，订下投降协约。让他杀死李秀成、谭绍洸，献上他二人的首级来，答应赏给他二品的官衔，戈登担任保人，这样郜云官等人才没了怀疑，但终于不忍心杀害李秀成，只答应杀谭绍洸，就离开了。

李鸿章克复苏州战图

李秀成对这一谋杀自己的阴谋已有所察觉，然而事已至此，无可奈何，于是连夜（十月二十三日夜）逃出城。二十四日，谭绍洸因有事召见郜云官到军帐中来，郜云官和猛将汪有为有点怕事情泄露，见到绍洸，就杀了他，并消灭了他的亲信部队一千多人，于是开城门投降。二十五日，郜云官等人献上谭绍洸的首级，请程学启进城验收。一起投降的头领以及职衔如下：

一、纳王郜云官　二、比王伍贵文

三、康王汪安均　四、宁王周文佳

五、天将军范起发　六、天将军张大洲

七、天将军汪环武　八、天将军汪有为

当时这八个将军在城里的部队还有十多万人，声势汹汹。因程学启许诺给他们总兵副将等职位，于是他们要求履行承诺。程学启仔细观察这八个人，感到他们都是狠毒凶残的人，恐日后难以控制。于是与李鸿章暗地里密谋，在军舰中大摆宴席款待这八个人。只等到号炮一响，埋伏的兵士就起来把他们全杀了，还杀了他们手下顽强抵抗者一千多人，其余都投降了。苏州平定，李鸿章因此功被授予太子太保。

当时八个人投降时，戈登是保人。此时他听说李鸿章食言杀了他们，大怒，要杀李鸿章以惩罚其罪过。于是戈登揣了短枪寻找李鸿章。李鸿章避着他，不敢回军营。几天后，戈登怒气才消，杀李的念头才没了。

案语：李鸿章在这件事上应该有惭愧之心的。杀降者本是君子所不耻不做的事，更何况与投降者事先又有约定，还有保人呢？所以李鸿章的这个行为有三罪：一是杀降者，违背了公理；二是违背约定，食言杀降；三是背信于戈登，有失朋友之信义。戈登为此切齿痛恨，以至于要拿刀杀了他以泄怒气，不也是情理之中的事吗？虽然李鸿章杀降为避免出现如苗沛霖、李世忠等人降后叛乱的事情，也许其中有不得已而为之的原因，但李鸿章一生中喜好玩弄小聪明小权术，由此也可见一斑了。

苏州平定，是平定整个江南的第一关键之战役。当初曾国荃、左宗棠、李鸿章，各人都以孤军东下江南深入到军事重地，彼此不能联络配合，所以每个人力量很单薄，处境形势也很危急。拿下苏州后，李鸿章建议统筹全局，乘胜攻入浙江，与曾国荃、左宗棠两支部队相接应，以合力大举进攻，这是官军最后取胜的第一因素。十一月，刘铭传、郭松林、李鸿章进攻无锡，攻克之，擒拿了守将黄子澧父子。于是李鸿章把淮军分为三支部队：甲队，自己带领；乙队，程学启带领，进入浙江，攻克平湖、乍浦、澉浦、海盐、嘉善，逼近嘉兴府，左宗棠的部队也过来与之配合，攻入杭州地界，攻下余杭县，屡次大败太平军；丙队，刘铭传、郭松林等人带领，与常胜军一起攻打常州，大获全胜，平定了宜兴、荆溪，擒拿了敌将黄靖忠。李鸿章又命令郭松林进攻溧阳，那里的敌军也投降。

当时太平军将领陈坤书，带领部队十多万人，占据着常州府，并拓展兵力进攻官军的背后。李鸿章与刘铭传抵挡迎战，太平军气势旺盛，官军失败。陈坤书又偷偷派兵迂回攻入江苏腹地，出没在江阴、常熟、福山等县，江阴、无锡因此戒严，加强防备，江苏以西因此受到影响。李鸿章就命令刘铭传带领部队独自抵挡常州方面的敌军，而急忙命令郭松林放弃金坛，日夜赶路急速支援苏州。又命令李鹤章急忙回去守卫无锡，令杨鼎勋、张树声率领另一支部队扼守在江阴的青阳、焦阴，断绝敌人的后路。当时太平军包围常熟，情况危急，官军连日苦战，才勉强支撑。太平军又合力包围了无锡，李鸿章奋力守护，几乎要筋疲力尽了。几天后，郭松林带领的援兵赶到，大战破敌，无锡之围才解。郭松林因此功被授予福山镇总兵。

清朝头品顶戴三眼花翎

当时程学启围攻嘉兴（同治三年正月开始），以急力猛攻，城中守护的太平军，也气势威猛锋利，两军伤亡都很惨重。二月二十九日，程学启激励战士，想加速攻克下来，他身先士卒，冲锋陷阵，穿越浮桥，又爬上云梯与敌人展开肉搏战。城上敌兵奋力死守，发射出的弹丸密集如雨，突然，一颗流弹击中了程学启的头部左边，程倒在地上。部将刘士奇看见，当机立断代替主将领兵，先登上城楼。士兵们悲愤交加，士气大涨。而潘鼎新、刘秉璋等人，也赶过来，水陆并进，一举攻克嘉兴。

程学启受伤后，卧床疗伤几十天，没有好转，三月十日去世。太平军的大队人马连夜从北门逃脱。左宗棠的部队三月二日进入杭州城，从此苏军（李鸿章军队）与浙军（左宗棠军队）的联络打通，兵力开始集中了。

程学启死后，李鸿章命令他的部将王永胜、刘士奇分别带领他的部队，与郭松林会合，从福山镇出发进攻沙山，连续作战攻克之。到三河口，消灭了敌军两万人。李鸿章命令各支军队合力围攻常州，让刘铭传攻击常州西北，攻了下来；郭松林进攻陈桥大营，也攻下；张树声、周盛波、郑国櫆等人袭击河边敌营二十多个，也都攻下。太平军大败溃走，想撤回常州城中，被陈坤书挡住，无数太平军士兵死在城下。三月二十二日，李鸿章的部队逼进常州城，用大炮和炸药轰城，常州城倒塌数十丈，挑选士兵组成敢死队数百人，爬云梯登上城楼。陈坤书骁勇善战，亲自率领精兵抵挡迎战，修补城墙缺口，官军也死亡数百人。李鸿章大怒，命令将士们增强攻城器具，筑起长围，连日猛攻，两军伤亡相当。经过十多天，李鸿章亲自督阵，刘铭传、郭松林、刘士奇、王永胜等人，身先士卒，奋勇战斗，登上城台，太平军大乱。陈坤书还不屈服，与其部下费天将共同率领精锐部队，大声怒喝着展开巷战，郭松林奋力战斗，擒住陈坤书，费天将也被周盛波擒拿。刘铭传大声呼喊："放下兵器者赦免！"立时投降者有一万多人。官军也死亡好几千人。常州收复，时为四月六日。至此，江苏军（李鸿章军队）与金陵军（曾国荃军队）的联络全部打通，江苏全省内，除南京城，没有了一个敌人的踪迹。

曾国藩和李鸿章庆贺太平宴

自同治元年二月开始，李鸿章率领八千人东下到上海，统领淮军、常胜军，转战各地，大小战役数十个，开始于松江保卫战，终止于嘉兴、常州攻坚战，共两年，到同治三年四月，终于平定了苏南的太平军。

案语：李鸿章平定苏南，固然由于淮军各级将领的骁勇善战和坚忍不拔，而其得到华尔、戈登的帮助也确实不少，不只是常胜军的攻取得胜而已。当时李秀成智勇过人，其部队用的也多是西式枪炮，程学启、刘铭传、郭松林、周盛波、张树声、潘鼎新等将领，虽然善战，但也不过是凭借天赋的勇气和谋略，而并不知新式作战方式方法的作用。所以淮军作战初期，与敌军交战中屡次失利，吃了不少苦头。李鸿章考虑到这种情况，让诸位将领向常胜军学习，也用不少常胜军的武器装备。而左宗棠平定浙江之功，也从法国将官托格比、吉格尔等人那里得到不少帮助。所以本朝在将灭亡时又得以起死回生，可以说英法人也有不少的功劳。他们的原意，是想通过帮助清朝来维护东亚的和平稳定局面，使之成为他们从事商务的一大乐园。而不料本朝直到今天，还不自觉，不思振作，将来恐怕难免再起战乱之祸。

天王宫的天王

当时曾国荃水陆大军互相配合，包围南京已是两年，到同治三年正月，攻下钟山的石头堡垒，太平军失去这个险要据点，官军外围才开始围合过来，太平军内外不通，运输粮饷的道路断绝，南京城内粮食也吃完了。洪秀全知道败局已经无法挽回了，在四月二十七日这天服毒药自尽。他手下将领拥立他的儿子洪福继位。当时官军还不知道这一种情况。朝廷屡次命令李鸿章，让他率领江苏的得胜之军到南京助剿。曾国荃以为城中的敌军筋疲力尽，粮食弹药断绝，胜利在望，所以不想让李鸿章参与进来，而李鸿章也不想与之分享功劳，就采取谦卑回避的态度，借口盛夏不便用火器，执意不肯进军到南京。朝廷不理解李鸿章的意思，再三敦促，曾国荃听说，不由忧愁愤怒，于是从五月十八日起，不分昼夜督促将士们猛攻地保城（即龙脖子，山阴之坚垒，第一险要地），攻克之。半夜挖地道，从五月三十日到六月十五日，十多条地道打通。于是严肃命令城外各营，做好战斗准备，另外贴出告示重赏敢死队员，准备一旦发现城墙有缺口就冲锋上去。

太平天国宫殿恢复模型

当时李秀成在南京城里，洪秀全死后，所有号令都出自他一人。李秀成知人善任，恩威并施，很得人心，将士们如同儿子对父亲一样服从他。五月十五日，李秀成亲自率领敢死队员数百人，从太平门的缺口突围出来，又派遣敢死队员数百人穿上官兵军服冒充官兵，从朝阳门突围而出，冲入曾国荃的军营，放火喧哗起乱。当时官军已很疲惫，战斗力

几乎丧失殆尽，突然遭此袭击，几乎瓦解溃散，幸亏有彭毓橘等诸位将领率领新兵急速赶来救援，才解除了这一危机。

六月十六日，正午，隧道内所装的火药爆炸，声如雷鸣，轰然炸响，天地也为之一振，南京城墙被崩坏二十多丈。曾国荃的部队呼喊着奋力登上城楼，太平军死命抵抗，然而弹丸如雨点般飞来，守护在外围的太平军士兵有四百多人当场死亡。官军更加振奋，脚踩着尸体冲过去，于是进入南京城中。李秀成此时早已立下以死报达太平天国的志向，他把自己所喜爱的骏马赠送给幼主洪福，让他出城逃命。而李秀成亲自带兵与官军展开巷战，连续三个日夜，直到打不动了被擒拿住，太平军大小将士战死烧死的有三千多人。太平天国天王宫殿被放火焚烧，三天三夜火焰不绝，城中长期跟随洪秀全的十多万士兵和男女百姓，没一个人投降。从咸丰三年洪秀全开始占据南京，到此灭亡共十二年，才最终得以平定。

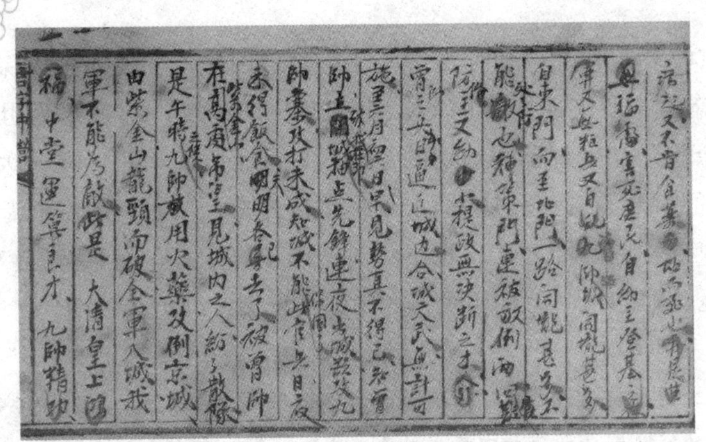

李秀成亲供手迹　李秀成被擒后，三天时间内，在战笼中壮怀激烈地写下供状，记录了数万字史实。虽经清政府删节，不能全部流传下来，但今天读起来，还是威风凛凛，笔挟风雷。

案语：李秀成真是人中豪杰啊。在太平天国危急存亡之际，满城上下的人命在旦夕之时，他还能驱使千百精兵，突破重围，决一死战，那气势几乎要歼灭官军。五月十五日这一天的战斗，曾国荃的军队没灭亡，大概是天意吧。等到南京城已告破，李秀成还能把爱马送给幼主，自己却慷慨赴死，有国家灭亡，自己

也同归于尽的志向。回顾历代的名臣儒将，也不过如此。回看项羽和文天祥的最终失意，是天意？还是人力造成？我听说李秀成离开苏州时，苏州的百姓，男女老少，没有一个不是痛哭流涕的。至于他以礼安葬战死的浙江巡抚王有龄，优待投降的将士，简直有文明国家的战时公法的作风。南京城内十多万百姓，没一人投降。如同齐国的田横，礼遇宾客五百人，他们志向相同，所做的事情也相同，而说到魄力，李秀成又超过前人百倍了，这实在是自古以来战争结局中不曾有过的现象。假使李秀成处在洪秀全的位置上，那今天的中国，还不知道是谁的天下呢！李秀成被捉拿，从六月十七日到十九日，三天之内，他在战笼中壮怀激昂，破指为笔，奋笔疾书，写下洋洋数万言的供状。后来虽经过官军方面的删节，不能完全流传下来，但至今读来，仍然可见他凛然不屈的豪迈气概。唉！刘邦坐了天下，项羽被骂。成败论英雄。今天又有谁肯为李秀成的功业说句公道话呢？百年之后，自有定评，后来史官作史，怎么会有私心妄评呢？不过，毕竟是物竞天择，适者生存，曾国藩兄弟、左宗棠、李鸿章等人，也是人中豪杰啊。

南京收复，朝廷论功行赏。两江总督曾国藩，加授太子太保衔，封世袭一等侯。浙江巡抚曾国荃，江苏巡抚李鸿章，都被封为世袭一等伯。其余将帅都受到不同级别的赏赐。曾国荃收复南京，立一大功，各个派系的将领，都有些嫉妒他。于是诽谤谗言，一时间纷纭而起，即使是左宗棠这样的贤能之士，也不免对曾国荃有妒意，而唯有李鸿章没有一句议论是非的话，而且还竭力为曾国荃说话，维护其功绩。

案语：这也是李鸿章之所以有“文忠”这个谥号的原因了，圣旨传令让他会合曾国荃的军队剿敌，他却不愿在功在垂成时分功，到事成之后还不怀嫉妒心，向主上推荐标榜其功绩，他的这种德操和胸怀确实有过人之处。名不虚传，不是随便就能留名的。

第五章 军事家李鸿章（下）

捻军之猖獗

李鸿章以前平捻诸将的失当

曾国藩、李鸿章平捻方略

东捻之役

西捻之役

南京收复，中国的战争也消失了大半。尽管如此，捻军的叛乱还在继续，所以担忧还是不能消除。捻军之乱，开始于山东的无业游民。到咸丰三年，洪秀全攻陷了安庆、南京，安徽全省大惊。捻党趁此机会，在宿州、亳州、寿州、蒙县等地造反，横行于安徽、山东、河南一带，所到之处，大肆掠夺，官军没办法控制。奉朝廷之命前来剿灭捻党的官员一来，就遭到捻党袭击，屡次被打败，因此捻党势力日益猖獗起来。到咸丰七年冬天，捻军的骑兵已侵扰到直隶大名府等地，北京形势紧张，进入戒严。

现在把捻军开始发起到李鸿章率军平捻之前，朝廷所派平捻的统帅列表如下：

人	官	任官年份	屯驻地
善禄	河南提督	咸丰三年	永城县
周天爵	钦差大臣	咸丰三年	宿州
吕贤基	工部左侍郎	咸丰三年	安徽
陆应谷	河南巡抚	咸丰三年	开封府
袁甲三	钦差大臣	咸丰三年	宿州（周天爵卒代之）
舒兴阿	陕西总督	咸丰三年	陈州
英桂	河南巡抚	咸丰四年	开封府
武隆额	安徽提督	咸丰五年	亳州

人	官	任官年份	屯驻地
胜保	钦差大臣	咸丰七年	督江北军
史荣春	提督	咸丰八年	曹州兖州
田在田	总兵	咸丰八年	曹州兖州
邱联恩	总兵	咸丰八年	鹿邑
朱连泰	总兵	咸丰八年	亳州
傅振邦	总兵	咸丰九年	宿州
伊兴额	都统	咸丰九年	宿州
关保	协领	咸丰九年	督河南军
德楞额	协领	咸丰九年	曹州
胜保	都统钦差大臣	咸丰十年	督河南军，关保副之
穆腾阿	副都统	咸丰十年	安徽（副袁甲三）
毛昶照	团练大臣	咸丰十年	河南
僧格林沁	蒙古亲王	咸丰十年	
曾国藩	钦差大臣	同治三年	

第二次鸦片战争时，咸丰帝避难到热河，捻党乘机侵入山东，在济宁大肆掠夺。德楞额与捻军交战，大败而回。由此开始让蒙古科尔沁亲王僧格林沁带军追剿捻党，树起骁勇善战的名声。同治二年（一八六三年），太平军诸位头目陈得才、蓝成昌、赖汶洸等人与捻军联合在一起。捻军头目张宗禹、任柱、牛落江、陈大喜等人率领数万人，出没在山东、河南、安徽、湖北各州县，来往迅速，如暴风骤雨，不可捉摸，官军疲于奔命。同治三年九月，一股捻军进入湖北，在襄阳、随州、京山、德安、应山、黄州、蕲州等地大肆抢劫。舒保战死，僧格林沁的军队也屡遭溃败。僧格林沁这个人，勇敢强悍有余，但不学无术，军纪不严，所到之处奸淫掠夺，残害百姓，几乎与太平军和捻军没什么区别，因此湖北的百姓对官军大失所望。

当时南京已收复，太平军余党加入到捻军中有数万人，转战到河南、山东一带，对那里的城市进行侵扰掠夺。同治四年春天，僧格林沁决心一扫乱党，率领轻便骑兵，追击捻军头目，日夜飞驰三百里。到曹州，部下中有不少心怀怨恨和背叛。四月二十五日，就中了捻军首领的计策，大败，僧格林沁奋勇作战，落马而死。朝廷震惊，深表哀悼。急命曾国藩为钦差大臣，督办直隶、山东、河南的军务；并命令李鸿章代理两江总督，为曾国藩在粮草方面作后勤支援。

僧格林沁行猎图

之前，官军追剿捻军，只知道追踪，往往劳而无功，偶尔防备围堵一下，也不过是拆东补西，解决一时之急罢了。总之，无论是攻是守，不是苟且作战，给了敌人实力增长的机会，就是有勇无谋地冒然进攻，挫伤了自己的兵力，并没有一个全局的规划，制定一个统一的战略，因此派军追剿乱党十多年，却不见成效。自从曾国藩受命以来，开始制定了一个大举包围乱党、牵制其活动的战略规划，认为此举必然会把敌人围堵在一处，然后聚集优势兵力围歼。李鸿章继承了这一方略，于是平定了中原。

曾国藩，是位君子，经常以兢兢业业、持盈保泰、急流勇退的低调态度自勉自励。收复南京后，平生志向已得到实现，便急切地希望能功成身退。到僧格林沁亲王战死，捻军之乱气势猖獗，直逼京城，情势危急，曾国藩又受命于官军失败的危难之时，义不容辞，就勉强担起这个重任。但他看到湘军的士气已日益低迷消沉，恐怕不能再胜任，所以逐步将湘军遣散，而只用淮军到阵前杀敌。曾国藩受命大任的开始，就想

着把这个位置让给李鸿章，以成就他的功业，有此想法也很久了。到同治五年十二月，曾国藩就托病辞去职务，李鸿章担任钦差大臣。曾国藩重又回到两江总督的职位，负责粮饷等后勤保障事务。

李鸿章的剿捻方针是：考虑到捻军已经成为流寇，要追堵逼迫他们停止流窜，然后集合各方兵力合围歼灭，这是最好的方法。明朝孙传庭曾说：追剿流寇应驱逐逼迫他们到绝境，在他们困顿灭亡前加以围攻；否则，在枪林弹雨中争胜负，即使打了胜仗也不能彻底荡平流寇。李鸿章就是领会并运用了这个策略。同治四年十一月，李鸿章上奏，称必须将乱党追逼到深山环水的复杂地带，再故意放弃，诱敌深入，然后集合各省兵力，从三面或四面围困之。后来李鸿章之所以成功，实际上是这一策略的作用。

同年五月，任柱、赖汶洸等人大举侵入山东。李鸿章命令潘鼎新、刘铭传全力追击，想逼迫他们到登州莱州海边，然后在胶州、莱州的交通要道，想办法围困，使他们往北不能窜入京畿地区，往南不能跑到淮南。六月，李鸿章亲自率军到济宁，观察分析形势，认为任柱、赖汶洸等各队人马，都是经历过上百次战争保留下来的精锐部队，加上一些游兵散勇和有煽动力的老兵，既狡猾又剽悍，不可轻视。如果兵力不足以包围，却追逼他们太紧急了，包围圈过于狭小，就会让他们看穿计划，势必着急突围，稍微有些放松就会逃走，导致全局不利。于是制定策略，先在运河上设防，断绝敌军退路，再在胶、莱两地设防，挡住其交通。当时的山东巡抚丁宝桢，一心想驱逐捻军出山东境，对于李鸿章的这个策略，不以为然，而是反对抵触。

七月，捻军突然进攻潍河，山东省守将王心安此时驻扎在戴庙，放纵捻军偷渡过去，导致胶州、莱州的防线崩溃。此时诽谤声纷纭而起，朝廷严厉责备下来，甚至有建议要改变李鸿章的战略。李鸿章又上奏折，认为运河东、南、北三面，捻军来往流窜，官军分路追截，当地百姓虽受些蹂躏侵扰，但受害地区不过几个府县而已；倘若让捻军长驱直入运河以西，那么将会有好几个省份受到侵扰，其害将无穷。同是中国的领土，同是华夏人民，而不应该有所偏袒歧视。于是朝廷准奏，坚持之前的策略，没有改变。十月十三日，刘铭传在安邱和潍县的交界地带和捻军交战，大获全胜。二十四日，刘铭传又带队追击捻军到赣榆，和骑兵统帅善庆一起作战，在战争中击毙了任柱，于是东捻军势力大大削减。

二十八日，潘鼎新在海州上庄与捻军交战，击毙大批强悍的捻军。十一月十一、二日，刘铭传、唐仁廉等人在潍县、寿光抄袭捻军一昼夜，捻军军心动摇，很多人投降。郭松林、杨鼎勋、潘鼎新等人也频传捷报，战无不胜。到二十九日，刘铭传、郭松林、杨鼎勋等人，追击捻军七十里，到寿光的弥河，开始与敌军交战。战斗打了十几个回合，又追杀捻军四十多里，消灭近三万人，捻军的精锐兵器、骡马、辎重等丧失殆尽。李鸿章在给朝廷的奏报中说："我军士兵回到军营后，我亲自去抚慰，他们都劳苦疲惫，面无人色。"赖汶洸经弥河一战失败后，落水不死，就又纠集了一千多骑兵，冲出六塘河防线。黄翼升、刘秉璋、李昭庆等人，带领水、陆、骑兵，紧跟其后追剿，一步也不放过，直到赖汶洸只剩下数百骑兵，被追逼到高室水乡。李鸿章先前派遣的淮军"华"字营统带吴毓兰正好在扬州运河防守。各支官军部队合力战斗，前截后追，十二月十一日，吴毓兰活捉赖汶洸。东捻军被全部消灭，山东、江苏、安徽、河南、湖北五省的东捻军也都被消灭。

刘铭传

李鸿章所上的报捷奏折中，附带陈述了各支部队自剿捻以来，奔波数个省份，长年转战各地，日行百里，忍饥耐寒，还要担忧受到指责和讥讽，这些都是人生中前所未有的困苦。刘铭传、刘秉璋、周盛波、潘鼎新、郭松林、杨鼎勋也多次申请离职，李鸿章代为他们请求朝廷让他们稍稍休养一下，不要再派给他们远调的任务。因为刘铭传积劳成疾，李鸿章代为请假三个月。同治七年正月，东捻军张宗禹率领大军，忽然从山西渡过黄河，向北流窜，势力直逼北京城下。北京政府为之大惊。初七、初八日，朝廷多次下令催促刘铭传、善庆等人，带领步兵、骑兵各营，迅速赶赴河北剿杀西捻军。李鸿章因为刘铭传受疾病所困，正在假期中，不忍心催调他作战，于是率领周盛波、周盛传兄弟的骑兵十一个营，潘鼎新的“鼎”字军全军，善庆、温德克勒西的骑兵，陆续进发，由东阿渡过黄河。命令郭松林、杨鼎勋整顿大队人马，随后出发跟进。

清军和捻军作战图

对西捻军的战役，相比东捻军更加难以成功，原因是：一因黄河以北，千里平坦，没有高山大河可以限制他的活动。张宗禹狡猾多端又知晓兵法，流窜到北方的辽阔平原，掠夺了很多马匹，如狂飙般迅速往来，瞬息百里。想给他设计一个圈子围困他，但地势不允许，所以罗网难以实行。而且他吸收了任柱、赖汶洸的前车之鉴，一听说被围，就立即死命突围而出，不给官军时间施工，来构筑围堵的工事，这是第一大难题；二因淮军士兵全部是南方人，和黄河以北地区的风俗习惯完全不一样；南方人的性情、口音与北方人都不相同，而且吃米吃面的习惯也不相同。而骑兵力气单薄，草料也不足，这是第二大难题。李鸿章于是奏请施行坚壁清野（坚固壁垒，清除郊野，使敌人既攻不下据点，又抢不到物资）的策略，认为“之前的东捻军任柱、赖汶洸的部队，流窜在中原数个省份，害怕城寨更甚于害怕官兵。河南东部，安徽北部，民风强悍，因受乱党侵扰已久，逐渐修筑起堡垒和城寨，随处可见，如城池那么多，所以东捻军只能一过即走，不能久停。近年来只有湖北、陕西一带，被捻军侵扰最厉害，因为那里一直没有堡垒和城寨，临时修筑又来不及，所以乱党能够在那里流窜并大肆掠夺，其势力日益嚣张。河北、山西一带向来没遭到捻军侵扰，民风淳朴软弱，也没有修筑起堡垒城寨来自卫。张宗禹本来就狡猾多端，又是个末路的流寇，南面又有黄河为之做屏障，势必会纵横驰骋，到处流窜作乱，百姓受此惊扰蹂躏，到处迁徙，何时能结束？真是可悲可叹……自古用兵，必然要彼此对比实力，以此为决策的标准。捻军未必比我军强大，但他们骑兵多而我军骑兵少，自然有我军不能比的气势；他们可随处掠夺粮草，而我军必须就地采购粮草；他们常能吃饱，而我军常要挨饿，这又是我军不能比的地方。现在要想断绝其粮草和马匹，只有下旨传令河北的绅士和百姓们，赶紧修筑起堡垒城寨来，加强防卫，一旦有捻军入侵的警报，立即收集粮草牲畜到城堡，这样既保卫巩固了自身安全，也能置流寇于绝境……”如此等等。西捻军最后能平定，实际就有赖于此策略。

四月，李鸿章又奏请让刘铭传总领前线各军，朝廷同意，敦促刘铭传立即赴任。李鸿章命令淮军和河北、山东的民兵，沿着黄河和运河，修筑起长墙、深沟以围困捻军；又随时抽调各军，轮流进攻，轮流休息。让那些长时间追击敌军，已经疲惫，停下来暂时休息的军队，在运河东岸选择险要地势屯集驻扎下来，一等到捻军流窜过来，就立即奋起迎击，改剿为防。又派张曜、宋庆分别驻扎在夏津、高唐一带，程文炳驻扎在陵县、吴桥一带，为防守在运河的部队做掩护。左宗棠也派刘松山、郭宝昌等人带部队来，自连镇以北到沧州一带减河东岸分别驻扎，与杨鼎勋等人带领的部队互相策应配合。布置安排妥当后，才开始进兵围剿。

五月，捻军流窜到西北，各路官军分路拦截阻击，接连获胜。李鸿章于是趁黄河在汛期河水上涨时，缩小包围圈，以运河为外围；而将恩县、夏津、高唐的马颊河，截长补短，划为内部的包围圈。逼迫捻军到西南，层层布置。五、六月间，官军各军连续获胜，捻军势力大衰，投降流散的逐渐多起来。六月十九到二十二日，官军乘胜追击，每战每胜。二十三日，张宗禹渡河，向西南逃窜。二十四日，由平原县逃到高唐县。二十五日，潘鼎新追击一百二十里，冒雨到高唐县，流寇已逃向博平、清平县一带，企图进攻运河。而官军早在马颊河西北岸筑起了数百里长墙，足以围堵住捻军人马。捻军不知已入官军圈套中，流窜到越是狭窄的地方，死期就越近。此时官军各部也因长时间追击疲惫了，李鸿章就派刘铭传带领战斗力强盛的骑兵前来助战，部队士气大振。二十八日，将敌人包围在徒骇河、黄河和运河之间，刘铭传调集骑兵和步兵迎击，追杀好几里远；此时，从东面来的郭松林率骑兵正好挡住了逃跑的捻军去路，加上河道交错纵横，地下泥泞湿滑，刘铭传、郭松林两军骑兵五六千人，合兵一处，纵横追杀，捻军被杀死活捉无数。张宗禹只带几十个骑兵往北逃窜，很快又投水自杀。西捻军被消灭，中原恢复安定。八月，李鸿章奉旨进京。

李鸿章用兵打仗，先制定进攻谋略再采取行动，料敌如有神助，所以从军十五年，从没打过败仗。虽说也是幸运，但难道不也因为个人的努力吗？他剿灭太平军时，以小小的三个城池为根据地，只用了一年就荡平了苏南的太平军；他剿灭捻军，面对横行了十多年的强悍敌人，众多将领束手无策之时，他却只用了一年时间就歼灭了他们，好像有天助一样；他对待属下将领，都是以道义相交，亲爱如同骨肉一家人，所以属下都愿服从他的命令，真不愧为统帅将领的人才啊！虽然如此，李鸿章的军旅生涯，实际和曾国藩始终有着密切的联系，而不只是感念他把自己推荐给主上而已。他平定苏南时，是由曾国藩统筹整个战事全局，肃清长江上游的太平军，曾国荃又合兵包围南京，牵制敌军势力，因此使李秀成疲于奔命，李鸿章才有机可乘；他剿杀捻军，也是秉承了曾国藩的战略，而之所以有千里之外提供的充足粮草，也是因为有一位优秀的两江总督曾国藩的背后支援，使他没有后顾之忧。还不止这些，李鸿

章曾跟随曾国藩军队数年，从中得到磨练，接受道德、学问上的熏陶和磨砺，练习兵法和用兵打仗。总结李鸿章一生身体力行、任劳任怨又坚忍不拔的精神，及他治军带将推行开诚布公、团结将士的方略，无一不是从曾国藩那里学来的。所以有曾国藩，然后才有李鸿章。李鸿章对待曾国藩如同侍奉父母一样，尊敬如同神明，不也是应该的吗！

洋务运动时期的李鸿章

洋务运动的成绩

北洋海陆兵力

李鸿章办理洋务失败之原因

“洋务”二字，实不能成为李鸿章的专用词。虽如此，本着名从主人的原则，为李鸿章作传，就不得不以“洋务”二字来概括他人生旅途中二十多年的事业。

江南制造总局

江南制造总局车间

李鸿章创办的北洋机器局

金陵制造局制造的火炮

李鸿章因为洋务，被天下的读书人唾骂，也是因为洋务，被天下的世俗功利之人崇拜。而我之所以推崇他、责备他、惋惜他，也是因为洋务。说李鸿章不懂洋务吗？中国的洋务人士中，我还没见过有比他强的；说李鸿章真精通洋务吗？可是为何其他国家通过实行洋务运动而兴旺发达，而我国却因洋务运动反而衰弱了？我可以用一句话来总结，就是李鸿章自认为远见卓识，通晓洋务，却不懂得国家事务，以为洋人所做的事情，也不过和他所做的洋务一样而已。现在把他平定太平天国、平定捻军之乱后、和日本交战之前，所办的洋务事件列表如下：

在上海建立外国语言文字学馆	同治二年正月
在上海建立江南机器制造局	同治四年八月
在天津建立机器局	同治九年十月
筹划和日本通商并向那里派遣常驻人员	同治九年闰十二月
筹划在大沽设洋式炮台	同治十年四月
挑选学生前往美国留学	同治十一年五月
请求开采煤铁矿	同治十一年五月
建立轮船招商局	同治十一年十二月
筹办铁甲兵船	光绪元年十一月
讲求派遣使者去日本	光绪元年十一月
讲求在各省建立西洋学堂，分格致、测算、舆图、火轮机器、兵法、炮法、化学、电学等学科，选择通晓时务的官员主持，并在人才选拔制度上稍加变通，通过洋务考试也可以做官	光绪元年十二月
派低级军官前往德国学习海军、陆军武器、战术使用方法	光绪二年三月
派福建船政学堂的学生出洋学习	光绪二年十一月
开始订购铁甲船	光绪六年二月
在天津建立水师学堂	光绪六年七月
设南北洋电报	光绪六年八月
请求开铁路	光绪六年十二月
开设开平矿务商局	光绪七年四月
创设航运公司，并派船赴英进行贸易	光绪七年六月
招商局接办各省电报	光绪七年十一月
筑旅顺船坞	光绪八年二月
在上海开设商办织布局	光绪八年四月
在天津开设武备堂	光绪十一年五月
开办漠河金矿	光绪十三年十二月
北洋海军成军	光绪十四年
在天津开设医学堂	光绪二十年五月

中国第一批赴美学生

以上所列李鸿章所办的洋务事件，大概就是这些。综合这些洋务，不外乎两类：一是军事，如购船、购械、造船、造械、筑炮台、修缮船坞等；二是商务，如铁路、招商局、织布局、电报局、开平煤矿、漠河金矿等。其间也有举办学堂、派学生到外国学习等事，但都是为军事服务的，要不就是为外交培养翻译人员的。李鸿章所认识到的西洋人的长处，大体就是这些。

京师大学堂牌匾

陆海军事，是李鸿章一生中全力倾注的事业。他以知兵善战树立起自己的功名，而他之所以成功，实际上和他与西洋军人相处，又亲眼看到西洋先进武器的威力，进而拿来使用有关。所以他在功成之后，深切认识到中国的兵力平定内乱有余，但要抵御外来势力的入侵就明显不足了，所以他兢兢业业把加强国家兵力作为重要事情来抓，其眼光不可说

不高出平常人一等了，他在这方面投入的精力也算是最多的了。算起来中日战争以前，李鸿章手下的兵力，大体如下：

北洋海军兵力表

分职/队别	船名	船式	吨数	马力	速力	炮数	船员	进水年份
主战舰队	定远	铁甲	7,335	6,000	14.5	22	330	光绪八年1882
	镇远	铁甲	7,335	6,000	14.5	22	330	光绪八年1882
	经远	铁甲	2,900	3,000	15.5	14	202	光绪十三年1887
	来远	铁甲	2,900	5,000	15.5	14	202	光绪十三年1887
防守舰队	致远	巡洋	2,300	5,500	18.0	23	202	光绪十二年1886
	靖远	巡洋	2,300	5,500	18.0	23	202	光绪十二年1886
	济远	巡洋	2,300	5,500	18.0	23	203	光绪九年1883
	平远	巡洋	2,200	1,500	14.5	11		
	超勇	巡洋	1,350	2,400	15.0	18	130	光绪七年1881
	扬威	巡洋	1,350	2,400	15.5	5	130	光绪七年1881
	镇东	炮船	440	350	8.0	5	55	光绪五年1879
	镇西	炮船	440	350	8.0	5	55	光绪五年1879
	镇南	炮船	440	440	8.0	5	55	光绪五年1879
	镇北	炮船	440	440	8.0	5	55	光绪五年1879
	镇中	炮船	440	750	8.0	5	55	光绪七年1881
	镇边	炮船	440	840	8.0	5	55	光绪七年1881
练习舰	康济	炮船	1,300	750	9.5	11	124	光绪七年1881
	威远	炮船	1,300	840	12.0	11	124	光绪三年1877
补助舰	泰安	炮船	1,258	600	10.0	5	180	光绪二年1876
	镇海	炮船	950	480	9.0	5	100	同治十年1871
	操江	炮船	950	400	9.0	5	91	同治五年1865
	湄云	炮船	578	400	9.0	4	70	同治八年1869

附水雷船

船名	船式	吨数	速力
左队一号	一等水雷	108	24
左队二号	一等水雷	108	19
左队三号	一等水雷	108	19
右队一号	一等水雷	108	18
右队二号	一等水雷	108	18
右队三号	一等水雷	108	18

直隶淮军练勇表

中日战争爆发时，直隶淮军练勇有两万多人，大概如下：

军队	营数	人数	将领	驻地
盛军	18	9000	卫汝贵	小站
铭军	12	4000	刘盛休	大连港
毅军	10	4000	宋庆	旅顺口
芦防淮军	4	2000	叶志超 聂士成	芦台北塘 山海关
仁字虎勇	5	2500	聂士成	营口

合计四十九营二万五千人之间。

清军演习图

李鸿章倾注全部精力来经营这海陆两军的建设，自称确实有一定把握。光绪八年，法国侵到越南，对我广西边境寻衅滋事时，朝廷商议筹资加强京城周边地区的防卫，李鸿章上奏说：“我花了十多年时间练兵，购买新式武器，只苦于经费紧张，不能完全实现我的愿望，然而临阵杀敌，还不至于孤注一掷让皇上担忧……”李鸿章的自信，由此可见一斑。怎么也没料到，一朝中日开战，自己辛苦经营的艨艟战舰不是被挫伤就是被击沉，有不少还被日军缴获，淮军和新式军队，屡战屡败，李鸿章之前树起的声名一下子一扫而光。所剩下的残破武器装备，后经过在天津溏沽与八国联军一战，也基本上随同罗荣光、聂士成一起化为灰烬了。于是，直隶总督、北洋大臣李鸿章三十年来所积蓄、规划、培养的战争资本，就此烟消云散，几乎就像昨天的梦魇。直到李鸿章死时，他精心培植的天津大本营，还没有收复。唉！李合肥啊李合肥，我知道你在九泉之下也不能瞑目啊。

至于李鸿章失败的原因，一半因群臣争议，牵制他按自己意愿行动，一半因为他自己的行为。从他个人原因这个角度讲，一半因为用人不当，一半因为自己见识不够。当他已经立下大功，声名鼎盛之时，自视很高，认为天下事对自己而言很容易。而对他的副将和老部下，念他们以前与自己共患难，现在与自己同享富贵，念到私情，互相引荐，让这些人在重要岗位任职，承担着重任，也顾不上去管他们是否胜任，因此遇到事情反把事情搞坏了，从而贻误了大局，这也是一个原因。而且李鸿章只知道练兵，而不知士兵之来源；只知道筹集粮饷，而不知粮饷之来源，所以只能做些零零碎碎的事情，以致终无所成，这也是一个原因。下节中再详细论述。

李鸿章所办的商务，也没有让人看到明显的成效，没别的原因，是由官督商办这个做法所牵制造成的。中国人最擅长做买卖，犹如天生。如果国家能制定商法，开辟市场，广辟渠道，保护商人的权利，自然能使人尽其才，物尽其用，不至于浪费成本，国家的富强指日可待。现在每开发一个新项目，动不动就上奏请示，还要派大臣督办，即使所派遣的人很合适得力，但还是会产生越俎代庖的效果，不可能对办事的人没有牵制影响。况且还有奸猾虚伪的官吏，以贪财得利为目的；要么狐假

虎威，掌控操纵着局势，那已经入股的人怎能不寒心呢，那些准备入股的人怎能不犹豫观望呢？所以中国的商务不能发达起来，可说是被李鸿章所推行的官督商办主义的政策所害的。

我敢用一句话下一个结论：李鸿章实在是一个不懂国家事务的人。他不懂国家为什么东西，不懂国家与政府间有什么关系，不懂政府与人民间有什么责权关系，不知道作为大臣应当尽什么样的责任。他对于西方国家富强的原因，茫然不知，认为我中国的政治、教化、传统、风俗等等，无一不优越于别的国家，所不如人家的不过是些枪炮、轮船、铁路、机器等等罢了，认为我只要学他们这些长处，做些洋务就足够了。这是近日来全国上下谈时事的人们所异口同声的论调，而李鸿章实际是这一派中已有三十年资格的老前辈了。这就是所谓无盐效仿西施的笑容，寿陵人学习邯郸人走路，越学越丑，适得其反，终无所成，这是必然的。

旧上海街头

虽然如此，李鸿章的见识，还是有远远超越寻常人的一面的。曾看到他在同治十一年（一八七二年）五月，第二次上奏商议不可裁撤制造轮船的事情，奏折中说：

微臣个人认为欧洲各国，一百年来，从印度到南洋，从南洋到中国，闯入

边界腹地，这是史上没有记载过的。自古以来，凡是还没通关，没贸易往来的国家，无不前来拜访我国，来请求通商互市。我们的皇上有天朝上国的气度，一概与他们立约通商，以笼络这些国家。如今，全地球东西南北，隔着数万里之遥的国家，都聚集到中国来了，这是三千年来的一大变化。西洋人依靠的就是他们先进锐利的枪炮轮船，所以他们能横行在中国的土地上，我中国一向所使用的武器，不是他们的对手，所以受制于他们。今天我们说的驱逐他们出境，本来就是些没用的虚狂之论，即使想保全和平，守住疆土，也不是没有先进武器就能够保全得了的……那些士大夫们限于道德和辞章学问，而对数千年来这一大变化愚昧不知；拘泥于眼前的苟且偷安，而忘却二三十年前所受的创伤巨痛。千百年之后用什么方法来安内制外呢？这就是为何有人提出停止制造轮船的所谓原因。我以为国家的其他各项费用都可节省，唯独在养兵设防、练习枪炮、制造轮船战舰这些费用上不能节省。如果要省，其他就更不必要了，国家将无以立足，永远不能强大起来。

光绪元年（一八七五年），因台湾事变起，李鸿章在筹备建立海防的奏折中说：

这是总理衙门所陈述汇报的六条主张。它把当前最紧要的事情，及日后长远之规划，都进行了综合概括，没有遗漏，应该说是挽救时局的重要策略。其中不容易立即办好的，就是难得优秀的人才，经费筹措有困难，意见分歧难以化解，陈旧风气难以消除。如果因循守旧，不加改变，即使每天设防，也如画饼充饥，徒劳无功。那么现在当务之急，就在于努力破除成见，来做些实事。为什么这么说呢？历代对边防的守备，重点在西北地区，其强弱势力的分布，主要次要的划分，各代都是差不多的。而且中国与外国之间都有固定的界限。现在东南沿海一万多里的广大国土上，允许各国通商、互相传教，往来自如；他们还聚集在北京，以及各省会中心。表面上借友好往来之名义，私下里怀着侵略吞并我国的阴谋，一个国家闹事，其他各国跟着煽动，这实在是几千年来所不曾有过的新局面。轮船电报的迅速，瞬息可达千里，军事器械的威力比以前强过百倍。这又是数千年来所没遇到过的强大对手。外来侵扰不断，变幻迅速，而我们还在以旧有的方法来抵制，就像医生看病，不问什么症状，统统开出原有的旧处方给病人，实在是不能起到疗效啊。一八六〇年鸦片战争之后，外国势力日渐指向内陆，那

李鸿章视察中国第一条铁路唐胥铁路

李鸿章在德国造船厂参观考察

些对外国人鄙夷不屑的文人士大夫们，无不义愤填膺，慷慨议论，纷纷说着驱逐外国人出境的话。这些都属于局外人的非议，因他们根本不知道局中人办事的艰难，等到问他以什么方法自强，有什么能力抵御外来入侵时，他们就茫然不知所措了。我办理洋务也很长时间了，经历和见识也较广了，对于敌我之间优劣长短的对比，也认识得较深刻。环顾当下我们的人、财、物等各方面实在很不足，有的也多拘泥于已有传统观念，受众人议论的牵制，即使想振奋做点事情也无从下手。《易经》上说："穷则变，变则通。"如不能变通，那么无论是战是守都是不可靠的，而靠讲和也是不能持久的。

上海租界的外国军队

李鸿章又说：

近来一些拘谨守旧的读书人，多数以办理洋务，与外国交涉为耻；那些怀有功利和机巧之心的人，又把回避洋务当成自己的终南捷径，以此提高自己的声望地位。如果朝廷不下大力气开辟新风气，破除以往拘泥的陋习，实行国富民强的实际做法，那天下的危难局面，永远无力支撑挽回。日后人才的缺乏，比今天还要厉害，诺大一个中国，将没有自强自立之时，这不只令人担忧，也令人感到耻辱。

由此可见，李鸿章本来就知道今天这个三千年来产生最大变化的时局，也知道拘泥苟安于现状就不能长治久安；本来他为以后中国的千百年社稷着想，有意识地寻求安内制外的良方，也知道古老的处方已不能医治现在的新病；本来就知道如不进行变法维新，那么是战是守都不可靠；本来就知道分歧意见如不化解，陋习不除，就将一事无成；甚至他也知道日后中国将缺乏人才，比今天还要厉害，这么大一个中国，将没

開平民辦

蜆同牛普通車路有限公司股票

本公司遵照　廣東全省公路處續訂各縣公路局督率人民集股築路辦法建築由蜆崗起上至大同市下至牛眠沙經營交通事業蜆同公司于民國十五年五月呈請廣東全省公路處正式立案註册給照蜆牛公司于民國十八年十一月七日立案註册給照今爲兩公司節省費用起見經于兩公司開全體董事會商議決合併名之曰蜆同牛發給股票爲據

計收現金〇萬〇仟壹百壹十叁元

收用田畝値銀　萬　仟　百　十　元

今收到

名下股銀　元計　共計　股　股編蜆字第　號

右給股票爲據　年　月　日起息

總理　周在磐　　監察　關定棠

協理　黃善平　　黃晶昌　　司庫　周在立

民國廿三年八月一日　蜆同牛車路董事會發給

开平煤矿股票

有自强自立之时。李鸿章的话说得沉痛，令我至今读来，也忍不住热泪盈眶。那么，以李鸿章这样的忠诚纯正，如此敏锐深刻的洞察力，又长期在重要职位上，大权在握，但他的成就也就今天看到的这些，这是为什么呢？这是因为他只知道有军事，而不知道有民政；只知道有外交，而不知道有内治；只知道有朝廷，而不知道还有国民。每天责备他人不知时局，而自己对大局也并不明了；每天责备他人意见分歧难以化解，陋习不除，而自己管辖范围内的分歧和陋习，却视而不见，他与那些人比较起来，也不过是五十步笑百步的区别。却不知道今天世界各国间的竞争，不在于国家而在于国民；不知道西方各国之所以能化解分歧，消除陋习，实施新政使国家富强，原因就在于有一股源于下面而不是上面的动力。而要寻求这种动力如何才能激发，那就必须有一两个有先知先觉的、能激发人力量的先行者，从而引导人们前行，并鼓舞前行的勇气；新风气形成后，再因势利导，利用下层百姓的力量，那事情就没有不成功的。李鸿章不知道这点，不以此为忧，也就算了；既知道此，也为此担忧，以他的声望地位，对上可以打动皇上，从而指使各级官员，对下可以制造舆论，从而号召起全国人民，可惜李鸿章没能做到。所以我说：李鸿章的问题，在于不学无术。所以说：他是被时势所造就的英雄，而不是造就时势的英雄。

晚清礼仪

虽然如此，事情换了环境就会不同了，人换了时代也就不一样了。我等生在今天的人，以如此大道理来指责李鸿章，我知道他一定不肯接受。他所说的局外人的非议，是不知道局中人的艰难，言下之意，是自己心里也有不得已的苦衷和不为人知的痛苦。援引《春秋》中责备圣贤之人的良苦用心，李鸿章固然难辞其咎，然而试问今日中国四亿人中，有资格向他投这第一块石头的人，能有几个呢？我虽然责备李鸿章，也必然不能对那些拘谨古板的儒生、投机取巧的小人、局限于辞章和眼前利益的人有所谅解，更绝不允许他们跟随我来对李鸿章妄加评议。简要地说，李鸿章不失为一位名副其实的英雄，最不幸的是，诺大一个中国，继李鸿章之后，却没有一个哪怕是无名英雄的人出现，所以李鸿章一跃而起的行动之后，终没能完全成功。我对于李鸿章的这一遭遇，也表示同情悲悯。

这一章以后，李鸿章一生的得意历史终结，失意的历史开始了。

第七章 中日甲午战争时期的李鸿章

中国维新运动的萌芽，自中日甲午战争开始；李鸿章一生建立起来的功勋名声，在中日战争中被淹没。可惜啊！光绪十九年（一八九三年），李鸿章过完七十岁生日，生病了，但病而不死，最终遭遇甲午战争这场变故，祸不单行，一个接着一个，又经历了八年最艰难、极危险、极窘迫的耻辱岁月，直到今天死去。苍天啊，之前为什么那么宠爱优待他，后半生却为什么让他如此遭遇厄运、残酷地对待他呢？写到这里，我不禁停笔喟叹。

中日战争，起源于朝鲜，追溯这场祸事的源头，不能不说是李鸿章外交上的一大失误和遗憾。朝鲜本是中国的附属国。最初于同治十一年（一八七二年）时，日本与朝鲜产生不合，日本人派遣使者到中国进行交涉，按说朝鲜是中国的附属国，其外交应当由中国为他作主，这是国际公法也认可的道理。中国当局因为害怕多事，就答复日本说：“朝鲜的国事，我朝向来不干涉参与，听凭贵国与朝鲜自行交涉好了。”日本于是又派使者到朝鲜，光绪元年（一八七五年）正月，与朝鲜国王签订和约，第一条是：“日本认定朝鲜是个独立自主的国家，朝鲜和日本一样，拥有自主平等的主权。”这就成为日本与朝鲜交涉的开端。光绪五年，英、美、德、法等国家，先后来请求，要与朝鲜互市通商，朝鲜政府为此感到惊恐，一时犹豫不决。李鸿章就写了封密信给朝鲜太师李裕元，鼓励他与各国签订条约，又上奏说借此可以防御俄国人，牵制日本人，等等。光绪六年，驻日本使臣何如璋写信给总理衙门，提倡中国应主持朝鲜的外交事宜，说中国应当在朝鲜设立并驻扎办事大臣。李鸿章说，如果秘密地对朝鲜加以维护，倒还进退自如；倘若明显地为之代理谋划，朝鲜方面也未必都听从我们的话，而其他国家可能会把矛头指向我国，有朝一日，造成骑虎难下的局面，恐怕会引起战争等麻烦事，等等。光绪八年十月，皇上的侍读张佩伦又上奏，请求皇上派遣高官作为朝鲜的通商大臣，协助办理朝鲜的外交事宜。李鸿章再次上奏，还是之前的意见。这都是因为李鸿章对于“藩属国无外交”的国际公法不熟悉，只图一时省事，借助国家大道理，却不能大方磊落地表示立场，最终给人以口实，这实在是外交上的一大千古遗恨啊。自此以后，各国都不再以中国的藩属国来看待朝鲜了。光绪十一年（一八五二年），李鸿章在天津与伊藤博文签订条约，明确约定，有朝一日如果朝鲜发生战争，中日两国如要派兵前往，必要事先互相知会一声。于是朝鲜又像是成了中日两个国家共同的保护国，这实在是名实不符、不可思议的事情。后来两个国家各执一理，纠缠不清，终于酿成战争，实在说其祸根开始于这件事。而这个祸事源头不能不说是由李鸿章的外交策略引起的，这成为李鸿章的第一大失误。

中日海战

光绪二十年（一八九四年）三月，朝鲜发生东学党叛乱，气势十分猖獗。当时袁世凯作为办理商务的委员驻扎在朝鲜。袁世凯，是李鸿章的亲信，他屡次致电李鸿章，请求派兵来朝鲜助剿东学党之乱，又鼓动朝鲜国王向大清朝乞求援兵。李鸿章就在五月初一日派海军“济远舰”、“扬威舰”赶赴仁川、汉城保护商业，并调遣直隶提督叶志超带领淮军一千五百人开往牙山，同时遵照《天津条约》的规定，通知日本派兵的消息。日本随即也派兵前往。到五月十五日，到达朝鲜仁川的日本军队已达到五千人。朝鲜政府大为震惊，请求中国先行撤兵以让日本心理平衡从而撤兵。日本既然派来重兵，自然有进无退，就商议与中国共同干涉朝鲜的内政，帮助其变法。双方信函往来，言辞激昂，战争的气息已是埋伏其中，迫在眉睫了。

中日朝鲜相争漫画

这次战役，对中国来说，认为藩属国有叛乱，国王又以谦卑的态度和言词来请求派兵支援，作为宗主国自然应有帮助剿平叛乱的责任，所以中国就派去了军队；对日本国来说，他认为既然朝鲜已成为主权自主的国家，与世界各国平等无异。但现在，中国紧急派兵来帮助一个自主权的国家平定叛乱，其中似乎有某种目的，所以日本国也派军队来抵制防备，认为也是应该的。两个国家各执一词，都认为自己正确对方错误，都能找到自己的根据，说起来都有道理。但其中也有可疑的地方，当中国还没派兵时，袁世凯屡次致电李鸿章，说朝鲜的东学党很猖獗，朝鲜国自己没能力平定，之后朝鲜国王就发来向中国乞求援兵的文书，也是袁世凯所指使的，但为何五月初一日才发兵，而初十日已有乱党被平定的消息了呢？当时我中国军队还在路途中，与朝鲜乱党根本没有一点联系，可见朝鲜的叛乱根本不必请我军助剿，这是很明显的了。不必助剿，而我国无缘无故派兵，怎能不让日本国生疑心呢？所以我方要说日本没道理，日本国自然不能接受。有人说袁世凯是想借此机会来取得战功，所以夸大其词，造成这一波澜，却没料到日本紧跟其后也派了军队来。如果真

如此，就是用一己之私心，使十多万百姓遭受兵灾，进而损坏了延续数千年的国家体面和尊严。袁世凯自然难辞其咎，但任用他并听信他的人，不也有知人不明、用人不当的罪过吗？这是李鸿章的第二大失误。

日本屡次与中国商议共同协助并干预朝鲜内政，而中国不同意，中国屡次要求双方同时撤兵，而日本不同意。李鸿章与总理衙门，才开始寄希望于俄国和英国的出面调停。北京、伦敦、圣彼得堡三个城市间电报和信函往来传递，俄国、英国也表示愿意帮忙，却暗里希望坐收渔翁之利。拖延了一些日子，战争准备还没做好。到五月下旬，日本调遣到朝鲜境内的军队已达一万多人。本来平时的兵力就已经不如人家，临时来了战争，又准备不利，每一步都落后于人家，所有险要的战略据点都被敌人占据了，主客颠倒了位置，所以还没开战，胜负的结果就已可知了。这是李鸿章的第三大失误。

甲午战争中的日本旗舰

三大失误没能挽回，战争就打响了。六月十二日，李鸿章奉朝廷之命准备作战。于是派总兵卫汝贵统领“盛军”的骑兵六个营进驻平壤，令提督马玉崑统领“毅军”两千人进驻义州，都分别由海路到朝鲜的大东沟登陆，令叶志超的军队转移进驻到平壤，这些都是淮军。所派前往的各支部队，雇用英国的三轮商船分批运输，让济远舰、广丙舰两艘军舰护卫。二十五日凌晨，被日本军舰袭击，济远舰舰长方伯谦，看见日本舰临近，惶恐跑到铁甲最厚的地方躲藏。随即，济远舰遭到日本军舰的炮轰，船舵被毁，方伯谦就立即挂起白旗，下面挂起日本旗，逃回旅顺港。高升号商船被击沉，我军死亡七百多人。二十七日，战事通告全国，勒令中国驻日本公使汪凤藻撤下国旗回国。二十九日，牙山失守，叶志超撤回平壤，却谎报打了胜仗，声称在二十五、六、七等几天内，多次歼灭敌人五千多人，朝廷下旨，赏给军队两万两白银，各级军官中有数十人受到赏赐。自此以后，中国海军、淮军的威望，开始日渐衰落。

丁汝昌

当时正值五、六月间，日本军舰聚集在朝鲜海面，穿梭如织。而中国的各艘军舰却躲避在威海卫，在海面上逍遥自在，等到北京城外有人上奏弹劾，才开始假装着派遣一只辅助舰队，开出军港，有时行驶三十里就停止，有时行驶五十里就停下来，大都是从起航出港，大约五六个小时后，便又迅速开回军港，然后飞电报告北洋大臣，说某船巡逻到某处，并没有看见日本兵的足迹等话语。种种情形，真是可笑可叹。八月上旬，北洋大臣接连接到前线来的电报，要求增加兵力以壮大声势。于是就雇用五艘轮船招商局的轮船，运载士兵钱粮，由海军军舰护送。铁甲船、巡洋船各六艘，水雷船四艘，合成一队同行。中秋节这天，安全抵达鸭绿江口。五艘运兵船鼓起轮帆，直接驶入鸭绿江，浅水兵船和水雷船护卫它们一起进入，其他船舰临时驻扎在离江十里或十六里远的地方。当时锅炉里的煤火还没有熄灭。十六日清晨，远远看见南方黑烟

缕缕升起，知道日本军舰将要临近。海军提督丁汝昌，传令下去列成“人”字形阵，镇远、定远两舰排在人字形阵的顶部，靖远、来远、怀远、经远、致远、济远、超勇、扬威、广甲、广丙及水雷船，张开排列，作为“人”字形阵的两翼，另外还用号旗招呼鸭绿江中的各艘战船都出来助战。一会儿敌人的舰队靠近，排列成“一”字形阵，向中国军队猛扑过来，总共有十一艘，敌军巡洋舰的速度，比我军的大。转眼间又变为太极阵，把中国军队的“人”字形阵裹入其中。

中国战舰先开炮示威，然而距离日本船舰有九里远，自然是打不中的了。炮声还没停止，敌人的战舰都已经聚集过来了，与定远舰、镇远舰相距六里多，他们害怕中国战舰的重装甲和重炮，而且这个距离是中国军舰的大炮打不到的地方，而日本的军舰大炮却可以打到中国军舰。日本军舰离中国“人”字形阵最末端的两艘军舰较近，欺负这两艘军舰的炮小装甲薄。一会儿，日本军舰就切入中国的“人”字形阵脚，致远、经远、济远三舰，都被隔断在“人”字形阵之外。致远舰被孤立失群后，船身接连受到重挫，几乎快要沉溺了，致远舰长邓世昌，开足马力，向日舰扑去，想撞击它，与之同沉，结果没能做到就已全舰沉溺了，舰中二百五十人，同时遇难。

致远舰沉没

整个中日战争的死难者中，以邓世昌的战死最为悲壮。同时被孤立

出阵外的经远舰，刚离开主舰队，就突然船身失火，舰长林永升，一面开炮攻击敌人，一面泼水以灭火，紧急之中依然有条不紊。远远看见一艘日本军舰，似乎已经受伤，立即开足马力追击，却被日军所放的水雷击中，躲闪不及，就被轰然炸毁，殉难者共有二百七十人。真是惨烈啊！济远舰舰长方伯谦，就是七月份护送高升号商船到牙山的那个人，中途遇到日本军舰而逃回到了旅顺港。当天两军刚一交战，方伯谦挂起旗帜，以告诉主将他的军舰已受伤，后来因为企图逃跑，也被日本军舰隔出阵外。当时致远、经远两舰与日军激烈交战时，方伯谦全然不顾，只顾自己，如丧家之犬一样逃窜，却失误地进入浅水区，当时扬威舰在此处搁浅，不能转动，被济远舰猛然撞击，裂开一个大洞，即而沉没。扬威舰遭遇此不幸，死难者一百五十多人。方伯谦惊恐万分，飞速逃到旅顺港口。第二天，李鸿章发电报命令将方伯谦捆绑到军前正法。同时与方伯谦一样的，还有广甲舰，不知是否受伤，但它只顾防备身后的追击，不顾前路，结果也失误，撞在海岛的礁石上，被日军发出的水雷击碎。中国的整个“人”字形阵中，经远、致远、扬威、超勇舰沉没，济远、广甲舰逃跑，能与日本军舰相抗衡的只有七艘军舰。这次战斗中，日本舰队虽也有受重伤或小伤的，但并没丧失一艘军舰，而中国军舰却丧失了五艘。

中国海军在大东沟几乎被消灭，与此同时陆军也在平壤战败。平壤为朝鲜的重镇，西、南、东三面环海，北面是崇山峻岭，整个城市背靠着山崖，城东的江水，绕过山崖曲折向西流去，西北角则无山无水，是直接通达义州的通道。中国的叶志超、聂桂林、丰升阿、左宝贵、卫汝贵、马玉崑六员大将，总共统领了精兵三十四个营，七月中旬在此地会合，他们都是李鸿章的部下。当中国军队从牙山出发时，副将聂士成曾经建议，应当趁日本军队还没进入朝鲜境内之前，先派大军渡过鸭绿江，迅速占据平壤；同时让我海军舰队占据把守在仁川港，使日本军舰无计可施。牙山的陆军与北面的海军，共同牵制日军，然后，让驻扎在平壤的大军南下向南部进攻，等等。李鸿章没有采纳此建议。到七月二十九日，牙山失守，这个策略自然作废。

聂士成

日军进入朝鲜境内时，正当酷暑夏日，道路崎岖坎坷，行军非常艰难；又沿途村庄贫瘠，无处募粮。朝鲜人向来害怕我中国的威势，中国军队所到之处，都供给粮草，一呼百应，而他们对待日军正好相反。所以日军进攻平壤时，除干粮之外，没别的吃的，一勺咸盐要吃上几天。此时，我军如果通晓兵法的话，趁日军疲惫之时，出动奇兵袭击他们，必能获胜。但并没出此计策，只采取以主待客、以逸待劳的策略，凭借平壤的坚强堡垒，自认足以抵御敌人，这是最大的失误。李鸿章八月十四日所下的军令，核心思想全在防守而不是进攻。整个中日战争都为这个策略所误导。

按照李鸿章的部署，马玉崑率领所部“毅”字军四个营绕出江东，与其他部队形成两面夹攻之势。卫汝贵、丰升阿率领的两支部队共十八个营，驻扎在城南江岸，左宝贵的六个营防守在北山城，叶志超、聂桂林率领军队据守在平壤城中。十二、十三、十四等几天内，日军已陆续集合在平壤附近。开始互相挑战，但彼此损伤不多。到十五日晚上，敌军完成部署，以右翼部队攻陷大同江左岸桥里的炮台，再渡江进攻平壤城的正面，以师团长率领的主队作为后援；以左翼部队从羊角岛往下渡过大同江，直接冲击我军右翼。十六日，日军在大同江岸与马玉崑率领的部队相遇，展开激战，日军死伤很多，其炮台失陷。当时左宝贵已退守牡丹台，拥有七连发的毛瑟枪和快炮等机械，在激战中很起作用，但敌军接连发射开花大炮，左宝贵受伤死亡，军队大乱。午后四点半，叶志超紧急挂起了白旗，请求停战。当晚全军士兵纷纷撤退，从义州、甑山兵分两路，却被敌人堵截，阵亡二千多人，平壤失陷。

新军演习

这次战役，李鸿章二十多年所练就的部队，自夸为强兵劲旅的部队，基本上完了。中国在军事装备上的懈怠，本来早已为外国人所熟知。唯独淮军、奉军、正定练军等，向来使用的是西洋的方法操练，也是李鸿章一生苦心经营的部队，因此日本也被它的赫赫威名所震慑，颇有几分忌惮的。等到战胜后，日本的将领们还说这结果开始并没料到。淮军之所以失败，一因将帅愚蠢又不称职，更有甚者，如卫汝贵克扣军饷，临阵先逃；叶志超谎报军情，把败仗谎报为胜仗，欺骗皇上邀功请赏，让这样的所谓将才到前线指挥，怎能不败！一因六个统帅中，官职、权限都相同，没有一个统领全局的指挥，所以军队管理涣散，呼应配合不灵不力。这次战役是李鸿章在用兵上失败的开始，而淮军的名声，从此也一扫而光了。

久经训练的军队，尚且如此，其他仓促间新近招募起来的，军纪不熟不严、军械又不完备的部队，就更不值得一提了。自从平壤战败后，朝廷决策更加动摇不定，军事上的责任，不单在李鸿章一人身上，这里不作详细传述，只列其中的重要将帅如下：

一	依克唐阿	奉天将军	满洲马队	以光绪二十年八月派为钦差大臣。
二	宋庆	提督	新募军	以光绪二十年十二月派为总统前敌各军
三	吴大澂	湖南巡抚	湘军	以光绪二十年十二月派为帮办军务大臣
四	刘坤一	两江总督	湘军	以光绪二十年十二月派为钦差大臣

其余先后从军的，还有承恩公桂祥（慈禧太后之胞弟）、副都统秀吉的神机营骑兵；按察使陈湜、布政使魏光焘、道员李光久、总兵刘树元、编修曾广钧、总兵余虎恩、提督熊铁生等人的湘军；按察使周馥、提督宗德胜等人的淮军；副将吴元恺的鄂军；提督冯子材的粤勇；提督苏元春的桂勇；郡王哈咪的回兵；提督闪殿魁新招募的京兵；提督丁槐的苗兵；侍郎王文锦、提督曹克忠奉旨团练的津胜军；某蒙员所带的蒙古兵。其间有的归李鸿章节制，有的归依克唐阿节制，有的归宋庆节制，有的归吴大澂节制，有的归刘坤一节制，丝毫没有一定之规，丝毫不统一。有识之士早就知道这种部队无法打胜仗了。

冯子材

定远号战舰

九连城失陷，凤凰城失陷，金州失陷，大连湾失陷，岫岩失陷，海城失陷，旅顺失陷，盖平失陷，营口失陷，登州失陷，荣城失陷，威海卫失陷，刘公岛失陷。海军提督丁汝昌，带领在北部海上战败的舰队，投降日本，于是，中国的海、陆军兵力全部被摧毁。在这里将李鸿章生平下大力气经营的海军，重列一表，以纪念我对李鸿章英雄末路的感慨：

经远	铁甲船	沉	黄海
致远	钢甲船	沉	黄海
超勇	钢甲船	沉	黄海
扬威	钢甲船	火	黄海
捷顺	水雷船	夺	大连湾
失名	水雷船	沉	旅顺口外
操江	木质炮船	夺	丰岛中
来远	铁甲船	沉	威海卫
威远	练习船	沉	威海卫
福龙	水雷船	夺	刘公岛外

靖远	钢甲船	沉	刘公岛外
定远	铁甲船	降	刘公岛中
镇远	铁甲船	降	刘公岛中
平远	钢甲船	降	刘公岛中
济远	钢甲船	降	刘公岛中
威远	木质船	降	刘公岛中

其余还有康济、湄云等木质小兵船，镇北、镇边、镇西、镇中等四艘蚊子船，还有水雷船五艘，炮船三艘，在刘公岛海湾内或伤或完好无损的船只，大大小小共有二十三艘，全被日本军缴获。其中还有广东水师的广甲、广丙、广乙三艘军舰，或是沉没，或是投降。自此以后，中国北部数千里的海面上，几乎再也看不到中国海军军舰的身影了。

甲午之战时的龙旗

中日战争之际，李鸿章被指责，成了众矢之的，几乎被骂得体无完肤，人人都想杀死他。平心而论，李鸿章的确有难辞其咎的一面，他开始错误地劝告朝鲜国王与外国签订和约，而不明白国际公法，这是责任一；既然与日本签约，默认朝鲜作为自主国家，而又派兵干涉其内政，授人以话柄，这是责任二；日本调遣部队到朝鲜，其形势有进无退，李鸿章不审时度势，抓住先机，还想依赖别的国家出面调停，致使时机延误，这是责任三；聂士成建议趁日军没到达集合时，率军直接进攻韩城以牵制敌军，李鸿章却不采纳，这是责任四；高升号商船被击沉之前，丁汝昌曾请示带北洋水师先与日军作战，李鸿章也没采纳，致使日军反客为主，给日军以喘息壮大的机会，而我军日益处境危险。综合以上原因，都是由于不想寻衅滋事与人交战所起的，以为用外交之礼仪应付即可，而不知道当甲午年五、六月间，中日早已成为敌对国，而不是友好的邻邦了，错误地把外交上的策略运用到战争事件中，这是责任五；李鸿章也许会辩解说：考虑到我国的兵力不是日军的对手，所以苟且忍让，害怕挑起战争。虽然如此，身为北洋大臣，治军经武二十年，怎么连一仗都打不了？这是责任六；他可能又会辩解说：有朝廷牵制，经费又不足。虽然如此，这不过是不能扩充兵力而已，为何现有的部队，如叶志超、卫汝贵等向来久经训练的部队，也如此脆弱，而且他们克扣军粮、奸淫掳盗之事时有耳闻，视军纪为无有，这是责任七；枪要么不好，弹药要么是假的，子弹与枪不匹配，弹药与军械不协调，说是从前管理军械局的人都很廉明，谁相信呢？这是责任八；平壤之战，军队没统帅，此兵家大忌，李鸿章却重蹈覆辙，这是责任九；自始至终防守为主，等着敌人来进攻，导致受制于敌人，而不是牵制敌人，害怕敌人如怕老虎一样，这是责任十；海军居然不知道用快船快炮，这是责任十一；旅顺港可说是地处天险，西洋人说就是只让数百士兵守护，只要粮食充足，三年也难攻破下来，如今却任用一个鄙陋懦弱的亲信守护，战事一来却望风而逃了，这是责任十二；这些都是李鸿章的罪过。甲午年九、十月以后，整个清朝上下到处可见盲目无知却指手划脚的人，他们闭门造车，道出多门，号令也并不是出自一人之手，所以战败的责任自然不能归咎到一个人身上。如果都说成是李鸿章的罪过，李鸿章也是不能接受的。

又岂止不接受而已，我看那些指责李鸿章的人，他们应负的责任，应比李鸿章还要多出几倍。这次战役中，没有一个将帅不辱国，这个自不待言。然而相对而言，海军表现比陆军优秀，李鸿章部下的陆军表现比其他军队优秀。海军在大东沟一战中，中日激战五个钟头，令西洋人中观战的也啧啧称赞。虽然其中有如方伯谦这种败类（有人说伯谦实为救火保船，海军战术就是这样的），但其他舰队若能抗战的也可以与之相抵偿了，即使敌军也肃然起敬了。所以日军在这次战役中，只有海军是他的对手，而陆军没对手。到刘公岛一战，弹尽粮绝，于是投降敌人以保全船上士兵的性命，以身殉国以保全气节。算起来前后死难的有：邓世昌、林泰增、丁汝昌、刘步蟾、张文宣，虽然他们死的地方及价值不同，但都有一股男儿的气概，所以他们的死令君子钦佩哀痛。这些人全是北洋海军中最重要的人物了。再看陆军，可说都是些没有心肝的人物，陆军之无能都不值得一提了。然而平壤之战中，还是有左宝贵、马玉昆等人连续一两天的激战，他们也是李鸿章的部下，这次战役敌我死伤差不多。说是后来想收复金州、海城、凤凰城等处，到防御盖平，与敌人前后几次，都曾与敌人激烈交战，虽然没能成功，然而也是竭尽全力了，指挥这次战斗的，是宋庆，也是李鸿章的部下。这虽不足以抵偿叶志超、卫汝贵、黄仕林、赵怀业、龚照玙等人的罪过。虽然如此，但比起吴大澂贴出劝降敌人的告示，没等交战就全军溃败的表现如何？再比刘坤一奉命出征，却逗留数月不出发的表现如何？所以，说中国全军腐败可以，但说李鸿章的淮军腐败，是不合适的。当时满朝有一股浮躁骄横之气，好像以为杀了李鸿章，就万事大吉了；然后那些道貌岸然、指天画地的官僚绅士们，就可以气吞东海、舌撼三山，任意作为了。尤其是湖南人的气焰最为嚣张。于是重新启用湘军的议论产生，但统观全局，湘军比不过淮军的地方更多。唉，这些议论者真该羞愧啊。我这么说，不是为淮军和李鸿章辩护。我看这次中日战争，虽然本来一点都不能原谅李鸿章和淮军，但特别讨厌那些奸诈骄狂的人，毫不负责地站在背后，专挑人毛病，飞短流长道人是非，以图一时口舌之快，却从来没想过如何改进的方法，所以此等人实在是败坏国家的人。李鸿章固然应受到指责，但这类人难道有资格责备李鸿章吗？

这次战役，李鸿章的失误多多，但即使没失误也不可能侥幸获胜。十九世纪下半叶以来，各国之间的战争，其胜负都可以在没开战前就能决定。为什么呢？世道发展越文明，那么优胜劣汰的公理就更加明确。谁有实力，谁就能获得胜利，丝毫没有别的依靠。无论政治、学术、商务、无不如此，而军事只是其中一个方面而已。日本三十年来，苦心经营，上下团结一心，才造就这样一支纪律严明、勇敢善战的强大军队，然后孤注一掷地向我军发起进攻，如果没有自信，敢这样吗？所以等到失败后，才知道失败的原因，这是愚蠢的人；或者等到失败了还不知道失败的原因，这是麻木死人啊。然而只加罪于李鸿章一人，这说得过去吗？

西方国家的报纸有评论说：日本不是与中国作战，而是与李鸿章一人作战。此话虽有些过头，但也近于情理之中。没看见各省的行政大员们，只知道自守自己职权范围之内的事情，而认为中日战争就是直隶省或满洲的私事，他们肯筹集点粮食或者出点兵力以救急的吗？即使有，也多空口说说而已。还有最可笑的，舰队在刘公岛投降时，当事人还写信给日军，请求放还广丙一舰，信中说此舰属于广东，这次战役，跟广东无关等语。别国人士听说的，无不觉得可笑。却不知这种话实际代表了各省封疆大吏各自为政的思想。如果真是这样，那日本真是与李鸿章一人在作战了。以一个人对抗一个国家，李合肥啊李合肥，虽战败也足以自豪了。

从此李鸿章在军事上的声誉结束，而外交上的困难又开始了。

第八章 外交家李鸿章（上）

天津教案

法越之役

中日天津条约

议和日本

停战条约及遇刺

中日和约及其功罪

李鸿章在国外享有很大声誉是因为外交，李鸿章在中国受到严重的诽谤也是因为外交。简要说李鸿章的一生，就是外交的一生。要论断他的功罪，不能不把他的外交生涯当成最大的事情。所以在此特别叙述。

晚清游手好闲的八旗子弟

李鸿章办理的第一件外交事务是天津教案。当时正值太平天国、捻

军叛乱刚刚平定时，内忧刚刚消除，突然有天津百姓杀传教士、焚烧法国领事馆一事发生（同治九年即一八七〇年）。法国人借此要挟，联合英、美两国逼迫我国政府，其欲望十分贪婪。曾国藩当时刚就任直隶总督，深刻认识到此事中国一方理亏，但各国得理不饶并提出过分要求的手段，又不是随便就可应付解决的。于是委婉地与之周旋，镇压天津百姓，处死了八人，二十多人被依法治罪。而法国人还不满意，必须索要巨额赔偿，并且要求给天津知府、知县治罪。曾国藩应付外国人，已是很疲惫；又被朝廷内部的顽固党所攻击，把他叫为卖国贼（京师湖广会馆将曾国藩写的匾烧毁，就是这个时候），弹劾他的奏章纷纷扬扬，举国上下都想杀害他似的。于是通商大臣崇厚恐怕事情闹大，就请奏皇上罢免曾国藩，以李鸿章代替他的职位。圣旨下来，让李鸿章到天津赴任，这是李鸿章担任重要外交使命的开始，这时为同治九年八月。

此照拍于李鸿章五十岁，刚擢升直隶总督

那时的李鸿章，可说是天之骄子，事业声名一帆风顺，真是一日千里，好像上天又另外为他设立这一位置以成就他的功名。当他刚就任直隶总督时，普法战争爆发了，法国人匆忙回国自救，无暇顾及其他事，而欧美各国也开始奔走相顾，忙得不可开交，去研究解决西方的大问题，而天津的这点小事，几乎没人在意理会。于是天津教案，就在若有若无中不了了之了。当时的中国人，没有一个了解世界大局的，对普法战争这样的大事，都熟视无睹，还以为是李鸿章的声望和韬略在起作用，就认为他比曾国藩高明多了。于是李鸿章的身价顿时猛增。

普法战争油画

天津教案以后，中日战争之前，李鸿章所办理的涉外事务有十几起。其中最重要的，是法国安南之战，日本朝鲜之战。光绪八年（一八八二年），法国在越南挑起事端，开始对我国虎视眈眈，想要得到更大的利益。法国与中国已经签订了条约，又找个事端撕毁条约，于是中法开战。法国水师提督格鲁比，事先制定战略，让法国海军先夺取海南，再占据台湾，然后直捣福州，歼灭我驻守在那里的海军舰队；让法国陆军从越南的东京出发，进攻云南和贵州。如此水陆两方面进攻必将大获全胜，那么将来法国在东方的势力，就可与英国差不多了。于是

格鲁比一面电报本国，请求提供军需物资并增派军队来华；一面趁福州还没有防备，炮轰我船厂，破坏我兵船；一面派出法国陆军进迫越南东京。当时中国南方的天地，风云惨淡，笼罩着战争的阴霾。李鸿章实行软硬兼施的政策，想着让英国和德国来牵制法国人。当时曾纪泽刚担任驻英公使，接受了这个使命办理此事，后来虽没办成，但法国政府因有所顾忌英国，往中国增加兵力和军费的方案在议会遭到否决。格鲁比当时正攻打台湾淡水，一时没能攻下，越南的陆军又被黑旗军所阻挡，不能实现他的军事计划；忽又接到方案被否决的报告，几乎大怒而死。法国人于是先向我国提出议和。李鸿章经过此中法交涉，他的外交手段，开始被欧洲人所关注。

曾纪泽，清末外交家，曾国藩长子。

当法国这件事刚平息，朝鲜京城内又发生了袭击日本领事馆的事件，中国部队和朝鲜部队都准备行动。朝鲜作为中国的藩属国，为了实现独立自主，长期以来在和中日两国相抗争。纠纷还没平息，日本趁我国处于多事之秋，派伊藤博文来天津进行交涉。他刚到天津时，法国人已经向我国请求讲和，李鸿章本就有一种唯我自大的气质，现在凶残如虎狼的法国，都俯首帖耳请求讲和了，小小一个日本国，还能做出什么

大事来？所以当伊藤博文来到天津时，李鸿章以傲慢威严的态度接待他。后来伊藤博文在与张荫桓、邵友濂议和时，曾私下里对伍庭芳说，从前在天津见到李鸿章那尊严不可侵犯的神情，至今想起来，还心有余悸呢，这是他在得意时渲泄一下自己的一个不满或遗憾吧。伊藤博文此行，也没能实现目的，仅仅定下约定：如有一天朝鲜有了战事，甲国派兵，必须知会乙国一声而已，这就是所谓的《天津条约》。虽然如此，此条约日后还是成了中日甲午战争的导火索。

李鸿章对于朝鲜的外交，种种失策，在前一章中已经叙述。然而，正因此，《天津条约》转变成为《马关条约》。唉！庄子曾说："开始时往往很小，结果时往往变成巨大。"擅长棋艺的人，每在闲着时，也不会轻易放过。后来人如有处在这种情况下，不能不加慎重。战争打到甲午年冬天，中国除了讲和外，已经没有别的策略了。正月，中方就派张荫桓、邵友濂去日本讲和。日本以这两个人身份地位低，说话没分量为借口，拒不接受讲和，于是才改派了李鸿章前往。

清政府被迫与日本签订《马关条约》

二月，李鸿章启程，跟随陪护的参赞有李经方等人，二十四日抵达日本马关，与日本全权大臣伊藤博文、陆奥宗光开始谈判。次日，首先讨论的是停战的条件，日本先提议以大沽、天津、山海关三处作为抵

押。辩论了很长时间，双方都不肯让步，于是准备暂时搁置停战条件的讨论，直接进入议和阶段。伊藤博文说："既如此，你们必须将停战的协议撤回去，以后不许再提及。"双方磋商磨合，一时没有结果。到二十八日，进行第三次会议，李鸿章在回他下榻宾馆的路途中突然遇刺，刺客枪击李鸿章，击中左颧骨，子弹深入到左眼下面，一下子晕死过去。日方闻讯后，前来探访的官员络绎不绝，伊藤博文、陆奥宗光也亲自前来慰问，恭敬地连连表示歉意，脸上显出了忧虑的神色。日本天皇及全国人民为此也深表同情，就同意在中国之前提出的停战协议上画押。在谈判中靠口舌不能争取到的东西，凭借这一处子弹之伤而得到了。于是停战这一节，也稍有眉目了。李鸿章刚遇刺时，日本天皇派遣御医、军医来为他看病，诸位医生都说取出子弹，创伤才能痊愈，但需要静养一些日子，不能费心劳神了。李鸿章慷慨地说："国家现在举步维艰，促成和约刻不容缓，我哪能够拖延时间而误了国家大事呢？"宁死也不要取出子弹。遇刺第二天，有人看见李鸿章鲜血沾满官袍，说道："这就是报国之血啊。"李鸿章潸然泪下说："如果我丢了性命而能有利于国家，那我也在所不辞。"他这种慷慨忠愤的报国气概，令所有君子生出敬意。

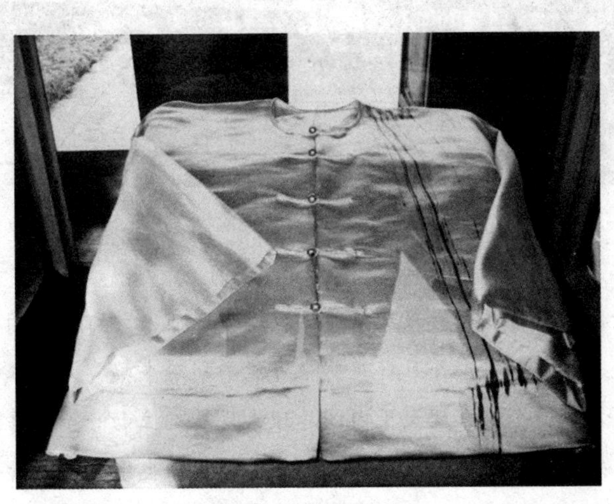

李鸿章遇刺血衣

李鸿章遇刺后，朝廷下旨让他养伤，命令李经方全权代理谈判事宜，但一切还是由李鸿章判断决策。李鸿章虽然受伤严重，不得不卧床疗养，但他还是口授机要事件，令医生们为他感到忧虑。三月初七日，伊藤博文等人把拟定的和约底稿送来。十一日，李鸿章准备答复，将条约按其大纲分为四款：一是朝鲜自主，二是割让土地，三是赔偿军费，四是通商权利。除第一条朝鲜自主外，剩下的都极力驳回。十五日，又另拟了和约底稿送到日本方面，就是请求赔偿军费一亿两白银，割让奉天南部四厅县等地方，日本方面也一条条驳斥回来。十六日，伊藤博文等又送来改过的底稿，较之前的要求稍微减轻了些，这就是《马关条约》的大概内容了。这天李鸿章的创伤已痊愈，又到春帆楼和日本的全权大臣面谈。努力地反复磋商谈判，丝毫不肯让步。日本方面只有声明，如果能在三年内还清欠款，就免去所有利息，以及威海卫的驻军费用，减少一半。现将条约全文摘录如下：

日本马关春帆楼

大日本帝国大皇帝陛下，及大清帝国大皇帝陛下，为订立和约，使两国及其臣民重修于好，共享幸福，并且杜绝将来可能的纠纷事端，大日本帝国大皇帝陛下，特派大日本帝国全权办理大臣内阁总理大臣从二位勋一等伯爵伊藤博文、大日本帝国全权办理大臣外务大臣从二位勋一等子爵陆奥宗光、大清帝国大皇帝陛下，特派大清帝国钦差头等大臣太子太傅文华殿大学士北洋通商大臣直隶总督一等肃毅伯爵李鸿章、大清帝国钦差全权大臣二品顶戴前出使大臣李经方，为全权大臣，彼此检查了上面所下达的谕旨和任务，认定都准确无误，一起谈判商定了和约条款，列出于下：

第一款 中国承认朝鲜国为独立自主的主权国家，所以凡是所有有损独立自主国体的行为，如朝鲜向中国的进贡和上拜的礼仪，以后全部废除。

第二款 中国将下列地方的管理权，以及这些地方所有的堡垒、军工厂以及一切公共设施，都永远转让给日本：

一、下开划界以内的奉天省南部地区，从鸭绿江口，上溯此江到达安平河口，再从此河口，到凤凰城、海城及营口为止。折线以南地区，所有城市、乡镇，都包括在所划界线之内。该线抵达营口的辽河后，就顺流到海口停止。彼此以河中心为分界。辽东湾东岸，及黄海北岸，奉天所属的各个岛屿，也都在割让的范围之内。二、台湾全岛，及所有附属各岛屿。三、澎湖列岛，即英国格林尼治东经119度起，到120度止，北纬23度起，到北纬24度之间的各岛屿。

第三款 上一款所记述的，以及附加在本条约后的地图。所划定的疆界，等本条约批准互换后，两国应各选派两名以上官员，作为共同划定疆界的委员，实地勘察，确定该划的界线。如果遇到条约所定的疆界，在地形或是治理上，有所阻碍和不便实行的情况，各方委员们，可根据实情，妥当研究决定。双方委员，应当从速办理此疆界事务，委员赴任后，限定一年内完成。但如果遇到双方委员，对划界有所更改，又并未经两国政府认准同意之前，应当以本约所定的划界为准。

《马关条约》订立后，日军开进台湾。这是澎湖人民英勇战斗打死日军千余人，日军修立的千人壕

第四款 中国将国库白银二亿两交给日本，作为军费赔偿。该款分为八次交完，第一次五千万两，应在本约批准互换后六个月内交清；第二次五千万两，应

在本约批准互换后十二个月内交清；余款平分为六次，逐年交纳，方法如下：第一次平分逐年之款，在两年内交清，第二次在三年内交清，第三次在四年内交清，第四次在五年内交清，第五次在六年内交清，第六次在七年内交清。年度划分以本条约批准互换以后开始算起。第一次赔款交清后，还没交的赔款，应按年份加上每年百分之五的利息。但无论何时，应将赔款或一次性交清，还是分成几次，都由中国政府自己决定。如果从条约批准互换之日起，三年之内，能全部交清，除了将已付的利息，或两年半，或不到两年半，在应付本金中扣除外，其余的全部免除利息。

第五款 本条约批准互换以后，限在两年之内，日本允许中国割让地内的中国人民迁出居住，随便变卖自己所拥有的所有产业，搬出割让地之外。但如果两年期限结束，还没搬出的，都将被视为日本的国民。又台湾省，应在本条约批准互换后，两国都要立即派出官员到台湾，限期在本条约批准互换后两个月内交接完毕。

第六款 中日两国之前所定各种条约，因此次甲午战争，都自行废除。中国约定在本条约批准互换后，立即派出全权大臣，与日本所派的全权大臣，一起订立通商行船条约，及陆路通商章程。本条约批准互换之日起，在此新订约章还没经实行之前，所有日本政府的官吏、臣民，以及商业、工业、海陆交通、通商等，都享受最惠国待遇，所有礼遇和照顾，一律不能与别国有差异。中国答应将下列所让给日本的各项，在两国全权大臣画押盖印之日起，在六个月后，立即照办。

第一，除现今中国已开通的通商口岸之外，应添设以下各处，作为通商口岸，以方便日本臣民往来侨居，从事商业、工业制造。所有新添设的口岸，均按照以往通商口岸的相关规定，或已有的内地市镇的相关章程，一样办理。所有应得的优惠和利益等，也要一律享受。这些通商口岸是：一、湖北省荆州府沙市；二、四川省重庆府；三、江苏省苏州府；四、浙江省杭州府。日本政府可以派遣领事到各开放口岸驻扎。

第二，日本轮船可以驶入下列各口岸，搭载行人，装卸货物。一、从湖北省宜昌上溯长江以至四川省重庆府，二、从上海驶进吴淞江及运河，以至苏州府、杭州府。在中日两国还没经过商定行船章程以前，在以上各口岸行船，都务必依照外国船只驶入中国内地水路现行章程办理。

第三，日本臣民在中国内地购买的货物，自己生产的，或是将进口货物在运往中国内地时，要想暂时存货，除了不用缴税和被摊派的一切费用外，可以暂时租赁客栈存货。

第四，日本臣民，可以在中国的通商口岸和城镇，随便从事各项工业制造，还可以将各项机器随便装运进口，只交纳所规定的进口税即可。日本臣民在中国制造的一切货物，其在中国内地的运输税、营业税及各种摊派的杂费，以及在中国内地客栈寄存货物等，都按照日本臣民运入中国货物，一体办理。至于应享受的优待豁免，也无不相同。之后如果有因为以上事情而应增加些规定章程的，就载入本条款所称的“行船通商条约”之内。

第七款 现驻扎在中国境内的日本军队，应在本条约批准互换之后三个月内撤回，但必须按照条约的第二款所规定的办理。

第八款 中国为保证认真实行条约内所订的条款，允许日本军队暂时占守山东省威海卫。在中国将本条约所订的第一、第二两次赔款交清，通商行船条约也经批准互换后，中国政府与日本政府确定周全妥善的办法，将通商口岸关税作为剩余款和利息的抵押，日本此时应撤回部队。如果中国政府不立即确定抵押办法，那么在没有交清最后一次赔款之前，日本仍然不会撤回部队。但通商行船条约在没经批准互换以前，虽交清了赔款，日本仍可以不撤回部队。

清朝时的护照

第九款 本条约批准互换之后，两国应将各自手中的所有俘虏，都全部放还。中国对于日本交还的俘虏，不加以虐待，或对其治罪。中国将逮捕的认为是军事间谍的日本人，全部释放。并答应对在这次战争中，所有与日本军队有关的中国臣民，予以宽待，不得让有关部门擅自逮捕。

本条约批准互换之日起，双方应按兵停战。

第十一款 本条约奉大日本帝国大皇帝陛下及大清帝国大皇帝陛下批准之后，定于明治二十八年五月初八日，即光绪二十一年四月十四日，在烟台互换。

看李鸿章这次议和的情况，就像春秋齐国的佐出使晋国，一八七〇年法国的迪亚士出使普鲁士。在他国军队大兵压境之时，只好说出些忍气吞声的话，此情此景就是旁观者看了也心酸，更何况是身处其境的李鸿章呢。回想十年前在天津签订《天津条约》时的意气风发，就像是昨天的梦境！唉！能飞翔的千年之龙落入井中，蚂蚁却把人困住了，年老的千里马趴在马厩里，被劣马耻笑，天下让人无奈气短的事情，还有比这个更厉害的吗？当时，即使有苏秦、张仪的辩才，也没用武之地；即使有贲、育的勇力，也没办法施展其勇气。除了低声下气地乞求怜悯之外，还有什么办法？有人把和谈之迅速谈成作为李鸿章的功劳，这是不对的。即使没有李鸿章，日本方面也不会不议和的；有人因此把所有责任归到李鸿章一人身上，把他看成秦桧、张邦昌一类人物，却不想如果把他们放到李鸿章这个位置，那和谈的结局又将是怎样的呢？简要说，李鸿章在这次谈判中，既没功劳，也没罪过。他的外交手段，也是英雄无用武之地。平心而论，李鸿章的误国行为，主要是前一章中所记述的十二件事，而此次和谈，只不过是前面十二件事的结果，不用再多说了。

第九章

外交家李鸿章（下）

俄、德、法三国代索辽东

中俄密约

李鸿章出访欧洲

任外交官时期

胶州之役

旅顺大连威海广州湾九龙之役

李鸿章离开总理各国事务衙门

十九世纪末，爆发了中东革命，犹如十八世纪末爆发的法国大革命。法国革命创建了十九世纪的欧洲，中东革命开创了二十世纪的亚洲。譬如红日将要升起，雄鸡先唱；风雨欲来，月亮先起月晕，有识之士对此都有预知了。中日战争以前，欧洲人与中国人的关系，不过是传教和通商两种而已。到中日战争之后几年间，东西方关系的紧密，突然加剧了好多倍。到今天，中国人的一举一动，如同与欧洲人同体相连，想分也不可能分开了。造成这种情况的原因一半是由于中国内政上的失策，一半由于外交上的缺乏策略。所有的爱国之士，如果看看中国十年来的中外交涉史，不禁令人泪下沾襟。

总理衙门

中日甲午战争之前，中国事先请求英国和俄国来调停，这实际上就是引导别国干涉我内政的开端。当时日本人屡次说，东方之事，希望我们东方的两个国家自己来处理，不要让他国参与进来。但当时我国政府积怨已久，不能忍受，就想唆使欧洲人用武力来威胁日本。俄国公使答复说：俄国一定会出力帮助，但现在还不是时候。可见他们已是处心积虑，只待时机一到才行动，本来就是早有阴谋打算的。一八九五年三月，李鸿章将出使日本，走前与各国公使会谈。俄国公使喀希尼说："我俄国有强大力量，可以抗拒日本来保全中国的疆土，只是中国必须在军防和铁路交通上给予俄国便利以作为报答。"李鸿章于是和喀希尼私下里相约定，在俄国使馆里密商了好几个日夜。欧洲力量的向东发展，就是在这里就埋下了种子的。

大清驻华盛顿公使馆

当时中国人想借助欧洲人的力量来抵抗日本，不独李鸿章一人，其他还有更厉害的。张之洞时任两江总督，曾发电报反对议和，说："如果把贿赂日本的钱转而给俄国，那丧失不到一半，就可转败为胜。恳请总理衙门及出使大臣，与俄国商订密约，如果俄国肯帮助我进攻日本，威胁日本全部废除和约，就可酌情商量划分新疆的土地给俄国作为报酬，答应推广与俄国的商务活动。如英国肯帮助我们，报酬也一样，等等。”当时所谓的外交家，他们的眼光和手段，大概如此，真是令人感叹。

总理各国事务衙门的大臣们

《马关条约》签订还不到一个月，俄国人就与德国、法国人合议逼迫日本交还我辽东半岛的事情。俄国人帮助我们要回辽东，不是为我国着想，而是为他们自己着想。他们把此地作为自己的势力范围，这个企图心已经很久了，所以自然不希望日本插手，影响了自己的好事。因此唆使我国用三千万两白银代替他们从日本人手里买下了辽东半岛，先施给我国一个恩情，然后慢慢收回投资。俄国人的外交手段，真是不可思议。而李鸿章一生中的误国罪过，再没比这个更大的了。李鸿章的外交官历史，实际上是失败的历史。

买回辽东半岛之后，喀希尼立即要求将之前和李鸿章秘密约定的事宜，以公文形式向总理衙门提请实现。事情公布后造成轩然大波，皇上大怒，李鸿章被罢职，只保留他大学士的虚衔，于是俄国一方暂时延缓此要求，等待时机。一八九六年春天，俄国皇帝尼古拉二世加冕，各国都派头等公使前去祝贺。中国也按照惯例派遣官员，派遣王之春担任朝贺使节。喀希尼就抗议道：“皇帝加冕，是俄国最重要的礼仪活动，所以充当朝贺使臣的，必要是中国最著名的人士，在各国有广泛声誉的人才可以。王之春人微言轻，不足以当此任。能胜任的，只有李鸿章。”于是朝廷改派李鸿章为头等公使。喀希尼又一面贿赂慈禧太后，威逼利诱，说还辽之义举，必须有所报酬，请求以李鸿章为全权大臣来办理此事。李鸿章临走前，太后召见他，谈了半日之久，一切联合俄国的密谋，得以敲定。

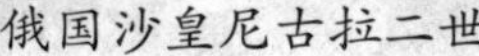
俄国沙皇尼古拉二世

李鸿章到达俄国首都圣彼得堡后，就和俄国政府开始商议喀希尼所事先拟定的草稿。到俄皇加冕的日子临近了，才将双方的议定书画押。当开始讨论条约草稿时，俄国人为避开外国人的注意，不用外交大臣来和李鸿章谈判此事，而是让户部大臣来负责办理。就这样，在盛大的典礼举行、各国使臣前来道贺之时，俄国人搞了这种明修栈道，暗渡陈仓的计策。而这样一件关系全球局势的大事，就这样几天内在觥筹交错的宴会中敲定了。俄国人外交手段的剽悍迅速，真是令人可佩可怕。此时为一八九六年四月。

此次签订的密约之事，办理得极为秘密，除中俄两国的几个当事人外，几乎没有一人知道。但上海的《字林西报》，竟在李鸿章还没有回国时，得到密约的原文，翻译登录在报纸上，听说是用重金从俄国宫庭内监手里买来的。全文如下：

大清国大皇帝之前，即在中日战争之后，受大俄罗斯国大皇帝仗义相帮，并愿将两国边疆及通商等事宜，对两国彼此有益的，妥当商议，以巩固两国的友好关系，因此特派大清国钦命督办军务处王大臣作为全权大臣，会同大俄罗斯国钦差出使中国全权大臣一等伯爵喀希尼，在北京商定条约，将中国东三省的火车道连接俄国西伯利亚省的火车道，以促进两国通商往来的迅速，及坚固沿海的边防，并议定专项条款来答谢俄国替我国要还辽东半岛的情义。

慈禧太后画像

第一条 近来因俄国西伯利亚的火车道即将完工，中国允许俄国将这一火车道由俄国的海参崴延长修建到中国的吉林珲春城，又向西北延续到吉林省城为止。另外，允许俄国将境内某城市的火车站延续修建到中国黑龙江的瑷珲城，又向西北延续到齐齐哈尔省城，又延续到吉林伯都讷，再往东延续到吉林省城为止。

第二条 凡是延续建造到中国黑龙江及吉林的各条火车道，都由俄国自行筹集资本建造，其铁道的一切章程，也均按照俄国的铁路规章制度执行，中国不能参与意见。至于管理权，也暂时均由俄国管理，以三十年为期限。期满后，准许中国筹集资金估价将该火车道并一切火车、机器厂房等赎回。只是如何赎法，以后

1904年，西伯利亚铁路正式开通，立即成为沙俄侵略中国远东的重要工具

再行商定。

第三条 中国现有的火车道，计划从山海关延续修建到奉天盛京城，由盛京接续到吉林的这条线路。如果中国日后不便立即修建此铁路，准许俄国筹资由吉林城代替修建，以十年为期限赎回。至于铁路应从哪条路开始建起，都按照中国已勘定的道路接续到盛京和牛庄等地为止。

第四条 中国计划修建的铁路，从奉天到山海关、到牛庄、到盖平、到金州、旅顺口及至大连湾等地方，均应依照俄国的铁路轨道，为中俄两国彼此往来和通商提供便利。

第五条 以上俄国自己修建的铁路所经过的中国各地方，应得到中国文武官员的照常保护，并应优待铁路各站的俄国文武官员，以及一切工匠人员等。只因该铁路所经过的地方，多半是荒凉偏僻的地方，恐怕中国官员不能随时提供周详的保护，所以应准许俄国专门派遣几支骑兵和步兵驻扎在铁路各主要站点，以妥当保护商务往来。

第六条 自各条铁路修建完成后，两国彼此进出口的货物，其纳税章程，都按照同治元年二月初四日中俄陆路通商条约来缴纳。

第七条 黑龙江及吉林长白山等处所生产的五金等矿产，向来有禁忌，不准开挖。自这个条约签订之后，准许俄国人及本国商民随时开发，只是必须提前禀报中国地方官，开具许可证，并按照中国内地矿务章程，才准许开挖。

第八条 东三省虽有新式练军，但大多数军营还是按照古老的制度和方法训练。如果日后中国想把东三省的军队改由西式方法训练，准许向俄国借请熟悉军务的军官来中国整顿一切，其章程与两江总督所聘请的德国军官的管理办法一样。

第九条 俄国向来在亚洲没有全年不结冻的港口，一旦亚洲有军务，俄国在东

海及太平洋的海军行动有诸多不便，不能随时航行。有鉴于此，中国情愿将山东省的胶州地区暂时租给俄国，以十五年为期限。俄国所建造的营房、栈房、机器厂、船坞等，准许中国在期满后估价筹资买下来。但如果没有军事方面的紧急情况，俄国不能在那里屯兵占据，以免引起别国嫌疑。其租赁的款项的办理办法，日后另有附加条款酌情商议。

第十条 辽东的旅顺口及大连湾等处地方，原来就是险要的军事据点，中国应迅速行动，整顿军防等事宜，以及修理各要塞炮台等诸事，以防不测。此条约定立之后，俄国承诺将此二处互相保护，不准别的国家侵犯。中国承诺，将来永远不能让与别的国家占据。只是日后俄国如有军务，中国准许将旅顺口及大连湾等处地方，暂时让给俄国水陆军营停泊屯集，以方便俄国进攻防守。

旅顺口清军炮台

第十一条 旅顺口、大连湾等处地方，如果俄国没有紧急军备，就由中国自行管理，与俄国无关。只有东三省的铁道，以及开挖的五金矿诸事务，准许在换约后立即便宜行事。俄国文武官员及商民等所到之处，中国官员应格外优待保护，不能阻挡他们游历各个地方。

第十二条 此条约经两国皇帝御笔批准后，各自按照条约执行。除有关旅顺口、大连湾及胶州诸条款外，全部通知各地方官遵照执行。将来换约，应在何处，另行商议。从签字画押之日起，以六个月为期限。

《中俄密约》签订以前为一种局面，《中俄密约》签订后为另一局面。近年来外国列强在中国索取利益，用的都是新方法：一是租借土地；二是某地不许让给其他国家；三是替中国修建铁路。而这些都是由

《中俄密约》开始的。《中俄密约》的第九条租借胶州湾，就为之后租借胶州、威海、广州、旅顺、大连开了头。其第十条旅顺、大连不许借给其他国家，就成为以后各国划分势力范围的开始。而在东北修建铁路，也是在断送这块清朝祖宗的发祥之地，加速了西伯利亚铁路的建成，从而开始挑起了各国为利益而进行的纷争，这是不用多说的了。唉！牵一发而动全身，就是把全中国的“铁”聚在一起，也不能“铸”成如此大错，在这件事情上，我实在不能原谅李鸿章。

李鸿章访德时在德国皇宫留影

有人说，这个密约是慈禧太后作主的，督办军务的王大臣也协助支持的，并不是李鸿章一人的本意。虽然如此，莫斯科的草稿，是出于哪个人之手呢？这是绝不能隐讳的！自从此条约的原文在报纸登载后，各国报社的电报书信缤纷往来，半信半疑，无论政府还是民间，无不感到震惊失色。李鸿章游历欧洲时，各个国家都纷纷问到此事，李鸿章却一味吞吐支吾过去。当年七月，在莫斯科画押后的草约传到北京，喀希尼直接拿着它与总理衙门交涉。我国皇上和总理衙门却不知道有此事，惊怒异常，坚决不答应。喀希尼又贿赂打通了慈禧太后，甜言蜜语，百般诱惑并夹着威胁。太后就严肃地责备了皇上，直接命令交由督办军务的大臣办理，而不经过总理衙门。公元一八九六年九月三十日，皇上流着泪批准了密约。

李鸿章到俄国祝贺皇上加冕，兼带游历欧洲，都不过是外交方面的正常交往，如果说有什么对外交涉的事情，那就是签订此密约与商议增税这两件事情而已。中国旧税法规定，凡是进口货物，要按百分之五的税率收税。这次因为赔款的缘故，要把税率增加到百分之七点五。首先与俄国商议，俄国答应。再与德国、法国商议，德、法说等待英国的意见。等李鸿章到了英国，与宰相沙士勃雷提议此事。当时英国与中国的感情正处于低谷，而且因《中俄密约》之故，英国对李鸿章的用意深表怀疑，沙氏就借口要与上海的英国商人们商量一下，以此婉拒了这一提议。此增税事就没能成功。

1896年6月24日,李鸿章到达德国卑斯麦的家乡福里德里斯鲁

李鸿章游历欧洲，各国对他都很优待礼遇，德国人表现得最积极，他们以为李鸿章此行定要购买大量的船炮枪弹，以及可获取种种通商方面的优惠待遇呢，热烈欢迎目的就在此。等李鸿章到德国后，却什么也不购买，令欧洲人大失所望。李鸿章到德国，拜访俾斯麦；到英国，拜访了格莱斯顿，都相见甚欢，他们都是十九世纪世界的巨人。八月，李鸿章从美洲回国。九月十八日，李鸿章奉旨在总理各国事务衙门办差。自此到光绪二十四年七月，实际上就是李鸿章专门负责外交事务的时代。而这个时期，德国占据了胶州，俄国占据了旅顺口、大连湾，英国占据了威海卫、九龙，法国占据了广州湾，实际上这个时期也是中国外

交最多事、最危险的时期。

1896年8月29日，美国总统克利夫兰在惠特尼寓所接见李鸿章

要回辽东这件事情，开始是俄国人倡导，德国和法国人赞同支持的。俄国人既与中国签订了密约，在中国北方得到了很大的利益，正是踌躇满志。法国人也在光绪二十二年春夏之交，得到了云南、缅甸、越南三国交界处的瓯脱地区，又得到了广西镇南关到龙州的铁路，只有德国一无所得。光绪二十三年春，德国向总理衙门索要福建的金门岛，遭到严词拒绝，于是到十月，胶州事件发生了。

李鸿章一行穿过华盛顿拱门时的情景

这次事件，德国人的蛮横无礼，人人可见。虽然如此，中国的外交官们自然也难辞其咎。如果一开始不依赖于人，也就罢了，既然已经依赖于人，又不能不表示酬谢。能做到一个也不酬谢，也就算了，既然酬谢了甲、乙，那么对丙也应有所酬答。三国帮助要回了辽东半岛，而只有德国没得到回报，哪有不生气，不闹事的道理？不仅如此，《中俄密约》中声明，将胶州湾租借给俄国人，使得俄国人所得的权利不只在东三省，而且直接侵入山东省了。在当今各国列强竞争的优胜劣汰时期，别的国家能不嫉妒吗？所以德国挑起此蛮横无理的事端，也是中国逼迫造成的。一八九七年十月，山东曹州教案发生，两名德国传教士被中国人杀死。德国人得到消息后，立即发动兵船开进胶州湾，拔掉中国的旗帜，树起德国旗帜，总兵章高元被抓。警报传到总理衙门，就和德国公使

天津的德租界

商议。德国公使海靖只是一味地恐吓中国，所有哀求和委婉沟通，一概遭到拒绝。想要向别的国家乞求援助，但没有一个国家仗义执言为我国说句公道话的。拖延两个多月后，中国一方才只好将德国所要挟的六件事情，忍气吞声一一答应，就是将胶澳（青岛）附近方圆百里的地区，租借给德国九十九年，山东全省铁路、矿务，都归德国承办，等等。

胶州一事刚则结束，又有一个重大的波澜生起。起初李鸿章签订《马关条约》时，规定如果赔款能在三年内还清，就全部免除利息，而之前所交付的利息，也可以交还给我国，这样又可节省下威海卫驻军的四年军费，一共可节省白银二千三百二十五万两。到现在三年期限将满，政府想了结此事，打算再向外国借款。光绪二十三年十一月，俄国人答应承担此事，借款给我国，但要求在北方各省修建铁路，并罢免总税务司赫德这两件事。英国人听说了，立即表示抗议，也想借给此款，只需交很少的利息，而他们所要求的，就是一、监督中国的财政，二、从缅甸开通铁路到扬子江畔，三、扬子江一带不许让给其他国家，四、开大连湾为通商口岸，五、推广内地商务，六、各个通商口岸都免除厘金税。当时总理衙门想要答应英国，但俄国和法国忽然极力反对，说如果向英国借款，就是破坏各国均等势力的局面，日本也以粗暴的语言威胁总理衙门，总理衙门的官员苦不堪言。正月，就回绝各国，不向任何国家借款了，而与日本商议，想延期二十年偿还所欠的军费，希望以此缓解一下眼前的困难。不料日本竟不答应。当时真是山穷水尽，进退无路，于是通过赫德来周旋，向汇丰银行、德华银行借款一千六百万英镑，吃了很大亏，才将事情了解。

胶州湾本来是《中俄密约》中被划进去的地方，现在德国忽然要抢夺到自己手里，俄国人本来就已经很气愤了，再加上英国、德国又阻挠俄国借给中国款这件事，俄国人就更加愤怒了。于是光绪二十四年正月、二月之间，俄国索要旅顺、大连湾的事端又发生。李鸿章作为与俄国亲自签订密约的人，想办理又没法办，想推诿又没法推，最后就和俄国公使巴布罗福又签订一个条约：将旅顺、大连湾两处及其邻近相连的海面，租借给俄国，以二十五年为期限；并准许俄国人修建铁路从营口、鸭绿江之间，直到海边任何一处。

俄国占据了旅顺、大连，英国借口保持均等势力，就索要威海卫。当时刚刚还清了日本的赔款，日军刚刚撤走，英国人就援引俄国为例要租借此港口，以二十五年为期限，其条约规定都按租借旅顺、大连一样处理。当时李鸿章与英国公使反复辩驳，英国公使斥责他说："你只需跟俄国人去说，不要和我说；俄国公使同意，我也立即同意。"弄得李鸿章无言以对，狼狈之情，可怜可叹。如果说还得到半点同情的话，就只约定日后中国如果重新兴建海军，可借用威海卫停泊船只这一件而已。

到此时，中国割地给外国的行为，就成了司空见惯的平常事了。当俄国、法国与英国为借款事互相冲突时，法国人借助俄国的势力，索要广州湾，并将它作为南方的海军基地。当时英国刚逼迫我国政府开放西江一带通商口岸，想要垄断这一带的商业权利，法国人见事情紧急，就仿效德国人的伎俩，竟直接闯入广州湾，而后再议租借之事，以九十九年为期限。中国没有抗拒的力量，就只好答应法国的要求。

法国强租广州湾

英国又援引势力均等的说法，请求租借九龙湾来抵制法国，期限也是九十九年。在明确意见签字画押的前一天，李鸿章与英国公使窦纳乐激烈辩论，李鸿章说："虽租借九龙湾，但不能在九龙山上筑炮台。"英国公使愤然拍着桌子说："不要再多说！我国请求租借此地，是因为贵国把广州湾租借给了法国而对我国的香港造成了威胁！如果你能废除广州湾的条约，那我们今天的请求立刻撤回。"对此李鸿章只有吞声流泪而已。此时为光绪二十四年四月十七日。

到五月份，又发生了英国与俄国激烈争端一事，即芦汉铁路与牛庄铁路事件。起初盛宣怀承办芦汉铁路，在光绪二十三年三月，与比利时某公司订立的借款条约，规定在次年阳历一月交付第一笔借款。到德国占领胶州后，该公司忽然违背之前的条约，称除非改变条约，否则无法提供借款。盛宣怀与李鸿章、张之洞等人商量，重新签订了一个条约。而新签订的条约，不过把比利时的公司当成了一个傀儡，而实权全握在华俄银行的手里。华俄银行实际上无异于俄国的政府银行。因为此条约的签订，黄河以北的地区，将全部受到俄国的控制，而俄国的西伯利亚铁路，就将以彼得堡为起点，以汉口为终点了。英国人大为嫉妒，于是提议山海关到牛庄的铁路，都归英国人承办，这样就将俄国的铁路横断了。俄国公使到总理衙门，对此极力抗争抵制，英俄两国之间几乎要开战了，形势十分危急，而都把中国政府作为出气筒。各种各样的难题，都集中在几个外交官的身上。当时皇上刚亲政不久，百废待举，皇上痛恨李鸿章联合俄国而误了国家大事，于是在七月二十四日，下诏解除了李鸿章在总理衙门行走的职务，于是外交上的风浪暂时平息，而李鸿章担任外交官的生涯也就此终结。

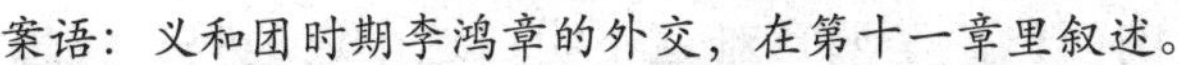

案语：义和团时期李鸿章的外交，在第十一章里叙述。

光绪帝

西洋人评价李鸿章说：李鸿章，是有大手段的外交家。又有人说：李鸿章是个惯用小狡猾和伎俩的外交家。手段狡猾，并不能代表外交家的品德恶劣。世界各国并立，有生存就有竞争，在这种情况下只有唯利是图。所以西方有哲人曾说：个人有道德，而国家可以没道德。试看各国所说的大外交家，哪个不是以狡猾的手段而得名的呢？虽然李鸿章的外交手段，在中国确实是一流的；但要放在整个世界，就要排在后面了。李鸿章的手段，专门是以联合某个国家来牵制另一个国家，而所谓的联合，也不是平时就友好团结的，不过是临时唆使人家，这里面有一种以战国时代策士的思想来作为指导思想。看他在法国的越南战争中的做法，就是唆使英国、德国来牵制法国的；在中日之战中，则是想唆使俄国、英国来牵制日本；在胶州湾一战中，则又唆使俄国、英国、法国来牵制德国，最终没有一个收到效果，却往往因此失去更多。割让胶州、旅顺、大连、威海卫、广州湾、九龙等事件，不能不说都是这个策略所产生的后果。所以天下没有依赖别人而能自己生存的。西方国家的外交家，也曾经积极与别国结成联盟，但前提是自己必须有自立之道，然后才可以压制别人而不是受制于人。像现在的中国，所说的联合某某国，也不论人家是不是想联合我们，即使联合，也与做别国的奴隶没什么区别，被别国鱼肉而已。李鸿章难道不明白这个道理吗？我想他也知道，只是没有别的办法来取代。总之，不修内政，那外交实际上也没办法维持。以中国今天的实力，即使有才能高于李鸿章十倍的人，他的对外政策，也不能不以隐忍迁就为主。这就是我对李鸿章深表同情的原因。不过，李鸿章在其他的外交事件上，我没见到他所用的手段，唯独《中俄密约》，就是他用外交手段的结果。用了此种手段，却造成之后的种种后果和困难，可以说是自作自受，所以我又何必同情他呢？

案语：胶州以后的各个外交事件，责任不只在李鸿章，恭亲王奕䜣、张荫桓也是总理衙门最重要的人物，应该与李鸿章一起承担这些责任，读者对此应明白。

第十章 赋闲时期的李鸿章

日本议和后入阁办事

巡察河工

两广总督

闲时的李鸿章和孙辈在一起

从同治元年到光绪二十七年，在这四十年里，李鸿章没有一天不处于重要的岗位上。他可说得上是闲散时期的，也就是一八九五年三月到一八九六年三月这一年，以及一八九八年八月到一九〇〇年八月这两年时间而已。一八九八年到一九〇〇年期间，李鸿章奉命治理黄河，不久又被任命为商务大臣、两广总督，对别人而言，这些可算是最优厚的差事了，但纵观李鸿章一生的历史，这些不能不说是他的闲职时期了。其中最清闲的，就是一八九五年和一八九六年之间在内阁办事，以及

一八九八年八月到十一月退出总理衙门，这其中没有值得叙述的。至于他治理黄河，总督两广，其工作方法也有与别人不一样的地方。此章中附带论述一下，也是史家的责任。

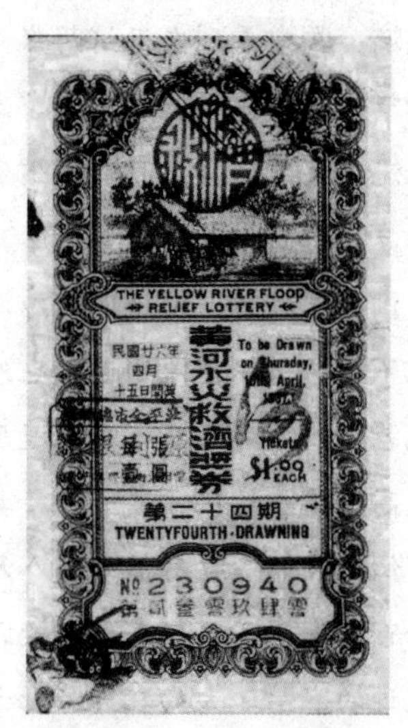

黄河水灾救济券

中国的黄河，是有名的难治理。几千年来的政治家，都把治理黄河作为一大问题。假使不用西洋人治理密西西比河的方法来治理黄河，就不能根治而有所成效。在一八九八年八月以后，李鸿章正没个合适的位置，于是政府就将这个职务交给他。这也为治理黄河的历史加上了小小的一笔。现将李鸿章所上商议用比利时工程师卢法尔勘探黄河情况的汇报奏折原稿抄录如下：

一、雒口至盐窝沿河情形

河身问题。黄河在河南龙门口改道以后，水流急转直下，从北到东，奔流到山东，入大清河，然后取道汇入大海。黄河河流一开始就东奔西突，人力难以施治，到两年以后，河流位置相对固定下来了，才可以修筑堤岸。因河流曲折，所以其堤岸也随之应曲折修筑。等到河流又变迁了，堤岸却不能随着一起变迁。离水远近不同，但堤岸对它全没有保护，任凭水流漂流。现在的小水河面，大约宽九十丈到一百五十丈，河底深浅不一，有的河面最宽处，水深只有四五尺，不便行船；有的河面忽然又变窄，水深达到了三丈。河流早晚变化改道，一会儿左，一会儿右，河流所到的堤岸，就被冲刷，被带到水流缓慢的地方，又淤积河滩。地方官员和百姓任凭河流流动，一直以来没有好的治理方法，只知道在危险处救一时之急，在决堤处添堵缺漏。常常看到在沿河两岸，大约有四五尺高地方，有塌陷进水的现象。在隆冬时节，水流变小流速缓慢，尚且是这个样子，等到开春河水解冻后，汛期来临，水流变大流速紧急时，那该会怎样呢？黄河下游低岸处尚且如此，那上游土山一带，可想而知是什么样子了。难怪黄河泥沙之多，是五大洲众多河流里最多的。在汛期来临时，河堤内的沙滩，就都被淹没，因为河底深浅不一，河身随之也高低不等，所以水流的速度也处处不同。而且下游的土地十分平坦，每里地间的高低差距，不到五寸，水流速度很缓慢。能蓄水的地方，日益变得狭隘，淤泥越垫越高，这种情况年复一年，真是险上加险。因此堤外有的地方，比堤内的河滩，有低一尺的，也有低到七八尺的。我监工路过杨史道口时，曾测量河面，水面宽一百三十八丈，河底最深处二丈三尺，流速约为每秒钟四尺。按此推算，每秒钟流过的水量，大约在五万七千四百五十六立方尺，容水面积约一万三千六百八十平方尺。监工又在盐窝上游测量，此处水面宽只有一百零二丈，河底最深一丈二尺，容水面积约九千一百八十平方尺。此时杨水道口还没合拢，大部分水流通过决口，不进盐窝，这个还可取得一致说法。到河水大涨时，流过的水量，每个人的说法都会不一样。按照两处地方文武官员所出示的河流报告显示，杨史道口的容水面积为三万六千一百八十平方尺。盐窝的容水面积应在二万四千四百八十平方尺。因水势过猛，流速无法统计，导致无法重复统计得到准确的水流量。但如果不知道水流量，就必然难以确定河面宽窄、堤岸远近等数据。从雒口到盐窝大约三百七十里。

发放黄河水灾救济奖券

汹涌黄河水

民埝问题。河边的堤坝，称为民埝，它们是由民间修建，由政府负责看守的，是现在黄河防水中最重要的堤坝。民埝距离河水，远近不同，有就在河边的，有离河水三四里远的，当时修建时，都是随意修建的，并无一定之规，甚至有的堤坝的弯曲程度令人不解。其高低厚薄，各处不同，有高过现在水面九尺的，有高到一丈五尺的，高过沙滩五尺到八尺不等，高过堤外陆地也九尺到一丈五尺不等，其堤坝顶部有宽二丈四尺的，有宽三丈六尺的，新建筑的堤坝较厚些。忽高忽低，忽厚忽薄，它们的收坡角度也斜直不同，真是各个不同。看守、维护堤坝也不大周密，被水冲刷的地方很多，但并没及时修理，积年累月，几乎没有不濒于决口塌陷的。堤坝都是用很松软的淤泥修成的，并没有焦泥，地基也不深。即使有焦泥的，也很容易被水冲刷出来。堤坝上可行大车、坐车、手车，车辙印痕已很深，过路的人要么从堤坝上翻越，要么从堤坝的低处翻越。我们查阅欧美各国的情况，他们在堤坝上种草，不断研究不怕费力，不惜花费巨资，因为草根最能保护堤坝。而我们这里的堤坝，都不种草，只一两处偶尔可见，也被当地百姓割除干净了，甚至连根拔起。据说都是拿了去烧火做饭，或是喂养牲口，却不知没了草根，那堤坝就难保了，堤坝难保水患自然会接踵而至。愚昧的百姓没认识到这点，他们的行为应得到鄙视。耙草的器具，最能损坏堤坝了，所以应该严令禁止，不准再有此行为，这也是保护堤坝的一个方法。因为草一旦被铲除，堤坝泥土变松软，大风一吹，堤上尘土飞扬，堤坝顶逐渐变低，堤身也逐渐变薄，这种工具所造成的危害，不也很大吗？沿河的堤岸，有种植的柳树已经成了绿荫的，有新栽的，才只有一尺多高。

柳树根最能加固堤坝，所以应在沿河堤岸处一律栽植柳树，并设法保护，不准攀折。并且还可以种植藤，它更坚固结实，柳条藤条，都还可以编织成护堤防水的埽，用它来修筑堤岸，比杆秸料要坚固得多，而且可随处就近取材，无需另外出资采买，一举两得，莫不过此，有什么顾虑不这么去做呢?

大堤的问题。大堤，一般为政府修筑，距离民埝很远，远近距离各处不同，而且多弯曲，这也令人不解。现在这种堤坝虽有若无，虽大没用。堤上所住居民鳞次栉比，全成了村落，这都是取了堤上的土来建筑他们的房屋了，致使堤坝残缺不全。而且过路之处，都已被磨得与地面一样平，甚至形成了巨大的缺口。堤坝的坡上，也多半被种上了麦子，很是损坏堤坝。汛期来临，大水上涨时民埝还会决口，大堤就更没有不崩溃的了。大堤的宽处，其顶部还有三丈六尺，高一丈二尺到一丈六尺不等，但完整的很少。听说杨史道口河水冲破民埝，河水竟能流入小清河，淹没了村落，给当地百姓造成危害，是由于大堤的原有缺口没及时修理，致使河水有机可乘了。问当地的那些治河官，为什么不修大堤的缺口呢？他们的回答是，当地居民不愿意，若要修堤，就会有上千个村的百姓群起而攻之，等等。可见修筑大堤非但没好处，还涉及民意，对当地民生不利。大堤之外，所住居民很多，有数百的村庄，还有四五家自立门户的，或者筑起围堤以自卫，或者建起高坡而居住，大多目的是用来防水患的。村庄周边的土地，十分肥沃，百姓也用来耕种，用来维持生计。此外还有斜堤拦坝，都是用来保护村庄田地的，然而它们的残缺程度也与大堤相同。如果民埝出现险情，这些都是靠不住的。

险工问题。即危险处的工程。沿河一带，凡是水流冲击最厉害的地方，或者已决口之处，都有工程。这些工程都以磨盘和埽等圆柱形的防水工具为主，多数用秸料，上面盖上泥土，一层层地垒起来，形状犹如磨盘，有的紧贴在河岸上，有的与堤坝相连，它们的形势各有不同，高低厚薄，每个埽也不同，每埽错落参差，也互不相连，中间仍然有水通过，以致三面受敌，不知是什么意思。依我之见，各个埽之间应该一气呵成，使中间不留缝隙，这样既可省工，也可加固堤坝。而且料埽进入河水中，壁立如削，不会形成斜坡，正好可以用来阻挡水流冲击，不让河水流过，但这似乎也不是个好办法。至于秸料也不是经久耐用的东西，因为它们中间是空心的，质地如同灯草，最能吸水，使得秸料更容易腐烂，一旦腐烂它们就会与沙土一样，丝毫没有力量了。我监工时曾看到几处旧埽，虽然形势相连，但其根基已坏，一旦河水上涨，必然会漂流起来，那百姓修筑的小堤坝必定会遭殃。有人说秸料是当地所生产的，用途广泛又价格低廉，除了用它没别的材料可用。如果果真如我前面所说的，多种植藤柳，几年之后，便可足够使用，更无需以巨额资金来建筑这些不能经久耐用的工事。有人又说料埽原本用来引挑水流的，一两年后，水流改道，料埽即使腐烂，也没什么可担忧的。我认为这种说法不对。如果不改弦更张，恐怕抢险就是养痈遗患了。当今之计，虽然没有别的料可用，但埽的施工模式应先行改变。依傍在河岸的让它们连成一片，修建入水的斜坡，以引导水流，并且必须多使用木桩，将埽牵连在河岸上，以坚固的麻绳挽系好，为护埽所抛的石头，也应加大增多，放置的位置要得法，才能抵御河水冲击的力量。我曾看到有把石块排放在埽上的，镇压着秸料，不让它们被风吹走，这是何等可笑。此外还有石堤，如北镇一带，还可说稳固，而盐窝的石堤，则已经根基空虚了，之所以还没立即坍塌，是依赖有石灰的粘连，但也不能持久了。

晚清民生

二、盐窝到海口尾间的情形

黄河尾闾已经由盐窝改道三次，首次向东北由铁门关入海，二次向东由韩家垣入海，三次向东南由丝网口入海。现在仅将这三处的情形依次介绍一下，还有新挑引的河流一条，也附带介绍。

铁门关海口。这个地方是大清河的末端，黄河改道山东以后，由此入海，已经持续了三十多年，直到韩家垣决口，河流从东北流向正东。现在铁门关这一水道，前半截已经淤积了很高的淤泥，河身成为平地，不能辨认出来，左右两堤岸，都布满了村落。铁门关以下，堤坝已没有，一片黄沙，土地贫瘠。大约距离铁门关下游八里的地方，河流形状才又重见，有河水直接通入大海。河边的土

地，虽是沙滩，但沙子下面不深处，便是混合的泥土。河中的水，平时深度约有两尺，在汛期时可涨到三四尺，可到达萧神庙。如果东北风大作，可增高到五六尺不等。从三沟子起，就可见有船只出海，与烟台相往来。此次因河流冻结地面潮湿，不能出海勘察，只到三沟子以下十里处看看，满地芦苇杂草，是大潮所经之处，就返回来不再向前。据当地人介绍，再往下八里地，就可见海洋的潮汐；再往下十二里，便是海边，海口有拦门沙，退潮时，只有二尺深。此片沙地的面积没再勘测，估计一定不会很小。从盐窝到铁门关，入海口大约有一百一十里。

韩家垣海口。自韩家垣决口，黄河的末流在此取道，已经持续八九年了，最近又改道向东南流去。韩家垣一带，已不见黄河踪迹，只有从新萧神庙往下，距离大海约六公里的地方，又看见水流形状，中间也可见有河水，是在最低洼处，积水不退。听说离大海大约十一里处，这条河分为两溜，形状像燕尾一样，但是也不深。入海口也有拦门沙，当潮水退去时，直接堵塞在入海口处，阻碍了河水泄出。这片拦门沙露出水面，大约二里宽。根据调查，韩家垣一带并未筑堤。从盐窝到韩家垣海口，大约有一百里长。

新挑引河。这条河是在韩家垣决口之后，特意在口门之下挑挖的一条水道，以便引水到萧神庙旧槽入海。然而当时这条河深只有四五尺，宽只有三丈，现在还没有这个尺寸。这条河的河道弯曲处很多，河道长四十里，如果取直，长度共有二十五里，大概是循着原来的水道挑挖，为节省工费的缘故。在萧神庙和韩家垣两处的河底，挖深三尺，便会有泥土出现，也有显露在地面的泥土。周围各村庄，均有水井，深一丈一尺，就可看到水，泥土在水中，不很深。铁门关附近，有烧瓦器的烧窑。此处的土质，大概由此就可看出。

丝网口海口。现在的黄河就是由此口入海，水流散漫在地面上，并没形成明显的河道。大多数时候存水量较少，水也不深，水中央有沙滩，中间的水流处，水深也只有三四尺，有一两处最深，也不过一丈。将近海口时，就只有一尺四五寸，此处水面很宽，大约有三百多丈。听说海口处并没拦门沙，想来因为水流缓慢，河床较浅，沙子都已经淤积在地面上了，没有可流入海里的了。调查北岭决口时，还可见上游有三处开口，所以丝网口的河水流速并不大，北岭子门被水淹没的树，至今仍竖立在水中，还有一座古庙，也是巍然屹立着，它们可作为流速缓慢的明证。如果说辛庄等处，房屋被河水冲走漂流着，是因土屋不坚固，不是河水力量的汹涌造成的。在北岭子以下的河流北岸，并没有修筑河堤，只用一个铁

门关起南面的堤坝作为北岸，以此来保卫村落而已。南岸则从盐窝开始修筑起了新的堤坝，每个堤坝距离河水大约有二里远，从盐窝到丝网口海口大约九十里。

晚清的富裕妇女

三、根据实际情况治理黄河有关事宜

治河犹如治病，必须先观察找到病根。而要找到病根，就必须先把脉搏，才知道病根在哪里，然后才可对症施治。不仅可治疗厉害病症，而且还能永无后患。但如果只是按疮敷药，不问病毒因何而起，这不是好医生的做法。黄河在山东引起水患，但病根不在山东。如果只就山东治理黄河，与按疮施药有什么区别呢？虽然可一时止住病痛，但不久旧病又会复发。因为病毒没有根除，病根没有拔掉。水性犹如人性，起初本是善良的，如果不对其引导调教，其本性必然会迁移。上天创造了水，原本是用来养育人，何曾是用来害人的呢？因为人不知道它的性格，不注意对它的变化加以防范，就使它到处肆虐，成为暴虐的水患，百姓困于水灾，国库为之空虚，却始终不能制止。推理其缘故，就是因为治理水患只在一个小范围内，不从全局来统筹考虑。如果现在一误再误，恐怕徒劳无功。想要一劳永逸，应先找到根本原因。从山东来看黄河，那黄河只在山东。从整个中国来看黄河，那黄河还有不在山东境内的。怎么就知道黄河在山东的水患，不是从别处的的黄河引发的呢？所以就全中国范围来治理黄河，黄河水患才可根治；如果就山东本地来治黄河，那黄河的治理永远是个难题。请允许我详细道来。上溯黄河的源头，它源于星宿海，然后聚首甘肃，流入蒙古沙漠，中间改道多次，开始到达山西，这时已挟带流沙了；等到黄河流出陕西，又和渭水汇合在一起，水质变得更加浑浊；然后再穿过土山向东流去，拖泥带水，直接流入河南，所到之处，随处流散，水质更加浑浊。这就是黄河的病根所在了。下游的病就源于此，所以主治应先在病根上考虑。因为下游淤积的泥沙，都是从上游拖带而来的。上游地势高，形势犹如高大建筑上仰盖的瓦，而且两面有山约束它，水流极其快，泥沙不能停驻，等到一过了荥泽一带，地处平原，水势逐渐变缓，泥沙自然停积下来，泥沙停下就造成河流淤泥，淤泥过高，河水就开始改道，这是很自然的道理。过往的种种事情，都可为证。只要有一条河流改道，百姓就要遭殃，只好逃难，奔波迁徙于沟壑之间，被饥寒所迫，往往死于非命，从古到今，不知有多少次这样的灾祸了。而黄河南迁北转，为所欲为，以开封为中心，自行开辟了一条半径之路，在扬子江北部中间大约一千五百里宽的扇形地带，任意穿越，即使是齐鲁的各大山峰，也难以阻挡抵制它。河水所经过的地方，泥沙聚积，河滩形成，百姓为之所困，防不胜防，到今天还没有一个好的对策。只好补缺漏洞，救一时之急，劳民伤财，这种灾难比起瘟疫和战争的危害更加猛烈。然而天下没有不能治理的水患，虽然并非易事，但还不是人力所不能解决的难题。那么方法是什么呢？回答是，向数学学习。

黄河下游河段

治理黄河水患的方法。说到治理方法，怎么可能那么容易呢！黄河绵延于中国境内，共计有一万多里长。地势的高低，河流的曲直，水性的缓急，含泥沙量的多少，一直没有一个详细的考察，也没有图表可说明。问黄河边上居住的居民，也没有能回答上的。现在要想治理此河，应先办理的事情有三方面：一、测量整个黄河的形势。河身的宽窄深浅，堤岸的高低厚薄，以及大水小水的深浅，都必须详细记录下来；二、测绘河图，一定要详细，丝毫不能有遗漏；三、划分河段，派人查看不同河段的水性，比较测量水力大小，记载到水志上，勘探泥沙量，并随时查验水力大小，停积的泥沙量。凡是水性和沙性，偶尔有所变化迁徙，必须详细记录，以作为治河的参考资料。以上三件事情，都要求极其精细，而且最关键紧要，不如此，就不能了解水性，不能决定应做的工作，没办法疏导黄河的水流，无法预防河水的上涨，没办法防患于未然。这三件事不办，所有的工程，最终难以见效，即使能稍微缓解一下目前的紧急情况，不久就会水患重来，致使前功尽弃。如果测绘详细，反复考究检查，把握全局，便可讨论研究出该进行的工程项目，以此谋划出功在未来的蓝图。另外，流经各省份的黄河，还应有一个统一治理的官员来领导。才能使黄河的各河段得到统筹保护，永无后患。但照此办理，要耗费一笔很大的资金。然而要想一劳永逸，就应先筹划计算每年治河的费用，堵漏修筑堤坝的费用，蠲免钱粮的费用，赈济灾民的抚恤费用，财产淹没的费用，百姓受灾死亡多少，加上解除弊端后能收多少利益，累积若干年共计多少，相比所耗费的资金，哪个轻哪个重，哪里有损失，哪里有收益，如此才不至于决策犹豫。

赋闲时期的李鸿章

按照图志中标示的，可以知道某处的水性和地势，从而确定这一段黄河的河身。由河身就可限定水流的速度，不让它变更，水面的高低也不让它随意涨落。凡是河底的深浅，河岸的坚脆，工料的松固，都可以确定下来，不会再有发生意

外的担忧。这些都是算术中的精微之处，不能主观臆测。确定河身是最难的事情。必须知道河水大涨时水高出了多少，其水性如何，停在河底的泥沙有多少，停在河滩的泥沙有多少，河水上涨的高低、流速都不相同。确定河身必须了解速率变化的区间，才能使河水无论上涨多高，其速率都足以把沙子冲流到海中。由于河形弯曲，以致造成不少危险的工事，这个也要酌情改选，然而不是件容易的事，不经详细谨慎的推算不能奏效。裁弯取直可以让河水走捷径，路途短河水落差变大，地势高低的差距就增大。落差增大则流速也增大，流速增大则水流量也增大，在河水大涨时，尤其应该把上下游统一进行推算后，才能裁去河身的一个弯曲处。因为裁截河身的弯曲处可能会造成其他的危险，所以不能不周全考虑，这也不是只凭眼力就可解决的事情。

河堤是用来约束水流的，必须将它与河身一并进行推算。就是进入河水中的斜坡，统统必须加固，以防御异常情况下河水猛涨，才不至于误事。至于河堤的高低厚薄，则要看土质的松实，料质的坚脆。至于应如何建造，则必须看水线的高低，水势的缓急。河堤所需的材料，总要以能够防御河水冲击的材料才好，不必都用石堤，也不要都用料埽，等土堤筑造结实了，再用柳树和草片来保护，也足以抵御平常的水力。查阅各国防护河水的堤坝，多数是用土筑造的，并没全用石头的。但需要推算合法，位置得当，看守不懈怠，不能任意践踏。石堤料场，只在险要处使用。总之，能省的地方就省，不能省的地方必不能省，然而不测算精细不能行。我在监工时曾画了两种堤坝样式，大概对黄河还合适，在何处用哪种堤坝样式，则要到现场临时勘查，因地制宜，并不是说整个黄河的堤坝都要改造。只是无论用哪种材料，都必须采购质量上乘的才能持久耐用。河水大涨时河流到达堤坝根基，小水流时河流在两岸中间。而河堤与河岸上都是松软的泥土，常常被急速流动的河水冲刷裹挟而走，随即化为泥沙，到水流缓慢处，就淤积成了高高的泥滩，日积月累就逐渐造成危险。这个自然值得忧虑，但还有更让人担心的，就是上游的各个土山随时都会坍塌在河水中，泥沙连水流到下游，造成更大的祸害。所以应设法保护，在水流经过的两岸，都修筑上斜坡，先用泥土封护上，再种植上草皮，并且多栽树木以夯实基础。在有危险的地方，则应在堤岸的根基处打上木桩，用树枝编织成筐，用泥土填成块，再垒上石墙，或砌个石坡，并且把大石头抛进水底，这样才足以抵御水力。在土山两旁，也必须向水底抛石，再在土山上筑起石墙，以阻挡土山的塌陷，这样河岸上的土才不致被河水冲刷拖带，河流才可能逐渐变清澈，水患自然会日益减少。这就是治理黄河应做的最紧要的工程。

对于大的水流，应该使之保持在河道中间流过，至于应该在什么地方采用什么方法，现在还不能预定。大约需要在河湾处的水底多建造挑水坝，以疏导水流。挑水坝应用树枝，还是用石块，则需随时斟酌实际的情形而决定办理，只是秸料不能持久，而且没力量，因此不能用。减水坝也应该讲究，以防备异常情况下的河水大涨，最好设在堤边。应该先测量好地势，勘察实际情形，由河流的方向来确定坝口的方向。此坝必须用大石头并加上混凝土建造。坝后新开凿的引河，或者已存在的河流，应筑起坚固的堤坝进行约束，使所经过的水不致对周边地带造成危害。引河的宽度深度也不能太弯曲，而且要低于黄河水面，其河身才能有容水的地方，如此才能使用。

盛装的李鸿章夫人，身穿朝服，颈戴朝珠

黄河末流入海口处地势凸起，并有拦门沙，致使河水不能畅通入海。应用机器或挖土船来挑挖，先筑起海塘，再用机器挖掘，也许这样可达到事半功倍的效果。此海塘与长河堤接连入海，水力更加强大，能将泥沙冲到海水深处，是海口必不可少的工程。再用机器在拦沙处深挖一道，使水力更猛，这样可以冲刷掉剩下的淤沙。此项工程，需要花费巨资，然而各个国家的海口都有，为何唯独黄河没有？美国密西西比河海口，奥国的大牛白海口，先前也被泥沙堵塞，现在大轮船可以往来无阻，就是有力的证明。法国的塞纳河口，先前也有拦沙阻碍，行船十分险恶，不久经过用大石块填海，筑造起了海塘，高出大潮水面，两塘相距九十丈，海塘建成那一天，海口深达二丈，至今船只随便行驶。比利时的麦司海口，也兴建了这样的大工程。此外还有多处，不胜枚举。

黄河绵延经过好几个省份，极大地关系着国计民生。现在上游的河水流到下游，不能立即得知。下游出现险情，上游事后才发觉，上下游之间不通声气，防范自然不能周密。应该按照永定河的治理办法，沿河设立电线，分段通电，时时事事，可报告给治理黄河的各级官员知道，使水患得以预防。这是刻不容缓的事情。治理黄河的工程，既然已经启动，那守护黄河的章程，也应尽早制定，只有一律遵守，坚持照章办事，才不致前功尽弃。调查发现，现在的河防官员，虽能够做到克己奉公，但黄河边的百姓践踏堤埽、挑土砍柳、锄草等各种破坏堤坝的恶习还没得到全面禁止。应该妥善地制定律例，严格执法，周密巡查，对触犯者予以惩治。河堤上不准私搭乱建房屋，如果需要在上面行车，必须在专门建起的马路之处，特别加厚加固，才不至于损坏河堤。治河官员们要随时稽查，发现稍有残缺不全的地方，立即进行修补。这样工程就可永远保持完整坚固，不致产生意外事故。黄河上游，是否建设闸坝，用来拦沙；或是选择大湖，用来减少流水量，也须认真考虑。因治理黄河有这个办法，所以我理当在此汇报说明。上游的山上，应都种上草木，以减缓水势。西方各国，因山上洪水暴发，屡次造成水灾，命令在源头及邻近河水的各座山上栽植草木，水势就逐渐得到减缓。偶尔有一两处树木，被人私下砍掉，水势立即又恢复猖狂，政府就严令禁止，并且设置官员专门管理树木。西方人如此重视此事，可作为有效的证明。调查山洪暴发的原因有两个：一因山上的土松，不能吸水；二因山势陡峭，没有可阻碍流水的东西。如果在山上遍种树木，那树根既能坚固土壤，又能吸水，而且还可减缓水势，使水流从容而下，不至于如同倒立，倾泻而下。如果山上不适宜种树，也应种草，其作用虽不如树木大，也始终比没有强。法国自从颁布实行了亚尔伯等山的种树律例以来，已经取得了显著成效。

四、 事宜

在前篇中所述治河所应办的各件事情，既然不是一朝一夕间可完成的事，就必须等到全河测量详细后，再估计工料，妥善筹措办法，才能臻于完美。只是担心河流汹涌，迫不及待，所以亟待先办理紧急的事情，这样也许可保灾祸不生，将来治理起来也会容易些。救急的事情都是哪些呢？无非就是培修堤岸，加固修建有险患的工程，并疏通黄河末流而已。至于更改河流形状以畅通其水流，展开还是紧缩河身以顺应其水性，保护堤岸以阻挡其土坍塌，各项工程应等日后从容办理，此时无暇顾及。

李鸿章书法

培修河堤的方法，前篇已经详细介绍过，此处不用再多言。只要百姓筑起的堤坝就可。如果是大堤，就有相距太远，河面过宽易造成水患的危险；加上又残缺不全，修也没法修，或者修了也起不到作用。各处的防险工程，应全部加固修筑，应派官员对整个工程进行勘察，估价预算。凡是在首当其冲的堤坝，已腐朽的料埽，务必立即全部保护，过低过薄的堤坝，也应加高加厚。堤内与水接触的坡面，应加上一层护泥，以种植青草，并在堤坝的根基处遍种树木，想办法严禁人践踏。这是最紧急的任务，最好迅速办理。有险情的堤根，要么抛石块要么编织箩筐围挡用来加固，这也必须因地制宜。凡是堤上开通了人行道的，应立即进行修补，并在堤坝顶部筑造起石子马路，以便车马往来，不至于损坏堤坝。黄河末流的入海通道，最好确定妥当的位置，因为铁门关、韩家垣现都已经淤塞，丝网口则水势散漫，并没有河道。调查选择这些末流地区时，大家的意见不统一，有的说铁门关淤积处应挑通，让河水照旧河道入海；有的说应仍从韩家垣旧河道入海；有的说应从十六户挑引河直到铁门关，以避开盐窝的抢险工程；有的说应由盐窝挑一直河仍从丝网口入海；有的说应在薄台县三岔河引河水入海；有的说黄河应在大马家挑河到孔家庄，使河水并入徒骇河，然后入海。大马家在利津上游八里的地方，调查发现徒骇河形状十分弯曲，孔家庄河面大约宽九十丈，小水流时河面大约宽六十丈，两岸很高，并没有修筑堤坝，大水流时大约离两岸还低八尺，其上游在禹城以下，全部淤塞了泥沙，海口大约距离孔家庄七十里，并没有拦沙门。我认为对黄河末流的治理，首先不能让它的水进入徒骇河，因为这样让浊流汇入清流，使原来的清流也变为浊流了，这未免太可惜了。如果想商量确定一处，就必须在各处详细测量，比较各地地势的高低，观察水流的方向。

据了解，现在武备学堂测量专业的学生很聪明，又很勤奋，四处测量，不遗余力，只可惜时间太紧，不能详细测量，所画的图纸也只能看个大概，况且各段黄河的水流量以及各地的落差，也无从查考。至于引河的形状，只按照海口应地势平坦的原则，引河以越短越直越好。因为河流短了，水势就大，落差也就可增大，流水就更有冲击力量。河身以能容纳河水大涨为标准，两岸堤坝以能约束水流为标准，还需要格外加固，以防备河水决堤。那些海口处原有的旧河槽，最好不用，因为旧槽形状都曲折了，堤防也不完备，不如另外选择新地方根据地势来治理为好。现在无论在什么地方挑挖引河，海口必须有机器挖沙，不能任凭河水自行冲刷，因为黄河的病根没除，河沙没减，到处淤积的现象仍不能免，这样恐怕新挑的河道不久也像旧海道那样被泥沙堵塞不通。我认为引河的河形，以不能让河水畅通

天津武备学堂的实习生

流动为标准，这样也许才没发生意外的担忧。减水坝是必不可少的工程，应该把它设在何处，还没有详细考察确定。有人建议说济南府下游十八里处，原来有一处阻止水流的滚坝，似乎可以使用。我在监工回来的路上，顺便去那里勘探，看到此坝距离黄河还有五里，原来建造的目的，为引导济南各山的清水汇入黄河，想以此冲击泥沙，但一直没有启用。坝门很小，只有一丈四尺，又和各河流不通，如果想启用，还必须挑引河水来疏通小清河。调查小清河的河身，仅仅能够容纳自己的河流量，河水大涨时就已经漫延到两岸了，又没河堤约束，如果再将黄河的水灌入，势必会遍地浸漫，济南省城恐怕也被淹没。我认为要想减水，以汇入徒骇河为好，但仍需要测量筹划计算等才能决定，而且徒骇河也需要加宽，两岸河堤也需要添补加筑，才可使用。

以上四大问题，都是知无不言，言无不尽。是否得当，都等待上级研究决定，以按指示遵照执行。我这次担任勘探黄河的职责，经常与司道大员及地方官员一起合作进行勘查。虽然各人看法会稍有差异，但和衷共济，为国家出力，为中堂效命，心怀国计民生，希望所想所做能够一劳永逸，不约而同。无论中外，每个人都想成就这样利国利民的功绩，为此心中不怀任何成见。

卢法尔谨上

李鸿章总督两广时，接的是前两任总督李瀚章、谭钟麟之后的担子，百废待兴，省内盗贼横行，草寇遍地。李鸿章到任后，雷厉风行，恢复了就地正法制度，用刚烈、严酷的方法执行法律，杀人不计其数，被有德行的人责备。然而各路盗贼害怕他的威名，不是被逮捕杀掉，就是逃往他乡，地方上也因此得以安宁。但最祸患两广人的，是让赌博的人承担军饷一事。两广地区偷盗抢劫之风盛行，其源头实际由赌博之风而起。盗贼中没有不赌博的，赌博中没有不偷盗的。李鸿章劝阻赌博，美其名曰为缉捕经费，意思就是抽取赌博的彩金来作为治理盗贼的费用。这和生怕百姓不为盗，来教唆他们做强盗有什么区别呢？既然教育他们了，然后再杀了他们，有德行的人认为此做法有失道德人心。孟子说："不教育百姓，却使他们犯罪，然后再处罚他们，这是欺骗百姓啊。"不教育百姓而处罚之，就是欺骗百姓了；更何况是劝导百姓犯法再处罚他们呢？扬汤止沸，施薪救火，是越老越糊涂了吗？否则，何至于到了晚年末路时，却做出这些败坏自己名声的事情来留给后人话柄呢？有人说：李鸿章知道赌博之风不可能杜绝，因此认为不如利用它来筹集政务经费。淫风固然不容易灭绝，但没听说过政府开设妓院的；偷盗之风固然不容易灭绝，但没听说政府开山寨养盗贼的。这个道理，李鸿章未必不知道。知道却还这么做，可说是全无心肝了。李鸿章到达两广地区，准备在省城广州施行警察制度，是因听从了黄遵宪的建议。可惜没等做完，就离职而去。

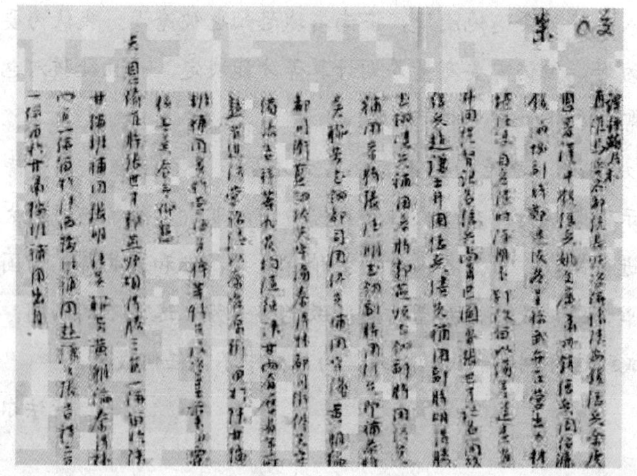

谭钟麟墨迹（一门二进士、两代三书家的谭钟麟、谭延闿、谭泽闿父子同朝为官，有"茶陵三谭"之称，在中国近代书法史上共享盛名）

两广地区是中国人和西洋人杂居的地方，各种人良莠不齐。一些狡黠之徒，常常以加入天主教会作为保护符，从而鱼肉乡里，而天主教及其他教会的牧师，常常对他们进行偏袒，纵容他们滋事。近十年来，当地的各任行政长官都庸碌无能，腐败老朽，害怕洋人如同怕老虎一样，因此更加长了他们的嚣张气焰。李鸿章到两广后，教民还想故伎重演来挑战试探李鸿章。李鸿章招来他们的牧师，都对其一一摆事实，讲道理，严格规定权限，一点也不肯多给他们方便。经过一两次之后，就不再有人敢以教会作为靠山做坏事了。唉！以李鸿章这个有着几十年磨砺的外交家，对付大敌也许有些不足了，但对付此等小辈，实在说还不够他来吹口气的。现在的地方官，认为处理教案是最可怕的事情，也不免太可怜了。

康有为

李鸿章来到两广时，也正赶上康有为一党在海外气势日益强盛时，朝廷下旨命令他进行镇压。李鸿章于是逮捕了康党海外志士的三名家属。没有罪过而遭到诛杀，骚扰百姓，真是野蛮政治，没有比这个更加严重的了。有人说：并非李鸿章个人的意思。虽然如此，我也不敢为他隐讳、辩护。

第十一章 李鸿章的末路

义和团的兴起

李鸿章的位置

联军和约

中俄满洲条约

李鸿章之死

死后朝廷的恩典

八国联军进北京

李鸿章最初被授予江苏巡抚时，也只有个虚名，却不能到任；他最后被授予直隶总督时，也是只有个虚名，不能到任。造化弄人，好像故意在这其中作弄他。虽如此，感慨今昔，还是让人有英雄气短之叹。李鸿章到两广上任不到一年，就发生了义和团事件。义和团因何而起的呢？是戊戌维新变法的反作用力引起的。当初，现在的皇上因为施行新政而触忤了太后。八月，宫廷政变发生，戊戌变法的六君子被杀害，众小人竞相活跃起来，康有为逃亡英国，梁启超逃到日本。满朝的顽固党，本来就视外国人为仇敌，又不懂国际公法，以为外国人将要与康有为联合起来加害于他们，于是十分怨恨外国人。而北方人民，自从天津教案以及胶州割据以来，愤懑不平之气积蓄已经很久了，于是义和团运动借着迷信之术，趁机兴起。顽固党认为借助他们的力量可达到自己的目的，因此对其加以利用。所以义和团实际上就是政府与民间势力的联合体，但他们的目标并不一样：民间的力量全出于公心，愚昧无谋，令人可怜；政府方面的力量全出于私心，狂悖无道，普天下人都嫉恨他们。

八国联军乾清宫坐龙椅

假使当时李鸿章不在直隶，那这件祸事或许就能避免发生，也或许祸乱发生时，李鸿章先于袁昶、许景澄受其祸，也不可知。但上天偏偏不让此祸事早日平息，偏偏不让李鸿章早死。一如专门为李鸿章设了这么一个位置，使其一生的历史由此更改为又一大结果。六月以后，八国联军进迫到北京城，于是李鸿章又被授予议和全权大臣。

八国联军锯断清代皇帝龙椅情景，反映外国列强瓜分中国的寓意

当时，有人为李鸿章出主意，让他拥两广自立，为亚洲开辟一个新的政体，此为上策；率军北上，救君主而剿灭义和团，以答谢各国，此为中策；受命进京，投身虎口，甘心被顽固党所利用，此为下策。不过，按第一条意见行事，只有非常学识、非常气概的人，才能实行，李鸿章不是这种人。当四十年前他正处于壮年时，尚且不敢有破格的举动，更何况现在已近八十岁的老翁，岂能做到？所以出此主意的人，是不了解李鸿章的为人啊。第二条意见较符合实际，但当时广东实际并无一兵可用，而且此举也涉及嫌疑，万一朝廷中有和李鸿章不和的人，为李鸿章盖上个举兵犯阙的名声，就骑虎难下了，那李鸿章就会陷于绝境了！他正每天想着如何苟且迁就，以保全自己的身份名声，所以这也不是他能做到的。虽如此，他还是认真思考了第三条意见，做出自已的选择，他知道单独进京城也许会有意外，就故意迟迟不动身。他知道除非攻破京城，否则和议不能达成，所以逗留上海好几个月后才动身。

美国第五炮兵轰击紫禁城的第三门

皇上和太后逃难到陕西西安后，才开始和议。此次和议虽然不如当初去日本时那么艰险，但麻烦和波折也有过之。李鸿章在整个和谈过程中，保持清醒和镇定，慢慢磋商，与外国人磨合，所幸各国此时都厌倦战乱，朝廷也有悔过之意，于是在光绪二十七年七月，签订了和约，有如下十二条款：

李鸿章（右排二）代表清政府与11国驻华公使在北京签订《辛丑条约》

第一款

一、大德国钦差大臣克林德男爵被杀害一事，先前已经在西历本年六月初九日，即中历四月二十三日，奉谕旨（附件二）任命醇亲王载沣为头等专使大臣，到大德国大皇帝面前，代表大清国大皇帝及国家表示惋惜之意。醇亲王已遵旨在西历本年七月十二日，即中历五月二十七日，从北京起程。

二、大清国已经声明，在克林德遇害处竖立铭志之碑，与克林德的品位要相匹配，上面记叙有大清国大皇帝对死者表示哀悼和惋惜的圣旨，以拉丁文、德文、汉语三种文字书写。先前在西历本年七月二十二日，即中历六月初七日，经大清国钦差全权大臣发文，到大德国钦差全权大臣处（附件三）。现在可看到在克林德遇害处所建立的一座碑坊，几乎占满了那条街，已在西历本年六月二十五日，即中历五月初十日动工。

第二款

一、惩办伤害各个国家和人民的首要元凶。将在西历本年二月十三、二十一等日，即中国上一年十二月二十五日、本年正月初三等日，先后降旨，所定的罪名，都列在后面（附件四、五、六）。端郡王载漪、辅国公载澜，都被定为斩监候的罪名，并约定如果皇上认为可免其一死，就发配到新疆，永远监禁，永不减免罪过；庄亲王载勋、都察院左都御史英年、刑部尚书赵舒翘，都被定为赐令自尽；山西巡抚毓贤、礼部尚书启秀、刑部左侍郎徐承煜，都被定为立即正法；协办大学士吏部尚书刚毅、大学士徐桐、前四川总督李秉衡，都已经死去，又追加剥夺其原有官职，即行革职。又兵部尚书徐用仪、户部尚书立山、吏部左侍郎许景澄、内阁学士兼礼部侍郎衔联元、太常寺卿袁昶，因上一年激烈驳斥各国公法的极恶之罪被杀害，在西历本年二月十三日，即中历上一年十二月二十五日奉圣谕官复原职，以示平反昭雪（附件七）。庄亲王载勋已在西历本年二月二十一日，即中历正月初三日，英年、赵舒翘已在二十四日，即初六日都自尽。毓贤已在二十二日，即初四日，启秀、徐承煜已在二十六日，即初八日都行正法。又西历本年二月十三日，即中历上一年十二月二十五日，皇上圣谕将甘肃提督董福祥革职，等应得的罪名定下，一定要严加惩治。西历本年二十九日、六月初三日、□月□□等日，即中历三月十一、四月十七、□月□□等日先后降旨，将上年夏天发生的凶残案中所有确认有罪的各省官员，一一惩办。

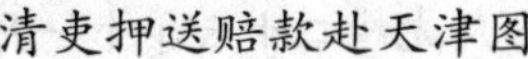
清吏押送赔款赴天津图

二、皇上下旨公布所有各国人民遇害被虐待的城镇停止文武各级考试五年（附件八）。

第三款 因大日本国使馆书记生杉山彬被害，大清国大皇帝应从优荣之典，已在西历本年六月十八日，即中历五月初三日，降旨派户部侍郎那桐为专使大臣，到大日本国大皇帝面前，代表大清国大皇帝及国家表达惋惜之情（附件九）。

第四款 大清国答应在各国被污辱或被挖掘的坟墓之处建立涤垢雪侮之碑，已与各国全权大臣商定，墓碑由各国使馆督建，由中国付给估算所需的费用，京师一带，每处一万两白银，外省每处五千两。此项银两，已经付清。现将需要建碑的坟墓，开列清单如下（附件十）。

《辛丑条约》局部内容

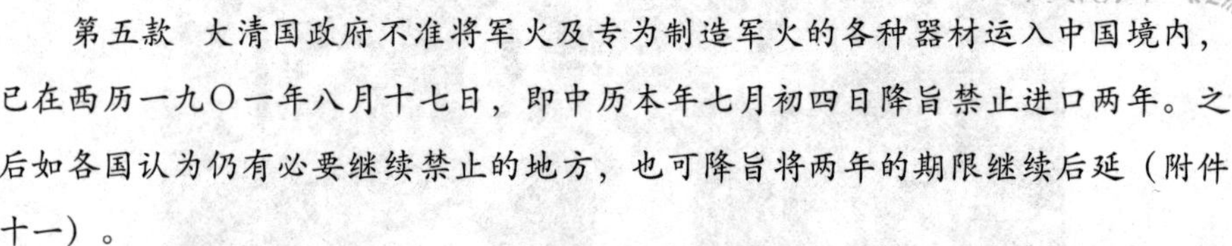

第五款 大清国政府不准将军火及专为制造军火的各种器材运入中国境内，已在西历一九〇一年八月十七日，即中历本年七月初四日降旨禁止进口两年。之后如各国认为仍有必要继续禁止的地方，也可降旨将两年的期限继续后延（附件十一）。

第六款 大清国答应付给各国海军赔偿款四百五十兆两白银，此款是西历一九〇〇年十二月二十二日，即中历光绪二十六年十一月初一日，条款中第二款所记的各国、各教会、各人及中国人民的赔款总数（附件十二）。

甲、这四百五十兆是给海军的银两，按照市值折变为黄金款。此市值按照各国的货币比价折合为黄金，具体是：海关银一两，合德国三点五五马克，合奥国克朗三点五九五，合美元零点七四二，合法国法郎三点五，合英国镑三先令，合日本元一点四零七，合荷兰弗罗林一点零七九六，合俄国卢布一点四一二。俄国卢布，按汇率进行合算，即多理亚十七点四二四。这四百五十兆白银，按年息四厘计算，本金由中国分三十九年还清，按后附的表格所列各章程还清（附件十三）。本息用黄金付给，或者按照应还日期的市价折合成黄金付给。还本于一九〇二年正月初一日起，到一九四〇年终止。还本各款，应按一年一次的频率付还，初次还款定于一九〇一年正月初一日。付还利息，由一九〇一年七月初一日算起。不过中国也可将所欠的首六个月到一九〇一年十二月三十一日的利息，延期到一九〇二年正月初一日起，在三年内付清。但所延期息款的利息，也应按照年息四厘付清。且这些利息，每六个月付一次，初次定于一九〇二年七月初一日付给。

乙、这项赔款的一切事宜，都在上海办理。之后各国分别派一名银行董事，会同在一起，将负责还款的中国官员付给他们的所有本金和利息全部收存，分给与此有关的国家或个人，由该银行出据付款的回执。

丙、中国要将全数保票一纸交各国驻京钦差领衔大臣手中。此保票以后分为零票，每张票上都有中国特派官员的签字画押。此环节及发票等一切事宜，应由以上所提到的银行董事遵照本国的命令办理。

丁、付还保票财源各项进款，应每月交给银行董事收存。

戊、所规定承担保票的财源，开列如下：

一、新开关锐所进款项，等先前已经作为担保的借款各本钱和利息都付清后，剩余款项再加进口货税。进口税增加到百分之五，所增加的数额也相应加上。所有以前规定进口免税的货物，除外国运来的米及各种杂粮面粉以及金银各种钱币外，都应抽取百分之五的税。

二、所有常规海关的收入，在各通商口岸的各项目，都归新关管理办法。

三、所有盐政各类所进款项，除归还欧美借款一项外，剩下的一并归入，到进口货税增到实际价值的百分之五。各国现在同意实行，只是有两点需要说明：一是将现在按照估算价值抽取的各项进口税费，凡是能改的，都应尽快改成按件抽取税费。改办一层如后，作为估算各货物价格的基础，应以一八九七年、一八九八年、一八九九年卸货时各货物估算的价格为准，就是除去进口税及杂费之后的总价。在没改之前，各项进口税仍按照旧的估价征收。二是北河、黄浦这两条水路，都要改善，中国政府也应拨款相助。至于增税这一条，等此条约签字画押两个月后，就开始办理，除了在此画押之日期后，最迟不超过十天的已在途中的货物除外，一概不能免税。

第七款　大清国政府答应各使馆境内，是专为外国人居住的地方，并单独由使馆管理，中国百姓，一概不能在境内居住，各使馆也可自行防卫。各使馆的界线在附件的地图上标明（附件十四）：东面界线，是崇文门大街，图上所示之十、十一、十二等字样，北面图上是五、六、七、八、九、十等字的线，西面图上是一、二、三、四、五等字的线，页面图上是十二、一等字的线，这些图线沿城墙南址随城垛的形态而画。按西历一九〇一年正月十六日，即中历上年十一月二十六日文内后附的条约，中国政府允许各国分立自主，可常驻部队保卫使馆。

北京东交民巷原俄国使馆大门

第八款 大清国政府答应将大沽炮台，及阻碍北京与天津的各炮台一律削平，现在已在照办。

第九款 按照西历一九〇一年正月十六日，即中历上年十一月二十六日文内后附的条款，中国政府答应各国分别可自主决定，并一起酌情商定几个屯兵驻守处，以保证京城和各海通道间的畅通无阻。现各国驻兵防卫之处有：黄村、廊坊、杨村、天津军粮城、塘沽、芦台、唐山、滦州、昌黎、秦皇岛、山海关。

第十款 大清国政府答应在两年之内，在各府、厅、州、县将以下所述的通过皇帝圣旨通告颁行：

一、西历本年二月初一日，即中历上年十二月十三日，皇上下旨，永远禁止设立或加入与各国为敌的集会，违者皆斩（附件十五）。

二、西历本年□月□□日，即中历□月□□日皇上下一道圣旨，对犯罪之人如何惩办，都一一说明。

三、西历本年□月□□日，即中历□月□□日皇上下旨，在各国遇害被虐待的城镇停止文武各级考试。

四、西历本年二月初一日，即中历上年十二月十三日皇上下旨，各省巡抚、总督和文武大官及各部门官员，在所管辖的境内，都有保护一方安定的责任，如再滋生外国人被伤害的事情，或再有违背此条约的行为，一定立即给予镇压惩办，否则管辖的官员，立即被革职查办，永不录用，也不得为这些官员开脱或给予奖励（附件十六）。

以上谕旨要在中国全境内逐渐张贴布告。

义和团惨遭杀害

第十一款 大清国政府答应将通商行船各条约内，各国认为应商榷改善的地方，及其他有关通商的事宜，都进行商议确定，以达到简单易行的效果。按照第六款有关赔偿的事宜规定，约定中国政府答应协助改造北河、黄浦两条水路，其协助各事项如下：

一、北河改善河道，在一八九八年会同中国政府所兴建的各项工程，都由各国派遣人员修建。

二、等治理天津的事务交还之后，即可由中国政府派员与各国所派人员一起办理，中国政府应每年付海关银六万两，以作为工程费用。

三、现设立黄浦河道局经管整理、改善水道的各工程所，派驻该局的各成员，都代表各国及诸国保护在上海的通商利益。预计在以后的二十年中，该局各工程及经管费用，需每年支用海关收入四十六万两白银，此数平分，一半由中国政府付给，一半由外国各相关国家出资。该局员工的责任、权力及工资收入等详

细各节，都在后面的附件中列明（附件十七）。

第十二款 西历本年七月二十四日，即中国六月初九日降旨，将总理各国事务衙门按照各国商定的意见改名为外务部，位列六部之首。上谕内已委派外务部各王大臣（附件十八）。并且变更各国钦差大臣朝见的礼节，都已商定由中国全权大臣历次照会备案。此照会在后附的章节中说明（附件十九）。

这里特别声明，以上所述的各内容，及后面所附的各国全权大臣所签订的条约，都以法文为依据。大清国政府如果按照以上所述，西历一九〇〇年十二月二十二日，即中历光绪二十六年十一月初一日规定的文内各款办理，并按各国意见妥善办理，那就意味着中国愿意将一九〇〇年夏天所发生的变乱局势处理完毕，各国也将按照条约规定同时实行。为此各国的全权大臣奉他们本国政府的命令代为声明，除第七款所说的用来防守各国使馆的部队外，各国军队都将在一九〇一年□月□□日，即中历□月□□日全部从北京城撤退。并且除第九款所述各处外，也在西历一九〇一年□月□□日，即中历□月□□日从直隶省撤退。现在将以上各款修缮抄写为十二份，都由各国全权大臣签字画押，各国全权大臣各存一份，中国全权大臣收存一份。

八国联军和约，即《辛丑条约》签订以后，还有一件事情是李鸿章没有了结的旧债，就是俄国人的满洲事件。当初《中俄密约》中规定，俄国人有派驻军队保护东方铁路的权力，到义和团运动起来，两国在疆场问题上就失和，俄国人就以此为借口进行挑衅，进攻吉林、黑龙江，一直达到营口。北京那边因为八国联军侵入，一时无法顾及这边。到议和时，俄国人坚持此事为中俄两国之间的事，需要另议，与北京的事情不一样。万不得已，中国政府答应了这一要求。到和约签订后，满洲方面就出现了问题。李鸿章是怕俄国呢？是亲俄国呢？还是另有不得已的隐情呢？虽不可知，但他在开始和议时，无异于将东三省全部置于俄国人的势力范围之下，这是很明显的事情。现抄录此条约全文如下：

第一条 俄国把满洲交还给中国，行政上的事务，照旧办理。

第二条 俄国可留驻兵保护满洲铁路，等地方局面安定后，而且在本条约最重要的四条都履行后，才开始撤兵。

第三条 如果中国有事变，俄国可借给中国这支部队帮助镇压。

第四条 在中国铁路（可能是满洲铁路）还没开通之前，中国不能在满洲驻兵。即使他日可以驻兵，其驻兵的数量也必须与俄国商定，而且禁止往满洲输入兵器。

第五条 如果地方的官员处理事情上有不当之处，就必须按俄国方面的请求，将此官革职。满洲的巡察部队，也必须与俄国商量，确定其人数，不能雇用外国人。

第六条 在满洲、蒙古的陆军和海军，不能聘请外国人来训练。

第七条 中国应该将旅顺口的北金州的自主权放弃。

第八条 满洲、蒙古、新疆伊犁等处的铁路、矿山，及其他利益，未经俄国人许可，不能让给别的国家；或者中国自行使用，也必须经俄国同意。牛庄周围各地区，不能租借给别的国家。

第九条 俄国所有的军事费用，一律由中国支付。

第十条 如果满洲铁路公司有什么方面的损害，中国政府必须与该公司商定。

第十一条 现在所损害的东西，中国应该赔偿，或者赔偿全部损失，或者以一部分实际利益作为担保。

第十二条 允许中国从满洲铁路的一条支路修建一条铁路，以抵达北京。

此草约一公布，南方各省的官员和百姓都群情愤怒，纷纷发电报加以阻止，或者开演说会，联名抗争。而英、美、日等国，也利用各自的舆论媒体发表意见，表示要干涉。俄国公使不得已，自动做出让步。几个月后，修改前约数条如下：

第一条 同上

第二条 同上

第三条 同上

第四条 中国虽然可以在满洲驻兵，但驻兵多少，要与俄国人商议，俄国协定多少，中国不能反对，但仍然不能往满洲输入兵器。

第五条 同上

第六条 删除

第七条 删除

第八条 想在满洲开矿山、修铁路及其他各种利益的国家，中国不与俄国商

议，就不能将这些利益答应别国。

第九条 同上

第十条 同上，并追加上“这是驻扎在北京的各国公使协议、并被各国所采用的方法”字样。

第十一条 同上

第十二条 中国需要从满洲铁路的支路修建一条铁路到达直隶境内的长城。

李鸿章享堂

此时，李鸿章患病，且已经很厉害了。李鸿章以近八十岁的高龄，久经患难，今到垂暮之年，又遭遇此变故，自然心情忧郁，积劳成疾，其不顺遭遇已是超越常人所能承受的极限了。这年以来，他的肝病越来越严重，时而大怒，有时如发狂病；再加上俄国公使，助天来行虐，种种恫吓催促，真是令李鸿章难堪。等听到徐寿朋的死讯，李鸿章抚胸吐血，至此走到人生尽头，于光绪二十七年（一九〇一年）九月二十七日病逝于北京贤良寺。听说死前一小时，俄国公使还来催促签字画押。最终此条约没能签订，现在已交付给了庆亲王、王文韶。李鸿章临终不曾谈及家事，只有切齿愤愤地说：“可恨毓贤把国家害到如此地步。”

继而又长叹道："皇上和太后不肯回来啊。"随后闭上眼睛去世，享年七十八岁。逃难在西安的两宫得到他去逝的电报，深为震惊悲痛。次日上谕便公布下来：

我（皇上）谨奉太后的懿旨。大学士一等肃毅伯直隶总督李鸿章，器量不凡，学养深厚，才干过人，深谋远虑。以翰林的职位倡导并率领淮军，剿灭太平天国、捻军等乱匪，居功甚伟，因此朝廷特别施恩，晋封为伯爵。辅佐朝廷，服务国家，又任命为直隶总督兼北洋大臣。匡正时弊，补济时艰，与国外和睦相处，老成持重，深谋为国，可说是用心良苦，忠心耿耿。去年京城发生动乱，朝廷特派该大学士为全权大臣，与各国使臣妥善签订和约，都合乎时宜。才想着大局全部安定之后，对他标榜功绩，进行光荣奖赏，却不料听到溘然长逝的噩耗，深表震惊悲痛。对李鸿章要特别加恩，按照大学士的规格进行赏赐抚恤，赏赐陀罗经被子。派恭亲王溥伟带领十名侍卫，前往祭奠。授予"文忠"的谥号，追赠太傅，晋封为一等侯爵，入祭贤良祠，以表示深沉思念忠臣之意。其他给死者尊荣的礼仪之事，另行降旨。钦此。

李鸿章的小儿子李经迈，他满胸勋章，如今搞不清都是些什么名堂

随后又赏赐白银五千两治丧，赏给他的儿子李经述四品京官的职位，承袭李鸿章的一等侯爵；赏给李经迈候补京官的职位，其余子孙，都给予不同程度的优厚待遇和赏赐。赐令在天坛、地坛祭祀。又命令在原籍及李鸿章曾立功的省份及北京城建立专祠，地方官员每逢过年时要去祭祀，并列入国家的祠典。朝廷给李鸿章的荣誉和奖赏也算达到极点了。而一代风云人物，竟随同北洋舰队、津防练勇一道，与这个世界和国民永远长辞了。我闻讯那天，也写了一副挽联：

太息斯人去，萧条徐泗空，莽莽长淮，起际龙蛇安在也

回首山河非，只有夕阳好，哀哀浩劫，归辽神鹤竟何之

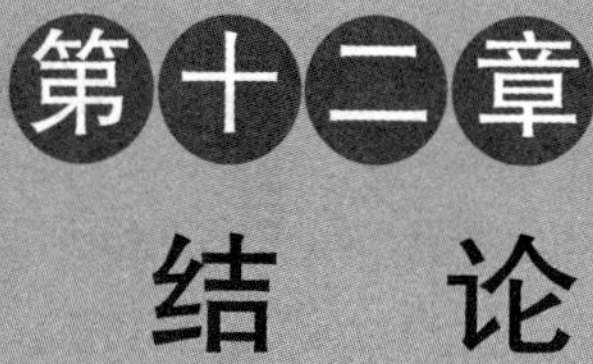

第十二章 结论

李鸿章与古今东西人物比较

李鸿章之轶事

李鸿章之人物

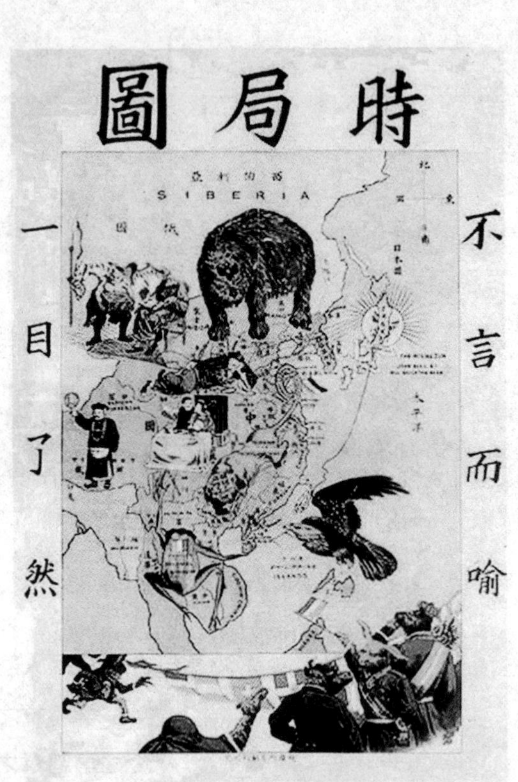

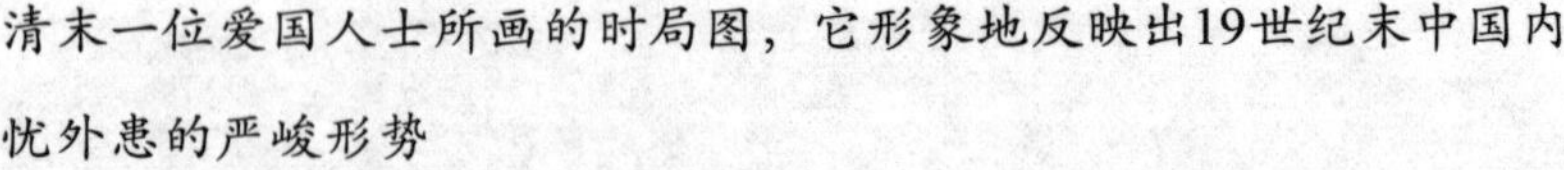
清末一位爱国人士所画的时局图，它形象地反映出19世纪末中国内忧外患的严峻形势

李鸿章一定是几千年来中国历史上的一个重要人物，这是无可置疑的；李鸿章一定是十九世纪世界史上一个重要的人物，这同样是无可置疑的。虽如此，这个人物在历史上应处于一个什么位置？与中外历史人物相比，又有什么样的价值？在此试着做一一论述。

第一，李鸿章与霍光。历史学家评论霍光，说他不学无术，我评价李鸿章，也是不学无术。然而，李鸿章与霍光果真是同一类的人物吗？回答是：李鸿章没有霍光的权利和地位，没有霍光的魄力。李鸿章是谨慎守本分的人，他不是一个因形势而实行自我意愿并采取非常行动的人。他一生不能充分实行并实现自己的志向，也因为此，怎么能够和霍光相比呢？虽如此，他在普通的学问上，可能比霍光要稍强些。

第二，李鸿章与诸葛亮。李鸿章，是忠臣、是儒臣、是军事家、政治家、外交家。中国历史上具备此五大身份、又被后世所钦佩的，莫过于诸葛亮。李鸿章所依凭的资本，远胜于诸葛亮，但他所得的君主信任则远不及诸葛亮。他最初在上海起兵时，仅仅靠着三个城市，就在江南得以建立大功。两人创业的艰难，也大体相似。而后来他在军事上的成就，又远远超过诸葛亮。然而诸葛亮在崎岖的蜀国（四川），能够使官员心不怀奸邪，百姓都自强自立；而李鸿章数十年位居重臣，却不能使国民和睦团结、甘心为他驱使效命。诸葛亮死时，只有成都的八百株桑树；而李鸿章却以富豪闻名天下，两人为何相去甚远啊？至于他俩的鞠躬尽瘁，死而后已，如犬马恋主的忠诚，也都相似。

清朝时的长城图

第三，李鸿章与郭子仪。李鸿章有中兴国家、平定叛乱之功，这与郭子仪很像，他二人所享的福运也不相上下。但郭子仪在平定安史之乱后，就再没其他大事可做了；而李鸿章的军事生涯，只是他一生事业的一部分。假使把他俩人的位置调换一下，郭子仪未必比李鸿章做得好。

第四，李鸿章与王安石。王安石因为实行新法而遭到世人的诟病，而李鸿章因为洋务运动而为世俗诟病；王安石的新法与李鸿章的洋务，虽都不是很完善的新政策，但他们的见识都不是那些诟病他们的人所能比的。号称贤者士大夫的那些人，不仅不帮助支持他们，还群起而责难他们，牵制掣肘他们的行动，而在背后飞短流长地说坏话，致使他们不得不用一些小人来帮助自己，王安石、李鸿章的处境基本相同。然而王安石得到皇上的支持，他对民政的规划也兢兢业业，局面宏大深远，比李鸿章要强。

印有李鸿章头像的银票

第五，李鸿章与秦桧。中国腐朽文人中骂李鸿章是秦桧的人最多。

法越战争、中日战争两次战役中，这种论调很是流行。如果是出于市井山野人的口中，也就算了，但君子和士大夫却口出此言，我实在无话可说了，就说他们是如狗一样在狂叫吧。

清末民初的前门大街

第六，李鸿章与曾国藩。李鸿章对于曾国藩，就好比管仲对于鲍叔牙，韩信对于萧何。不仅如此，李鸿章一生的学问、见识和事业，无一不是在曾国藩的提携帮助下成就的。所以李鸿章实际上就是曾国藩门下的人物。曾国藩自然不是李鸿章所能比的，对此世人已有定评。虽如此，曾国藩是一位儒生，假使把他放到重要的外交岗位上，他的手段、智慧和机警，或许不如李鸿章，这也未可知。而且曾国藩笃守知足而知止的人生信条，常想着急流勇退；而李鸿章血气刚强，无论多大的困难，都会挺身而出，义不容辞，不曾有过害怕困难而退避的神色，这也是他的特长了。

第七，李鸿章与左宗棠。左宗棠与李鸿章曾一度齐名于世，但左宗棠善于张扬，李鸿章善于隐忍。说到二者的器量，左宗棠是比不上李鸿章的。一些骄狂浮躁的湖南人，曾想把左宗棠尊为旧党的领袖，想以此与李鸿章抗衡，其实两人在洋务运动上的见识不相上下，左宗棠固然不是守旧派，而李鸿章也不是个能维新的人。左宗棠有幸早死了十多年，所以还能保住自己原来世俗上的名声，而此后的艰苦和众多谤议，就都由李鸿章一人来承担了。所以左宗棠的福命也算高了。

第八，李鸿章与李秀成。此二李都是近代的人杰。李秀成忠诚于太平天国，李鸿章忠诚于清朝。一个被封为忠王，一个被谥号文忠，都是

当之无愧的。李秀成在用兵、政治、外交等方面，都不比李鸿章差，但他们一成一败，可见是天意。所以我遍览近代人物，想以两个人为内容写个合传，最合适而不留遗憾的，也就只有这两个人了。然而李秀成不杀赵景贤、礼葬王有龄，李鸿章却杀了投降的八个王，在这件事上，李鸿章是有些失德而应惭愧的。

第九，李鸿章与张之洞。近十年以来，与李鸿章齐名的，就是张之洞。虽如此，张之洞凭什么可以望李鸿章的项背呢？李鸿章是做实事的人，而张之洞是个华而不实之人。李鸿章不爱慕虚荣，而张之洞最在乎名声。不追求名声所以肯任劳任怨，追求名声所以常趋奉机巧和利益。张之洞在外交事件上，每每给李鸿章造成麻烦，总结他所规划的策略，无一不是能说不能做的。李鸿章曾跟人说：不料张之洞做官几十年，还是书生之见。这一句话可以总结张之洞的一生了。至于他骄傲清高，残忍苛刻，比较李鸿章的见识和胸怀器量，还是相去甚远的。

第十，李鸿章与袁世凯。今后继承李鸿章发展后尘的人，就只有袁世凯了。袁世凯，是李鸿章一手栽培的人。袁世凯刚步入壮年时，就初次担当重任，他的表现现在还不明显，所以现在不便妄下结论。但此人功名心很重，而且有气魄，敢于做一些破格的举动，看上去似乎比李鸿章强。至于他心术如何，就不是现在可以说的了。但现在的百官中，资历和才能可继承李鸿章的人，除袁世凯几乎难以找到别人了。

第十一，李鸿章与梅特涅。奥地利宰相梅特涅（Metternich），是十九世纪的一大奸雄。在他当权的四十年中，专门实行狡猾的外交手段，对外左右指挥着全欧洲，对内镇压民主党派活动。十九世纪前半叶，欧洲大陆的腐败现象，实际上此人要承担很大的责任。有人说李鸿章与他很相似。虽如此，李鸿章的心术，不如梅特涅阴险，他的才能也不如梅特涅的大。梅特涅深知民众的力量而加以压制，李鸿章不知利用民众的力量而是置之不理；梅特涅在外交政策上能操纵众多国家的首脑，李鸿章在外交政策上连一个朝鲜也安顿不了，所以说他比不上梅特涅。

第十二，李鸿章与俾斯麦。有人说李鸿章是东方的俾斯麦，虽不是奉承的话，但也实属胡说了。李鸿章凭什么可望俾斯麦的项背？从军事上说，俾斯麦所战胜的是敌国，而李鸿章所杀的则是自己的一国同胞；

从内政上说，俾斯麦能够联合一直散漫的国家为一个大的联邦体，而李鸿章却使诺大一个中国沦为二等国家；从外交上说，俾斯麦联合奥地利、意大利并使之为我所用，而李鸿章联合俄国反而落入人家的圈套。三方面比较，二者何异于天壤之别？这不是说以成败论人，而是李鸿章的学问、智术、胆力，无一能与俾斯麦相比。所以李鸿章的成就不如俾斯麦，也是优胜劣汰的真理所致。虽然李鸿章的际遇，或许不如俾斯麦，但他所凭借的资本却比较强。各人都有困难，如果不是能够战胜困难，就不足以成为英雄。李鸿章向俾斯麦谈到自己的困难，而不知道俾斯麦也有自己的困难，这不是李鸿章所能理解的。假使把两个人的位置调换，我知道李鸿章也还是这种失败的命运。所以持李鸿章是东方俾斯麦之论点的人，是对两个人的误解和污蔑。

第十三，李鸿章与格莱斯顿。有人又把李鸿章、俾斯麦和格莱斯顿并称为“三雄”。这大概是就他们当权之久、地位声望之尊而言，李鸿章与格莱斯顿没一点相似的地方。格莱斯顿的特长，是在内政和民政上很专心而且专业，而在军事与外交上，并不是他值得骄傲的。格莱斯顿，是一位有德有识的人，是民主国家的优秀政治家；李鸿章，是个追求功名的人，是传统的东方人，是十八世纪以前的英雄。二者相去甚远。

第十四，李鸿章与迪亚士。法国总统迪亚士（Thiers），是巴黎被围攻时的议和全权大臣。他当时所处的地位，恰恰与李鸿章在一八九五年、一九〇〇年时相似，危急存亡之际，只好忍气吞声，这实在是人类情感中最难以忍受的了。但迪亚士不过偶然遇上做了这件事，而李鸿章却是反复再三地做这种事情；迪亚士所要面对的，只有一个国家，而李鸿章所面对的，则是好几个国家，李鸿章的遭遇也更加令人悲悯了。然而迪亚士在议和之后，能通过一场演说，立即募集起五十多亿法郎，法兰西不过十年，依然成为欧洲第一流国家；而李鸿章却被赔款所困，补救无术，中国行将沦丧的危急形势，因此也日益严峻。是两国人民的爱国之心有差异？还是李鸿章的方法不当呢？

第十五，李鸿章与井伊直弼。日本大将军主政时，有幕府重臣井伊直弼，身处内政、外交的重要位置，洞察时势，知道闭关锁国不能得到发展，于是与欧美各国结成联盟，并且积极学习欧美各国的长处以自

强自立。但当时日本民间尊王攘夷的论调十分高涨，井伊直弼就以强硬的手段镇压民间的力量，以效忠于幕府为己任，于是全国的怨气和愤怒都集中在他一个人身上，最终他被刺客刺杀于樱田门外。而日本的维新运动也就此发起了。井伊直弼，是日本明治政府的大敌，但也是明治政府的功臣。其才能令人敬佩，其遭遇令人同情，日本人至今都在为他鸣冤。李鸿章的境遇，大致与他相似，然而所面临的困难比井伊直弼还要多得多。井伊直弼被杀，横死街头，而李鸿章死后所享的哀荣巨大，其福命就远远好过井伊直弼了。然而日本兴旺起来，而中国依然如故。

第十六，李鸿章与伊藤博文。李鸿章与日本首相伊藤博文，是中日战争中的两个英雄了。如果以成败论，自然是伊藤博文强于李鸿章，虽如此，伊藤博文是比不上李鸿章的。日本人常评价说伊藤博文是际遇最好的人，此话大概很有道理。他在日本维新之初，并没建立什么大功，而比起李鸿章栉风沐雨的曲折经历，伊藤博文自然输了一着，所以伊藤博文对日本的重要性，不如李鸿章对中国的重要性，假使两人调换位置，恐怕伊藤博文比不上李鸿章。虽如此，伊藤博文也有一点比李鸿章优秀，就是他曾经游学欧洲，知道政治的本质。这就是为什么伊藤博文能为日本制定长治久安的宪法。李鸿章却只知道添补缺漏，照猫画虎，东施效颦，最终无有所成。但日本如伊藤博文这样有学问的人，同辈中也不下百人；中国像李鸿章这样有才能之人，同辈中也找不到一个，因此又不能把责任推到李鸿章一人身上。

李鸿章办理事情，案头上没有多余的公文，客厅内没有等着接见的客人，大概此作风是模仿曾国藩而来。李鸿章的饮食起居，都有一个固定的时间，很有西洋人的风格。他重视纪律，严于律己，国人中很少能赶得上他的。不论冬夏，他都是五点钟就起床，家里藏有一幅宋代拓印的《兰亭序》，李鸿章每天早晨定会临摹一百个字，他的临本从来不给人看。这是他养心自律的一种方法。曾国藩每天在军中时，必定会下一局围棋，目的也是为此。每天午饭后，必定会午睡一小时，从不耽误。他在总理衙门时，每天中午睡起时，伸个懒腰，打一声哈欠，然后伸出一脚穿靴，伸出一手穿袍子，身边侍候他的人一刻也不能耽误。

李鸿章养生一贯用西方的养生和保健方法，每顿饭都要吃两只鸡熬成的高汤，天天让医生检查身体，常用电气设备检测。

戈登曾在天津拜访李鸿章，逗留了几个月。当时俄国因伊梨方面的纠纷，对中方进行威吓，两国关系将要决裂。李鸿章为此咨询戈登，戈登说："中国今天的形势，最终无法在今后的世界上立足，除非你自立为皇上，掌握全部大权，大力整顿。如果你有此意，我愿意效犬马之劳。"李鸿章的脸色为之一变，一时说不上话来。

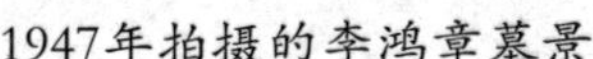
1947年拍摄的李鸿章墓景

李鸿章待人接物常有傲慢轻侮的神色，俯视一切，常常戏弄人。只有侍奉曾国藩，如同严父，对曾国藩很恭敬有礼，是自然而然就这么做。

李鸿章与外国人打交道，态度特别轻侮，视外国人如同市井小民，说他们这些人都为利来，我也以算盘应对他们，唯利是图。崇拜西洋人的民族劣根性，李鸿章是没有的。

在外国人当中，李鸿章最敬爱的只有两人：一个是戈登；一个是美国将军格兰特，他在美国南北战争中曾立下大功。格兰特到天津游历时，李鸿章给予特别的优厚待遇。此后每次接见美国公使，就问起格兰特的情况。当他游历欧洲各国，路过美国时，听说美国人为格兰特立起了纪念碑，即赠送白银千两以表达敬慕之意。

李鸿章办事极其认真周到，每遇到一个问题，必定再三询问，毫不疏忽，不轻易许诺，一旦承诺就必然履行并实现诺言，实在是个言行一致的人啊。

李鸿章在欧洲，屡次问到别人的年龄和财产多少的问题。随同人员中有人提醒他说：这是西方人最忌讳的问题，最好不要问。李鸿章不予理会。这是因为他眼中根本就没有欧洲人，想把他们玩弄于手掌之上而已。最可笑的是，他在游历英国时曾参观一个大工厂，参观完毕后，忽然问了一个奇怪的问题，他问工头说："你统筹管理这么大的一个工厂，你一年能收入多少？"工头回答："薪水之外别无收入。"李鸿章用手指着他的钻石戒指说："那么，你这枚钻戒从哪里来的？"欧洲人把这件事传为奇闻。

俾斯麦送给李鸿章的宝剑，历经坎坷，如今仍保存在李氏后人手中

世人都传说李鸿章的财富甲天下，这个说法不值得相信，他大约有几百万两白银的产业，这也是意料之中的。招商局、电报局、开平煤矿、中国通商银行里面，都有不少他的股份。有人说南京、上海等各地的当铺银号，也大多是他名下的产业。

李鸿章在北京，常住在贤良寺。原来曾国藩在平定江南后，初次进京进见皇上时，就租住在这里，后来就经常居住在此。将来这座寺庙将要为《春明梦余录》添一段佳话了。

李鸿章生平最觉遗憾的事情，就是不曾担任科举考试的主考官。戊戌会试那一年，李鸿章在京师，还说一定能得到主考官这个职位，但最终没能获得。即便是在朝殿上做一回阅卷大臣，李鸿章也没有一次被任命，为此他很是耿耿耿耿于怀。以他盖世的功勋和名声，却恋恋于此，可见科举制度对人的毒害之深。

以上几条，不过是我偶然间触及到的，拉杂叙来，以此从一个侧面了解李鸿章其人。我和李鸿章相交并不深，不能更多地知道他的轶闻轶

事，又因为无关大体，记不胜记，所以在此就不多记叙了。然而李鸿章到底是什么样的人呢？我想用两句话来评论他：不学无术，不敢破格，是他的短处；不辞辛劳，不怕诽谤，是他的长处。唉！李鸿章走了，而国家仍然多难，比李鸿章生前还严重，后来的君子，将如何处理呢？

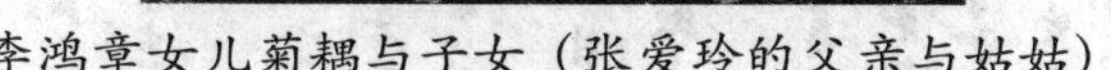
李鸿章女儿菊耦与子女（张爱玲的父亲与姑姑）

我读日本报纸，有个叫德富苏峰的作者写了篇文章，他评价李鸿章有些独到之处，在此译录如下：

中国的名人李鸿章去逝了，东亚地区的政局，从此不免要有些寂寞了，不只是为清朝失去栋梁之材而惋惜。

简言之，要说李鸿章这人多么伟大，事功多么崇隆，不如说他福命超过了一般人。他早年科举中进士，入翰林，拥有了高雅清贵的名声地位；到太平天国之乱，李鸿章成为曾国藩的幕僚，后担任淮军统率，借助戈登的力量平定了江苏；到他平定捻军，也是禀承了曾国藩遗留下来的策略行事，才得以大功告成；到他成为直隶总督，办理天津教案时，正被法国要挟，狼狈不堪时，忽然普法战争爆发，法、俄、英、美，都赶紧奔忙回去处理西欧的大事，此天津教案事就不了了之。近二十五年来，李鸿章担任着北洋大臣的重要职务，在天津开设衙门行政，掌握着中国政府的大权，在世界舞台上站有一席之地，这实际上是李鸿章的全盛时代。

虽然，李鸿章的地位，他的势力，都不是靠侥幸得来的。但他在中国文武百官中，确实有卓绝的眼光，敏捷的手腕，不是其他人可比的。他看到了西风东渐的大趋势，知晓外国的先进文明，想着利用它们来自强，这种眼光，即便是他的先辈曾国藩，恐怕也要比他差一些，而左宗棠、曾国荃就更不用说了。

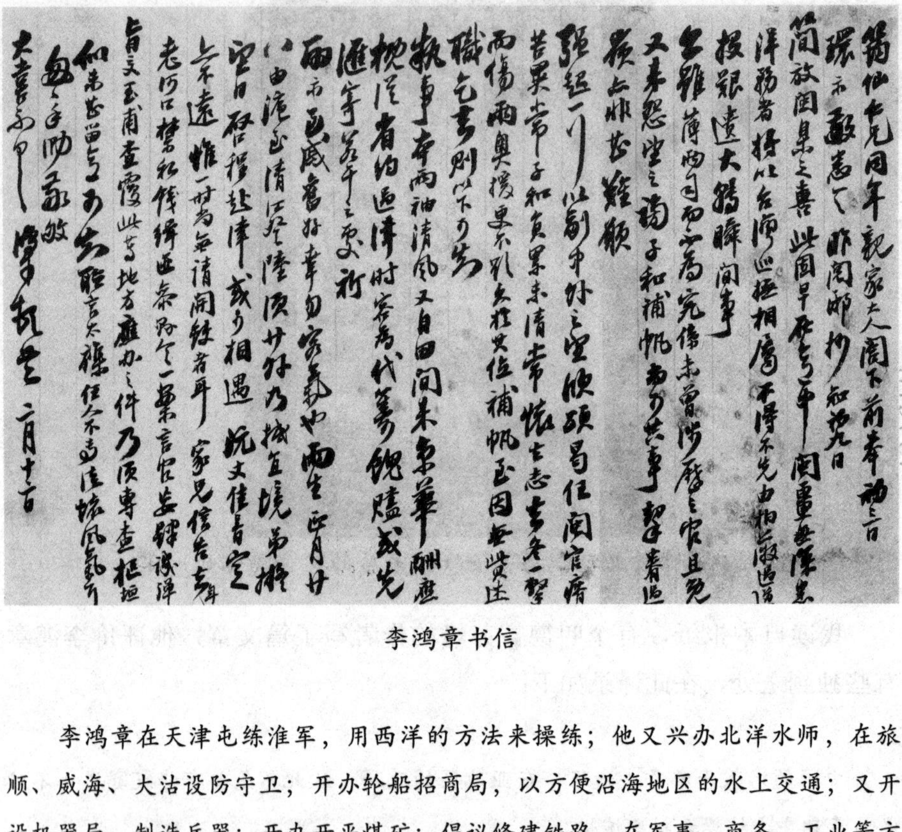

李鸿章书信

李鸿章在天津屯练淮军，用西洋的方法来操练；他又兴办北洋水师，在旅顺、威海、大沽设防守卫；开办轮船招商局，以方便沿海地区的水上交通；又开设机器局，制造兵器；开办开平煤矿；倡议修建铁路。在军事、商务、工业等方面，无不留意。虽然这些想法是否出于他本人先不说，权力是否全在他手上也先不说，办理这些是否有成效也先不说，然而要说是谁引导大清国前行并达到今天这个地步的呢？自然不能不首屈一指地说：是李鸿章。

世界上的人，几乎都知道李鸿章，却不知道还有北京的清朝政府。虽然，北京的清朝政府对李鸿章，并不是很信任。不仅如此，而且常对他有猜疑和嫉恨，不过因为外界的压迫，排忧解难，没有他不行，所以不得已而任用他。况且各省总督、巡抚，还有朝廷中的百官，与李鸿章不和的人，到处都是。所以虽是他的全盛时代，但他在内阁的势力，也已是很薄弱了，而并不是表现在外面的那样，有着无限的权力和荣光。

中日之战是李鸿章一生命运的转折点。他在最初就蓄意主张发动了这场战争吗？这点不能确切知道。但观察他在事情紧急、两国关系将决裂时，忽又与俄国公使喀希尼商量，想请俄国来派兵干涉，而他一开始就往朝鲜派驻了军队，或许是想用威胁的手段，使日本生惧，不战而屈人之兵，也未可知。大概他自视过高，对中国的实力过高估计，而对日本的情况了解还不够深透，因为他还不知道整个东亚的大局势，有些失算了，实在不能为他隐讳这个错误。一言以蔽之，中日战争，实在是李鸿章生平孤注一掷的一个赌注了。但此一掷不中，就致使他这么多年积蓄的功绩、声名，几乎是一扫而光。

寻常人如果遭遇到这种失意事，不为此忧愤而死也算稀奇了。虽然，李鸿章当时以七十三岁的高龄，在内遭受朝廷的严酷批评，对外仍努力支持着残局，挺身而出负责议和谈判的事情，不幸被刺客刺伤，这种情况下还能从容应对，不辱使命。后来又亲自到俄国，祝贺俄国皇上加冕，游历欧美各国，就像之前没发生过什么不快的事情似的，毫不介怀，别人做不到的地方，也在于此。

李鸿章的晚年，十分萧条。他的前半生，很亲近英国；他后半生，很亲近俄国，所以英国人说他卖身于俄国。李鸿章的亲俄，是害怕俄国，还是认为俄国可信任呢？我不得而知。总之，他认为俄国是东方最有势力的国家，宁愿以关外的土地贿赂俄国，以期在俄国势力的保护之下，苟且得到一时的安宁。这是最大的原因。他所签订的《中俄密约》、《满洲条约》等，有人因此把他看作秦桧侍奉金国一样的人物，都是卖国的贼臣。这种评论未免太过严苛了。因为李鸿章的这些行为，是利害得失的问题，不是善恶正邪的问题。

李鸿章自从退出总理衙门后，或者去山东治理黄河，或者到两广担任商务大臣和两广总督，直到义和团之事起，才再次担任直隶总督，与庆亲王一起担任议和全权大臣，事情刚结束他就溘然长逝了，这实在可以说是悲惨的晚年，但不能说是耻辱的晚年。为什么呢？因为他的雄心，到死也没有被消磨殆尽。

假使李鸿章死在中日战争之前，那他就是十九世纪的伟人之一了，作世界史的人必然要为他大书特书，这是不容置疑的。他容貌堂堂，善于辞令，机警敏锐，收放自如，使人一看就知道是个伟人。虽如此，他的血管中，有没有一点英

雄的血液呢？这我不敢断言。他不如格莱斯顿，有道义的高尚情怀；他不如俾斯麦，有倔强的男子汉气概；他不如康必达，有爱国的热忱；他不如西乡隆盛，有推心置腹的至诚之心。至于他的经历和见识，也没有能让我不由自主感动佩服的地方。总之，他不能成为鼓舞他人、把他作为偶像一样崇拜的英雄人物。

虽如此，李鸿章的大手笔，还是令人惊叹的。他是个中国人！一个伟大的中国人！他无论做什么事情，不振惊失魂，不恼怒于心，他能忍别人之所不能忍的事情，无论如何令人失望的事情，他也视之如浮云掠过。他的内心能没有懊恼吗？能没有悔恨吗？但在他身上，却找不到它们的痕迹。世人没见过铁血宰相俾斯麦吗？一旦失意下台，他胸中的愤怒和怨气，就如同火焰一样直喷出来。而李鸿章对发生在自己身上的大事，看上去像无足轻重，不足挂齿一样，毫不忧虑，他的容忍力之大，是值得我们尊敬崇拜却无法赶上的。

如果让李鸿章像诸葛亮那样做人做事，那他绝没可能在这个世界上生存下去的道理。为什么呢？他一生的历史，就是中国的封建王朝走向衰亡的历史，如剥离笋皮，日益紧急；与他同时代的人物都几乎全部死去，他的一生以前半生光明，后半生灰暗而告终。而他对此，从没感到困惑。有人说："他是个没脑子没心肝的人。"虽如此，天下有几个像他这样没脑筋的人呢？没脑子却能做到这样的成绩，不是真正值得可敬可叹的事情吗？

陆奥宗光曾评价李鸿章说："说他有过人的胆量，有卓绝的才干，有决断力，倒不如说他聪明伶俐，有超高的智慧，善于谋划，能预知事情的利害得失。"这话可以说相当正确。虽然，李鸿章从不逃避责任，这是别人比不上的地方，也因此数十年来作为清朝最重要的人物当权，临死还身负重任，担负着中外各界的很高期望。有人说："他视这些责任如同虚无，所以即便是再大的责任，他都能承担而不推辞。"但正是在这一点，也是他能成就大事的原因。

李鸿章可说是中国人的代表人物。他纯粹如冷血动物，这是中国人的特性；他那种唯强者是从，也是中国人的特性；他的容忍力之强，也是中国人的特性；他的倔强无私，也是中国人的特性；他的巧于辞令，也是中国人的特性；他的狡猾和胸有城府，也是中国人的特性；他的自信自大，也是中国人的特性。他没有管仲那种经世济民的识量，他没有诸葛亮那种治国的忠诚，虽如此，他也没有王安石的学究气。他以逸待劳，机智周旋，虚心平气，对百般的危难和纠纷，都能从容解决，寻遍海内外，几乎不能找到可与之相比的。

李鸿章故居

以上评论，确实能一览无遗地摹写出李鸿章这个人的真面目，没过分褒扬，也没过分贬低，我没什么再多说的了。至于他以李鸿章为我国人民的代表人物，我四亿同胞不能不深加反省了。我以前写过《饮冰室自由书》，里面有一篇文章是《二十世纪之新鬼》，现把其中论述李鸿章的文字选择出来，附录于下：

唉！像星亨、格里士比难道不是旷世的豪杰吗？这五个人（维多利亚、星亨、格里士比、麦坚尼、李鸿章），都是他们各自国家的重要人物。除了维多利亚是立宪国家的君主，君主没责任，不必论断之外，像格里士比，像麦坚尼，都使他们的国家焕然一新，像星亨，是想改变国家面貌而没能实现自己的志愿。由此而言，李鸿章相比这三个人，是应感到惭愧的。李鸿章每每自我辩解说："我被全国人所牵制束缚，有志向却不能实现。"这固然有其道理。虽如此，比起星亨、格里士比这些排除万难、忍辱冒险，最终达到目的的人如何？真正的英雄永远不靠别人的力量，而常能自己营造势力。像星亨、格里士比的势力，都是自己创造的。像李鸿章只会在一个政府的统治下，安于荣华富贵。如果他以强国利民

为志向，以他一介掌权四十年又功勋名望的老臣，怎么就不能够赢得民心，战胜守旧党呢？可惜啊！李鸿章的学识比不上星享，他的热诚比不上格里士比，他所依靠的资本多出他们十倍，但他的成就却远远比他们低。从根本上说，李鸿章实在是一个不学无术的人啊。虽然如此，这么大一个中国，其中有学识又有热诚，能超过李鸿章的人能有几个呢？在整个十九世纪，各国都有英雄，唯独我国没一个英雄，所以我们怎么不指鹿为马，聊以自慰并自我解嘲呢？于是就把李鸿章推向全世界说："这就是我国的英雄。"唉！他也算适合成为我们国家的英雄，也适合成为我国十九世纪以前的英雄罢了。

总之，李鸿章是有才能而没学识的人，是有阅历而没血性的人。他不是没有鞠躬尽瘁、死而后已之心，但他只是弥补缺漏、苟且偷安直到死去。他在没死之前，虽对待责任从不推却，但从来没有立下福泽后人的百年大计。谚语说：做一天和尚撞一天钟。中国从上到下，所有人的心理，无不是这样，而李鸿章只不过是我们的代表。虽如此，现在满朝二品以上的高官，五十岁以上的达官，没有一个人可以与他相比的，这是我敢断言的。唉！李鸿章的失败，现在已是屡见不鲜了。今后内忧外患的风潮，将比李鸿章生前的时代更厉害好多倍，但现在想找到像李鸿章这样的一个人物，也是渺然一片，难以再找到一个这样的人物了。想到中国未来的前途，不禁令人毛骨悚然，而不知道路在何方，又终归何处。

九州生气恃风雷，万马齐喑究可哀。
我劝天公重抖擞，不拘一格降人才。

原文部分

序例

一、此书全仿西方人传记之体，载述李鸿章一生行事，而加以论断，使后之读者，知其为人。

二、中国旧文体，凡记载一人事迹者，或以传，或以年谱，或以行状，类皆记事，不下论赞，其有之则附于篇末耳。然夹叙夹论，其例实创自太史公，《史记·伯夷列传》、《屈原列传》、《货殖列传》等篇皆是也。后人短于史识，不敢学之耳。著者不敏，窃附斯义。

三、四十年来，中国大事，几无一不与李鸿章有关系。故为李鸿章作传，不可不以作近世史之笔力行之。著者于时局稍有所见，不敢隐讳，意不在古人，在来者也。恨时日太促，行箧中无一书可供考证，其中记述误谬之处，知所不免。补而正之，愿以异日。

四、平吴之役，载湘军事迹颇多，似涉支蔓；但淮军与湘军，其关系极繁杂；不如此不足以见当时之形势，读者谅之。

五、中东和约，中俄密约，义和团和约，皆载其全文。因李鸿章事迹之原因结果，与此等公文关系者甚多，故不辞拖沓，尽录入之。

六、合肥之负谤于中国甚矣。著者与彼，于政治上为公敌，其私交亦泛泛不深，必非有心为之作冤词也。故书中多为解免之言，颇有与俗论异同者，盖作史必当以公平之心行之。不然，何取乎祸梨枣也。英名相格林威尔尝呵某画工曰Paint me as I am，言勿失吾真相也。吾著此书，自信不至为格林威尔所呵。合肥有知，必当微笑于地下曰：孺子知我。

光绪二十七年十一月既望　著者自记

第一章 绪论

李鸿章

天下唯庸人无咎无誉。举天下人而恶之，斯可谓非常之奸雄矣乎。举天下人而誉之，斯可谓非常之豪杰矣乎。虽然，天下人云者，常人居其千百，而非常人不得其一，以常人而论非常人，乌见其可？故誉满天下，未必不为乡愿；谤满天下，未必不为伟人。语曰：盖棺论定。吾见有盖棺后数十年数百年，而论犹未定者矣。各是其所是，非其所非，论

人者将乌从而鉴之。曰：有人于此，誉之者千万，而毁之者亦千万；誉之者达其极点，毁之者亦达其极点。今之所毁，适足与前之所誉相消，他之所誉，亦足与此之所毁相偿；若此者何如人乎？曰是可谓非常人矣。其为非常之奸雄与为非常之豪杰姑勿论，而要之其位置行事，必非可以寻常庸人之眼之舌所得烛照而雌黄之者也。知此义者可以读我之《李鸿章》。

吾敬李鸿章之才，吾惜李鸿章之识，吾悲李鸿章之遇。李之历聘欧洲也，至德见前宰相俾斯麦，叩之曰："为大臣者，欲为国家有所尽力。而满廷意见与己不合，群掣其肘，于此而欲行厥志，其道何由？"俾斯麦应之曰："首在得君。得君既专，何事不可为？"李鸿章曰："譬有人于此，其君无论何人之言皆听之，居枢要侍近习者，常假威福，挟持大局。若处此者当如之何？"俾斯麦良久曰："苟为大臣，以至诚忧国，度未有不能格君心者，唯与妇人女子共事，则无如何矣。"（注：此语据西报译出，寻常华文所登于星轺日记者，因有所忌讳不敢译录也。）李默然云。呜呼！吾观于此，而知李鸿章胸中块垒，牢骚郁抑，有非旁观人所能喻者。吾之所以责李者在此，吾之所以恕李者亦在此。

自李鸿章之名出现于世界以来，五洲万国人士，几于见有李鸿章，不见有中国。一言蔽之，则以李鸿章为中国独一无二之代表人也。夫以甲国人而论乙国事，其必不能得其真相，固无待言，然要之李鸿章为中国近四十年第一流紧要人物。读中国近世史者，势不得不口李鸿章，而读李鸿章传者，亦势不得不手中国近世史，此有识者所同认也。故吾今此书，虽名之为"同光以来大事记"可也。

不宁唯是。凡一国今日之现象，必与其国前此之历史相应，故前史者现象之原因，而现象者前史之结果也。夫以李鸿章与今日之中国，其关系既如此其深厚，则欲论李鸿章之人物，势不可不以如炬之目，观察夫中国数千年来政权变迁之大势，民族消长之暗潮，与夫现时中外交涉之隐情，而求得李鸿章一身在中国之位置。孟子曰：知人论世，世固不易论。人亦岂易知耶?

今中国俗论家，往往以平发平捻为李鸿章功，以数次和议为李鸿章罪。吾以为此功罪两失其当者也。昔俾斯麦又尝语李曰："我欧人以能敌异种者为功。自残同种以保一姓，欧人所不贵也。"夫平发平捻者，是兄与弟阋墙而盬弟之脑也，此而可功，则为兄弟者其惧矣。若夫吾人积愤于国耻，痛恨于和议，而以怨毒集于李之一身，其事固非无因，然苟易地以思，当夫乙未二三月、庚子八九月之交，使以论者处李鸿章之地位，则其所措置，果能有以优胜于李乎？以此为非，毋亦旁观笑骂派之徒快其舌而已。故吾所论李鸿章有功罪于中国者，正别有在。

李鸿章今死矣。外国论者，皆以李为中国第一人。又曰：李之死也，于中国今后之全局，必有所大变动。夫李鸿章果足称为中国第一人与否，吾不敢知，而要之现今五十岁以上之人，三四品以上之官，无一可以望李之肩背者，则吾所能断言也。李之死，于中国全局有关系与否，吾不敢知，而要之现在政府失一李鸿章，如虎之丧其伥，瞽之失其相，前途岌岌，愈益多事，此又吾之所敢断言也。抑吾冀夫外国人之所论非其真也。使其真也，则以吾中国之大，而唯一李鸿章是赖，中国其尚有瘳耶？

西哲有恒言曰：时势造英雄，英雄亦造时势。若李鸿章者，吾不能谓其非英雄也。虽然，是为时势所造之英雄，非造时势之英雄也。时势所造之英雄，寻常英雄也。天下之大，古今之久，何在而无时势？故读一部二十四史，如李鸿章其人之英雄者，车载斗量焉。若夫造时势之英雄，则阅千载而未一遇也。此吾中国历史，所以陈陈相因，而终不能放一异彩以震耀世界也。吾著此书，而感不绝于余心矣。

老年李鸿章

史家之论霍光，惜其不学无术。吾以为李鸿章所以不能为非常之英雄者。亦坐此四字而已。李鸿章不识国民之原理，不通世界之大势，不知政治之本原，当此十九世纪竞争进化之世，而唯弥缝补苴，偷一时之安，不务扩养国民实力，置其国于威德完盛之域，而仅摭拾泰西皮毛，汲流忘源，遂乃自足，更挟小智小术，欲与地球著名之大政治家相角，让其大者，而争其小者，非不尽瘁，庸有济乎？孟子曰：放饭流歠，而问无齿决，此之谓不知务。殆谓是矣。李鸿章晚年之着着失败，皆由于是。虽然，此亦何足深责？彼李鸿章固非能造时势者也，凡人生于一社会之中，每为其社会数千年之思想习俗义理所困，而不能自拔。李鸿章不生于欧洲而生于中国，不生于今日而生于数十年以前，先彼而生并彼而生者，曾无一能造时势之英雄以导之翼之，然则其时其地所孕育之人物，止于如是，固不能为李鸿章一人咎也。而况乎其所遭遇，又并其所志而不能尽行哉？吾故曰：敬李之才，惜李之识，而悲李之遇也。但此后有袭李而起者乎，其时势既已一变，则其所以为英雄者亦自一变，其勿复以吾之所以恕李者而自恕也。

第二章　李鸿章之位置

中国历史与李鸿章之关系

本朝历史与李鸿章之关系

欲评骘李鸿章之人物，则于李鸿章所居之国，与其所生之时代，有不可不熟察者两事。

圆明园万方安和图

一曰李鸿章所居者，乃数千年君权专制之国，而又当专制政体进化完满，达于极点之时代也。

二曰李鸿章所居者，乃满洲人入主中夏之国，而又当混一已久，汉人权利渐初恢复之时代也。

论者动曰：李鸿章近世中国之权臣也。吾未知论者所谓权臣，其界说若何。虽然，若以李鸿章比诸汉之霍光、曹操，明之张居正，与夫近世欧美日本所谓立宪君主国之大臣，则其权固有迥不相侔者。使鸿章而果为权臣也，以视古代中国权臣，专擅威福，挟持人主，天下侧目，危及社稷，而鸿章乃匪躬蹇蹇，无所觊觎，斯亦可谓纯臣也矣。使鸿章而果为权臣也，以视近代各国权臣，风行雷厉，改革庶政，操纵如意，不避怨嫌，而鸿章乃委靡因循，畏首畏尾，无所成就，斯亦可谓庸臣也矣。虽然，李鸿章之所处，固有与彼等绝异者，试与读者燃犀列炬，上下古今，而一论之。

中国为专制政体之国，天下所闻知也。虽然，其专制政体，亦循进化之公理，以渐发达，至今代而始完满，故权臣之权，迄今而剥蚀几尽。溯夫春秋战国之间，鲁之三桓，晋之六卿，齐之陈田，为千古权臣之巨魁。其时纯然贵族政体，大臣之于国也，万取千焉，千取百焉。枝强伤干，势所必然矣。洎夫两汉，天下为一，中央集权之政体，既渐发生，而其基未固，故外戚之祸特甚。霍、邓、窦、梁之属，接踵而起，炙手可热，王氏因之以移汉祚，是犹带贵族政治之余波焉。苟非有阀阅者，则不敢觊觎大权。范晔《后汉书》论张奂、皇甫规之徒，功定天下之半，声驰四海之表，俯仰顾盼，则天命可移，而犹鞠躬狼狈，无有悔心，以是归功儒术之效，斯固然矣。然亦贵族柄权之风未衰，故非贵族者不敢有异志也。斯为权臣之第一种类。及董卓以后，豪杰蜂起，曹操乘之以窃大位，以武功而为权臣者自操始。此后司马懿、桓温、刘裕、萧衍、陈霸先、高欢、宇文泰之徒，皆循斯轨。斯为权臣之第二种类。又如秦之商鞅、汉之霍光、诸葛亮，宋之王安石，明之张居正等，皆起于布衣，无所凭藉，而以才学结主知，委政受成，得行其志，举国听命；权倾一时，庶几有近世立宪国大臣之位置焉。此为权臣之第三种类。其下者则巧言令色，献媚人主，窃弄国柄，荼毒生民，如秦之赵高，汉之十常侍，唐之卢杞、李林甫，宋之蔡京、秦桧、韩侂胄，明之刘瑾、魏忠贤，穿窬斗筲，无足比数。此为权臣之第四种类。以上四者，中国数千年所称权臣，略尽于是矣。

要而论之，愈古代则权臣愈多，愈近代则权臣愈少，此其故何也？盖权臣之消长，与专制政体之进化成比例，而中国专制政治之发达，其大原力有二端：一由于教义之浸淫，二由于雄主之布画。孔子鉴周末贵族之极敝，思定一尊以安天下，故于权门疾之滋甚，立言垂教，三致意焉。汉兴，叔孙通、公孙弘之徒，缘饰儒术，以立主威。汉武帝表六艺黜百家，专弘此术以化天下，天泽之辨益严，而世始知以权臣为诟病。尔后二千年来，以此义为国民教育之中心点，宋贤大扬其波，基础益定，凡缙绅上流，束身自好者，莫不兢兢焉。义理既入于人心，自能消其枭雄跋扈之气，束缚于名教以就围范。若汉之诸葛，唐之汾阳，及近世之曾、左以至李鸿章，皆受其赐者也。又历代君主，鉴兴亡之由，讲补救之术，其法日密一日，故贵族柄权之迹，至汉末而殆绝。汉光武、宋艺祖之待功臣，优之厚秩，解其兵柄；汉高祖、明太祖之待功臣，摭其疑似，夷其家族。虽用法宽忍不同，而削权自固之道则一也。洎乎近世，天下一于郡县，采地断于世袭，内外彼此，互相牵制，而天子执长鞭以笞畜之。虽复侍中十年，开府千里，而一诏朝下，印绶夕解，束手受吏，无异匹夫，故居要津者无所几幸，唯以持盈保泰守身全名相劝勉，岂必其性善于古人哉？亦势使然也。以此两因，故桀黠者有所顾忌，不敢肆其志，天下藉以少安焉。而束身自爱之徒，常有深渊薄冰之戒，不欲居嫌疑之地，虽有国家大事，明知其利当以身任者，亦不敢排群议逆上旨以当其冲。谚所谓做一日和尚撞一日钟者，满廷人士，皆守此主义焉，非一朝一夕之故，所由来渐矣。

逮于本朝，又有特别之大原因一焉。本朝以东北一部落，崛起龙飞，入主中夏，以数十万之客族，而驭数万万之主民，其不能无彼我之见，势使然也。自滇闽粤三藩，以降将开府，成尾大不掉之形，竭全力以克之，而后威权始统于一，故二百年来，唯满员有权臣，而汉员无权臣。若鳌拜，若和珅，若肃顺、端华之徒，差足与前代权门比迹者，皆满人也。计历次军兴，除定鼎之始不俟论外，若平三藩、平准噶尔、平青海、平回部、平哈萨克布鲁特敖罕巴达克爱乌罕、平西藏廓尔喀、平大小金川、平苗、平白莲教天理教、平喀什噶尔，出师十数，皆用旗营，以亲王贝勒或满大臣督军。若夫平时，内而枢府，外而封疆，汉人备员而已，于政事无有所问。如顺治康熙间之洪承畴，雍正乾隆间之张廷玉，虽位尊望重，然实一弄臣耳。自余百僚，更不足道。故自咸丰以前，将相要职，汉人从无居之者（将帅间有一二，则汉军旗人也）。及洪杨之发难也，赛尚阿、琦善皆以大学士为钦差大臣，率八旗精兵以远征，迁延失机，令敌坐大，至是始知旗兵之不可用，而委任汉人之机，乃发于是矣。故金田一役，实满汉权力消长之最初关头也。及曾、胡诸公，起于湘鄂，为平江南之中坚，然犹命官文以大学士领钦差大臣。当时朝廷虽不得不倚重汉人，然岂能遽推心于汉人哉？曾、胡以全力交欢官文，每有军议奏事，必推为首署，遇事归功，报捷之疏，待官乃发，其㧑谦固可敬，其苦心亦可怜矣。试一读曾文正集，自金陵克捷以后，战战兢兢，若芒在背。以曾之学养深到，犹且如是，况李鸿章之自信为犹不及曾者乎？吾故曰：李鸿章之地位，比诸汉之霍光、曹操、明之张居正，与夫近世欧洲日本所谓立宪君主国之大臣，有迥不相侔者，势使然也。

且论李鸿章之地位，更不可不明中国之官制。李鸿章历任之官，则大学士也，北洋大臣也，总理衙门大臣也，商务大臣也，江苏巡抚、湖广两江两广直隶总督也。自表面上观之，亦可谓位极人臣矣。虽然，本朝自雍正以来，政府之实权，在军机大臣（自同治以后，督抚之权虽日盛，然亦存乎其人，不可一例），故一国政治上之功罪，军机大臣当负其责任之大半。虽李鸿章之为督抚，与寻常之督抚不同，至若举近四十年来之失政，皆归于李之一人，则李固有不任受者矣。试举同治中兴以来军机大臣之有实力者如下：

第一	文祥、沈桂芬时代	同治初年
第二	李鸿藻、翁同龢时代	同治末年及光绪初年
第三	孙毓汶、徐用仪时代	光绪十年至光绪廿一年
第四	李鸿藻、翁同龢时代	光绪廿一年至光绪廿四年
第五	刚毅、荣禄时代	光绪廿四年至今

案：观此表，亦可观满汉权力消长之一斑。自发、捻以前，汉人无真执政者，文文忠汲引沈文定，实为汉人掌政权之嚆矢。其后，李文正、翁师傅孙徐两尚书继之，虽其人之贤否不必论，要之同治以后，不特封疆大吏，汉人居其强半，即枢府之地，实力亦骤增焉。自戊戌八月以后，形势又一变矣。此中消息，言之甚长，以不关此书本旨，不具论。

权倾一时的军机大臣荣禄

由此观之，则李鸿章数十年来共事之人可知矣。虽其人贤否才不才，未便细论，然要之皆非与李鸿章同心同力同见识同主义者也。李鸿章所诉于俾斯麦之言，其谓是耶，其谓是耶。而况乎军机大臣之所仰承风旨者，又别有在也，此吾之所以为李鸿章悲也。抑吾之此论，非有意袒李鸿章而为之解脱也。即使李鸿章果有实权，尽行其志，吾知其所成就亦决无以远过于今日。何也？以鸿章固无学识之人也。且使李鸿章而真为豪杰，则凭藉彼所固有之地位，亦安在不能继长增高，广植势力，以期实行其政策于天下。彼格莱斯顿、俾斯麦，亦岂无阻力之当其前者哉？是故固不得为李鸿章作辩护人也。虽然，若以中国之失政而尽归于李鸿章一人，李鸿章一人不足惜，而彼执政误国之枢臣，反得有所诿以辞斧钺，而我四万万人放弃国民之责任者，亦且不复自知其罪也。此吾于李鸿章之地位，所以不得置辩也。若其功罪及其人物如何，请于末简纵论之。

第三章　李鸿章未达以前及其时中国之形势

李鸿章之家世

欧力东渐之势

中国内乱之发生

李鸿章与曾国藩之关系

道光帝

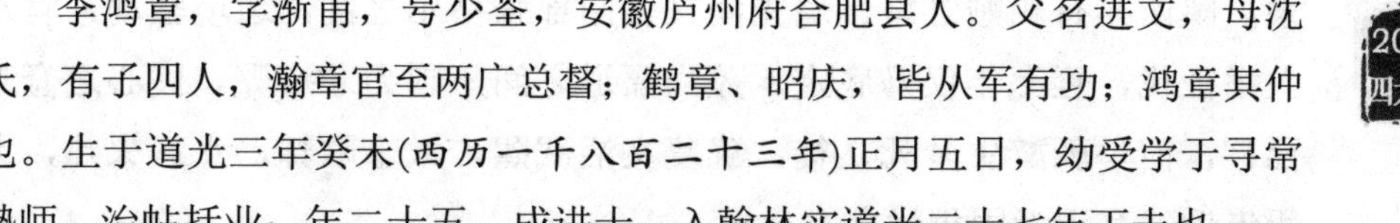

李鸿章，字渐甫，号少荃，安徽庐州府合肥县人。父名进文，母沈氏，有子四人，瀚章官至两广总督；鹤章、昭庆，皆从军有功；鸿章其仲也。生于道光三年癸未(西历一千八百二十三年)正月五日，幼受学于寻常塾师，治帖括业；年二十五，成进士；入翰林实道光二十七年丁未也。

李鸿章之初生也，值法国大革命之风潮已息，绝世英雄拿破仑窜死于绝域之孤岛。西欧大陆之波澜，既已平复，列国不复自相侵掠，而唯务养精蓄锐，以肆志于东方。于是数千年一统垂裳之中国，遂日以多事：伊犁界约，与俄人违言于北；鸦片战役，与英人肇衅于南。当此世界多事之秋，正举国需才之日。加以瓦特氏新发明汽机之理，艨艟轮舰，冲涛跋浪，万里缩地，天涯比邻；苏伊士河，开凿功成，东西相距骤近。西力东渐，奔腾澎湃，如狂飚，如怒潮，啮岸砰崖，黯日蚀月，遏之无可遏，抗之无可抗。盖自李鸿章有生以来，实为中国与世界始有关系之时代，亦为中国与世界交涉最艰之时代。

太平天国礼拜堂

反观国内之情实，则自乾隆以后，盛极而衰，民力凋敝，官吏骄横，海内日以多事。乾隆六十年，遂有湖南贵州红苗之变；嘉庆元年，白莲教起，蔓延及于五省，前后九年，(嘉庆九年)耗军费二万万两，乃仅平之。同时海寇蔡牵等，窟穴安南，侵扰两广闽浙诸地，大遭蹂躏，至嘉庆十五年，仅获戡定。而天理教李文成、林清等旋起，震扰山东直隶，陕西亦有箱贼之警。道光间又有回部张格尔之乱，边境骚动，官军大举征伐，亘七年仅乃底定。盖当嘉道之间，国力之疲弊。民心之蠢动已甚，而举朝醉生梦死之徒，犹复文恬武熙，太平歌舞，水深火热，无所告诉，有识者固稍忧之矣。

抑中国数千年历史，流血之历史也；其人才，杀人之人才也。历观古今以往之迹，唯乱世乃有英雄，而平世则无英雄。事势如是，至道、咸末叶，而所谓英雄，乃始磨刀霍霍，以待日月之至矣。盖中国自开辟以来，无人民参与国政之例，民之为官吏所凌逼、憔悴虐政，无可告诉者，其所以抵抗之术，只有两途，小则罢市，大则作乱，此亦情实之无可如何者也。而又易姓受命，视为故常，败则为寇，成则为王。汉高明太，皆起无赖，今日盗贼，明日神圣，唯强是祟，他靡所云。以此习俗，以此人心，故历代揭竿草泽之事，不绝于史简。其间承平百数十年者，不过经前次祸乱屠戮以后，人心厌乱，又户口顿少，谋生较易，或君相御下有术，以小恩小惠徽结民望，弥缝补苴，聊安一时而已。实则全国扰乱之种子，无时间绝，稍有罅隙，即复承起，故数千之史传、实以脓血充塞，以肝脑涂附、此无可为讳者也。本朝既龙兴关外，入主中华，以我国民自尊自大蔑视他族之心，自不能无所芥蒂，故自明亡之后，其遗民即有结为秘密党会，以图恢复者，二百余年不绝，蔓延于十八行省，所在皆是。前此虽屡有所煽动，而英主继踵，无所得逞，郁积既久，必有所发。及道、咸以后，官吏之庸劣不足惮，既已显著，而秕政稠叠，国耻纷来，热诚者欲扫雰雾以立新猷，桀黠者欲乘利便以觊非分，此殆所谓势有必至，理有固然者耶。于是一世之雄洪秀全、杨秀清、李秀成等，因之而起；于是一世之雄曾国藩、左宗棠、李鸿章等，因之而起。

鸿章初以优贡客京师，以文学受知于曾国藩，因师事焉。日夕过从，讲求义理经世之学，毕生所养，实基于是。及入翰林，未三年，而金田之乱起，洪秀全以一匹夫揭竿西粤，仅二年余，遂乃蹂躏全国之半，东南名城，相继陷落，土崩瓦解，有岌岌不可终日之势。时鸿章适在安徽原籍，赞巡抚福济及吕贤基军事。时庐州已陷，敌兵分据近地，为犄角之势，福济欲复庐州，不能得志。鸿章乃建议先取含山、巢县以绝敌援，福济即授以兵，遂克二县。于是鸿章知兵之名始著，时咸丰四年十二月也。

当洪秀全之陷武昌也，曾国藩以礼部侍郎丁忧在籍，奉旨帮办团练，慨然以练劲旅靖大难为己任。于是湘军起。湘军者，淮军之母也。是时八旗绿营旧兵，皆窳惰废弛，怯懦阘冗，无所可用；其将校皆庸劣无能，暗弱失职。国藩深察大局，知非扫除而更张之。必不奏效。故延揽人才，统筹全局，坚忍刻苦，百折不挠，恢复之机，实始于是。

秀全既据金陵，骄汰渐生，内相残杀，腐败已甚。使当时官军得人，以实力捣之，大难之平，指顾间事耳。无如官军之骄汰腐败，更甚于敌。咸丰六年，向荣之金陵大营一溃；十年，和春、张国梁之金陵大营再溃，驯至江浙相继沦陷，敌氛更甚于初年。加以七年丁未以来，与英国开衅，当张国梁、和春阵亡之时，即英法联军入北京烧圆明园之日。天时人事，交侵洊逼，盖至是而祖宗十传之祚，不绝者如线矣。

被焚毁前的圆明园

曾国藩虽治兵十年，然所任者仅上游之事，固由国藩深算慎重，不求急效，取踏实地步节节进取之策；亦由朝廷委任不专，事权不一，未能尽行其志也。故以客军转战两湖江皖等省，其间为地方大吏掣肘失机者，不一而足，是以功久无成。及金陵大营之再溃，朝廷知舍湘军外，无可倚重。十年四月，乃以国藩署两江总督，旋实授，并授钦差大臣，督办江南军务，于是兵饷之权，始归于一，乃得与左、李诸贤，合力以图苏皖江浙，大局始有转机。

曾国藩墓

李鸿章之在福济幕也，福尝疏荐道员，郑魁士沮之，遂不得授。当时谣诼纷纭，谤讟屡起，鸿章几不能自立于乡里。后虽授福建延邵建遗缺道，而拥虚名，无官守。及咸丰八年，曾国藩移师建昌，鸿章来谒，遂留幕中。九年五月，国藩派调湘军之在抚州者，旧部四营，新募五营，使弟国荃统领之，赴景德镇助剿，而以鸿章同往参赞。江西肃清后，复随曾国藩大营两年有奇。十年，国藩督两江，议兴淮阳水师，请补鸿章江北司道，未行；复荐两淮运使，疏至，文宗北行，不之省。是时鸿章年三十八，怀才郁抑，抚髀蹉跎者，既已半生，自以为数奇，不复言禄矣。呜呼，此天之所以厄李鸿章欤，抑天之所以厚李鸿章欤？彼其偃蹇颠沛十余年，所以练其气，老其才，以为他日担当大事之用。而随赞曾军数年中，又鸿章最得力之实验学校，而终身受其用者也。

第四章　兵家之李鸿章（上）

李鸿章之崛起与淮军之成立
当时官军之弱及饷源之竭
江浙两省得失之关系
常胜军之起
李鸿章与李秀成之劲敌
淮军平吴之功
江苏军与金陵军浙江军之关系
金陵之克复

秦末之乱，天下纷扰，豪杰云起，及项羽定霸后，而韩信始出现；汉末之乱，天下纷扰，豪杰云起，及曹操定霸后，而诸葛亮始出现。自古大伟人，其进退出处之间，天亦若有以靳之，必待机会已熟，持满而发，莫或使之，若或使之。谢康乐有言：诸公生天虽在灵运先，成佛必居灵运后。吾观中兴诸大臣，其声望之特达，以李鸿章为最迟，而其成名之高，当国之久，亦以李鸿章为最盛。事机满天下，时势造英雄，李鸿章固时代之骄儿哉。

当咸丰六七年之交，敌氛之盛，达于极点，而官军凌夷益甚。庙算动摇无定，各方面大帅，互相猜忌，加以军需缺乏，司农仰屋，唯恃各省自筹饷项，支支节节，弥东补西，以救一日之急。当此之时，虽有大忠雄才，其不能急奏肤功，事理之易明也。于是乎出万不得已之策，而采用欧美军人助剿之议起。

先是洪杨既据南京，蹂躏四方，十八行省，无一寸干净土，经历十年，不克戡定。北京政府之无能力，既已暴著于天下。故英国领事及富商之在上海者，不特不目洪秀全为乱贼而已，且视之于欧洲列国之民权革命党同一例，以文明友交待之，间或供给其军器弹药粮食。其后洪秀全骄侈满盈，互相残杀，内治废弛，日甚一日。欧美识者，审其举动，乃知其所谓太平天国，所谓四海兄弟，所谓平和博爱，所谓平等自由，皆不过外面之假名，至其真相，实于中国古来历代之流寇，毫无所异。因确断其不可以定大业。于是英法美各国，皆一变其方针，咸欲为北京政府假借兵力，以助勘乱。具述此意以请于政府，实咸丰十年事也。而俄罗斯亦欲遣海军小舰队，运载兵丁若干，溯长江以助剿，俄公使伊格那面谒恭亲王以述其意。

恭亲王奕䜣

按：欧美诸邦，是时新通商于中国，其必不欲中国之扰乱固也。故当两军相持，历年不决之际，彼等必欲有所助以冀速定。而北京政府之腐败，久已为西人所厌惮，其属望于革命军者必加厚，亦情势之常矣。彼时欧美诸国，右投则官军胜，左投则敌军胜，胜败之机，间不容发。使洪秀全而果有大略，具卓识。内修厥政，外谙交涉，速与列国通商定约，因假其力以定中原，天下事未可知也。竖子不悟，内先腐败，失交树敌，终为夷戮，不亦宜乎。而李文忠等之功名，亦于此成矣。

时英法联军新破北京，文宗远在热河。虽和议已定，而猜忌之心犹盛。故恭亲王关于借兵助剿之议，不敢专断，一面请之于行在所，一面询诸江南江北钦差大臣曾国藩、袁甲三及江苏巡抚薛焕、浙江巡抚王有龄等，使具陈其意见。当时极力反对之，谓有百害而无一利者，唯江北钦差大臣袁甲三（袁世凯之父也）。薛焕虽不以为可，而建议雇印度兵，使防卫上海及其附近，并请以美国将官华尔、白齐文为队长。曾国藩复奏，其意亦略相同，谓当中国疲弊之极，外人以美意周旋，不宜拂之。故当以温言答其助剿之盛心，而缓其出师来会之期日，一面利用外国将官，以收剿贼之实效。于是朝廷依议，谢绝助剿，而命国藩任聘请洋弁训练新兵之事，此实常胜军之起点。而李鸿章勋名发轫之始，大有关系者也。

华尔者，美国纽约人也，在本国陆军学校卒业，为将官，以小罪去国，潜匿上海。当咸丰十年，洪军蹂躏江苏，苏、常俱陷。上海候补道杨坊，知华尔沉毅有才，荐之于布政使吴煦。煦乃请于美领事，赦其旧罪，使募欧美人愿为兵者数十人，益以中国应募者数百，使训练之以防卫苏沪。其后屡与敌战，常能以少击众，所向披靡，故官军敌军，皆号之曰常胜军。常胜军之立，实在李鸿章未到上海以前也。

常胜军首领华尔

今欲叙李鸿章之战绩，请先言李鸿章立功之地之形势。

江浙两省，中国财赋之中坚也，无江浙则是无天下。故争兵要则莫

如武汉，争饷源则莫如苏杭，稍明兵略者所能知也。洪秀全因近来各地官军，声势颇振，非复如前日之所可蔑视，且安庆新克复(咸丰十一年辛酉八月曾国荃克复)，金陵之势益孤，乃遣其将李秀成、李世贤等分路扰江浙，以牵制官军之兵力。秀成军锋极锐，萧山、绍兴、宁波、诸暨、杭州皆连陷，浙抚王有龄死之，江苏城邑扰陷殆遍，避乱者群集于上海。

安庆克复之后，湘军声望益高。曩者廷臣及封疆大吏，有不慊于曾国藩者，皆或死或罢。以故征剿之重任，全集于国藩之一身。屡诏敦促国藩，移师东指，规复苏、常、杭失陷郡县，五日之中，严谕四下。国藩既奏荐左宗棠专办浙江军务，而江苏绅士钱鼎铭等，复于十月以轮船溯江赴安庆，而谒国藩，哀乞遣援，谓吴中有可乘之机而不能持久者三端：曰乡团，曰枪船，曰内应是也；有仅完之土而不能持久者三城：曰镇江，曰湖州，曰上海是也。国藩见而悲之。时饷乏兵单，楚军无可分拨，乃与李鸿章议，期以来年二月济师。

咸丰十一年十一月，有旨询苏帅于国藩，国藩以李鸿章对。且请酌拨数千军，使驰赴下游，以资援剿。于是鸿章归庐州募淮勇，既到安庆，国藩为定营伍之法，器械之用，薪粮之数，悉仿湘勇章程，亦用楚军营规以训练之。

先是淮南迭为发、捻所蹂躏，居民大困，唯合肥县志士张树声、树珊兄弟，周盛波、盛传兄弟，及潘鼎新、刘铭传等，自咸丰初年，即练民团以卫乡里，筑堡垒以防寇警，故安徽全省糜烂，而合肥独完。李鸿章之始募淮军也，因旧团而加以精练，二张、二周、潘、刘咸从焉。淮人程学启者，向在曾国荃部下，官至参将，智勇绝伦，国藩特选之使从鸿章，其后以勇敢善战，名冠一时。又淮军之初成也，国藩以湘军若干营为之附援，而特于湘将中选一健者统之，受指挥于鸿章麾下，即郭松林是也。以故淮军名将，数程、郭、刘、潘、二张、二周。

同治元年二月，淮军成，凡八千人，拟溯江而下，傍贼垒冲过以援镇江，计未决。二十八日，上海官绅筹银十八万两，雇轮船七艘，驶赴安庆奉迎。乃定以三次载赴上海。三月三十日，鸿章全军抵沪，得旨署理江苏巡抚，以薛焕为通商大臣，专办交涉事件（薛焕，原江苏巡抚也）。

此时常胜军之制，尚未整备。华尔以一客将，督五百人，守松江。

是年正月，敌众万余人来犯松江，围华尔数十匝，华尔力战破之。及鸿章之抵上海也，华尔所部属焉，更募华人壮勇附益之，使加训练，其各兵勇俸给，比诸湘淮各军加厚。自是常胜军之用，始得力矣。

松江府者，在苏浙境上，提督驻扎之地，而江苏之要冲也。敌军围攻之甚急，李鸿章乃使常胜军与英法防兵合（当时英法有防兵若干，专屯上海自保租界。），攻松江南之金山卫及奉贤县；淮军程学启、刘铭传、郭松林、潘鼎新诸将，攻松江东南之南汇县。敌兵力斗，英法军不支退却，嘉定县又陷，敌乘胜欲进迫上海，程学启邀击大破之，南汇之敌将吴建瀛、刘玉林等，开城降。川沙厅（在吴淞口南岸。）敌军万余又来犯，刘铭传固守南汇，大破之，遂复川沙厅。然敌势犹雄劲不屈，以一队围松江青浦，以一队屯广福塘桥，集于泗滨以窥新桥。五月，程学启以孤军屯新桥，当巨敌之冲，连日被围甚急。鸿章闻之，自提兵赴援，与敌军遇于徐家汇，奋斗破之。学启自营中望见鸿章帅旗，遽出营夹击，大捷，斩首三千级，俘馘四百人，降者千余。敌军之屯松江府外者，闻报震骇，急引北走，围遂解，沪防解严。

淮军之初至上海也，西人见其衣帽之粗陋，窃笑嗤之。鸿章徐语左右曰：军之良窳，岂在服制耶？须彼见吾大将旗鼓，自有定论耳。至是欧美人见淮军将校之勇毅，纪律之整严，莫不改容起敬，而常胜军之在部下者，亦始帖然服李之节制矣。

当时曾国藩既以独力拜讨贼之大命，任重责专，无所旁贷，无所掣肘。于是以李鸿章图苏，左宗棠图浙，曾国荃图金陵。金陵敌之根据地也，而金陵与江浙两省，实相须以成其雄。故非扫荡江苏之敌军，则金陵不能坐困，而非攻围金陵之敌巢，则江苏亦不能得志。当淮军之下沪也，曾国荃与杨载福（后改名岳斌）、彭玉麟等，谋以水陆协进，破长江南北两岸之敌垒。四月，国荃自太平府沿流下长江，拔金柱关，夺东梁山营寨，更进克秣陵关、三汊河、江心洲、蒲包洲。五月，遂进屯金陵城外雨花台。实李鸿章解松江围之力也。故论此役之战绩，当知湘军之能克金陵歼巨敌非曾国荃一人之功，实由李鸿章等断其枝叶，使其饷源兵力，成孤立之势，而根干不得不坐凋。淮军之能平全吴奏肤功，亦非李鸿章一人之功，实由曾国荃等捣其巢穴，使其雄

帅骁卒，有狼顾之忧，而军锋不得不挫顿。东坡句云：江山如画，一时多少豪杰。同治元二年间，亦中国有史以来之一大观矣。

李秀成者，李鸿章之劲敌，而敌将中后起第一人也。洪秀全之初起也，其党中杰出之首领，曰东王杨秀清、南王冯云山、西王萧朝贵、北王韦昌辉、翼王石达开，当时号为五王。既而冯、萧战死于湖南；杨、韦金陵争权，互相屠杀；石达开独有大志，不安其位，别树一帜，横行湖南、江西、广西、贵州、四川诸省，于是五王俱尽。咸丰四五年之间，官军最不振，而江南之敌势亦浸衰矣。李秀成起于小卒，位次微末，当金陵割据以后，尚不过杨秀清帐下一服役童子。然最聪慧明敏，富于谋略，胆气绝伦。故洪氏末叶，得以扬余烬簸浩劫，使官军疲于奔命，越六七载而后定者，皆秀成与陈玉成二人之力也。玉成纵横长江上游，起台飓于豫皖湘鄂；秀成出没长江下口，激涛浪于苏杭常扬。及玉成既死，而洪秀全所倚为柱石者，秀成一人而已。秀成既智勇绝人，且有大度，仁爱驭下，能得士心，故安庆虽克复，而下游糜烂滋甚。自曾军合围雨花台之后，而于江苏地方及金陵方面之各战，使李鸿章曾国荃费尽心力，以非常之巨价，仅购得战胜

太平天国宝钞

之荣誉者，唯李秀成之故。故语李鸿章者不可不知李秀成。

李鸿章自南汇一役以后，根基渐定，欲与金陵官军策应，牵制敌势，选定进攻之策。是岁七月，使程学启、郭松林等急攻青浦县城，拔之，并发别军驾汽船渡海攻浙江绍兴府之余姚县，拔之。八月，李秀成使谭绍洸拥众十余万犯北新泾（江苏地，去上海仅数里）。刘铭传邀击大破之，敌遂退保苏州。

其月，淮军与常胜军共入浙江，攻慈溪县，克之。是役也，常胜军统领华尔奋战先登，中弹贯胸卒，遗命以中国衣冠殓。美国人白齐文代领常胜军。

是岁夏秋之变，江南疠疫流行，官军死者枕籍。李秀成乘之，欲解金陵之围，乃以闰八月选苏州常州精兵十余万赴金陵，围曾国荃大营，以西洋开花大炮数十门，并力轰击，十五昼夜，官军殊死战，气不稍挫。九月，秀成复使李世贤自浙江率众十余万合围金陵，攻击益剧。曾国藩闻报，大忧之，急征援于他地。然当时浙江及江北各方面之官军，皆各有直接之责任，莫能赴援。此役也，实军兴以来两军未曾有之剧战也。当时敌之大军二十余万，而官军陷于重围之中者不过三万余，且将卒病死战死及负伤者殆过半焉。而国荃与将士同甘苦，共患难，相爱如家人父子，故三军乐为效死，所以能抗十倍之大敌以成其功也。秀成既不能拔，又以江苏地面官军之势渐振，恐江苏失而金陵亦不能独全，十月，遂引兵退，雨花台之围乃解。

按：自此役以后，洪秀全之大事去矣。夫顿兵于坚城之下，兵家所大忌也。向荣、和春，既两度以此致败，故曾文正甚鉴之，甚慎之。曾忠襄之始屯雨花台，文正屡戒焉。及至此役，外有十倍强悍之众，内有穷困决死之寇，官军之危，莫此为甚。乃敌军明知官军之寡单如此，其疮痍又如彼，而卒不敢肉搏突入，决一死命，以徼非常之功于俄顷，而顾亏此一篑，忽焉引去，遂致进退失据，随以灭亡，何也？盖当时敌军将帅富贵已极，骄侈淫佚，爱惜生命，是以及此。此亦官军所始念不及也。曾文正曰：凡军最忌暮气。当道咸之交，官军皆暮气，而贼军皆朝气，及同治初元，贼军皆暮气，而官军皆朝气。得失之林，皆在于是。谅哉言乎。以李秀成之贤，犹且不免，若洪秀全者，冢中枯骨，更何足道。所谓灭六国者六国也，非秦也；族秦者秦也，非天下也。殷鉴不远，有志于天下者，其可以戒矣。洪秀全以市井无赖，一朝崛起，不数岁而蹂躏天下之半，不能以彼时风驰云卷，争大业于汗马之上，遂乃苟安金陵，视为安乐窝，潭潭府第，真陈涉之流亚哉！株守一城，坐待围击。故向荣、和春之溃，非洪秀全自有可以不亡之道，特其所遇之敌，亦如唯之与阿，相去无几，故得以延其残喘云尔。呜呼！曾洪兴废之间，天耶人耶？君子曰：人也。

又按：此役为湘淮诸将立功之最大关键。非围金陵，则不能牵江浙之敌军，而李文忠新造之军，难遽制胜；非攻江浙，则不能解金陵之重围，而曾忠襄久顿之军，无从保全。读史者不可不于此着眼焉。

李秀成之围金陵也，使其别将谭绍洸、陈炳文留守苏州。九月，绍洸等率众十余万，分道自金山大仓而东，淮军诸将防之，战于三江口四江口，互有胜败。敌复沿运河设屯营，亘数十里，驾浮桥于运河及其支流，以互相往来，进攻黄渡，围四江口之官军甚急。九月廿二日，鸿章部署诸将，攻其本营。敌强悍善战，淮军几不支。刘铭传、郭松林、程学启等身先士卒，挥剑奋斗，士气一振，大破之，擒斩万余人，四江口之围解。

太平天国龙袍

常胜军统领华尔之死也，白齐文以资格继其任。白氏之为人，与华氏异，盖权谋黠猾之流也。时见官军之窘蹙，乃窃通款于李秀成。十月，谋据松江城为内应。至上海胁迫道台杨坊，要索军资巨万，不能得，遂殴打杨道，掠银四万两而去。事闻，李鸿章大怒。立与英领事交涉。黜白齐文，使偿所攫金，而以英国将官戈登代之。常胜军始复为用。时同治二年二月也。此实为李鸿章与外国办交涉第一事，其决断强硬之慨，论者韪之。

白齐文黜后，欲杀之，而为美领事所阻，遂放之。复降于李秀成，为其参谋，多所策划，然规模狭隘。盖劝秀成弃江浙，斩其桑茶，毁其庐舍，而后集兵力北向，据秦晋齐豫中原之形势，以控制东南，其地为官军水师之力所不及，可成大业云云。秀成不听。白齐文又为敌军购买军械，窃掠汽船，得新式炮数门，献之秀成。以故苏州之役，官军死于宝带桥者数百人。其后不得志于秀成，复往漳州投贼中，卒为郭松林所擒死。

先是曾国藩获敌军谍者，得洪秀全与李秀成手谕，谓湖南北及江北，今正空虚，使李秀成提兵二十万，先陷常熟，一面攻扬州，一面窥皖楚。国藩乃驰使李鸿章使先发制之，谓当急取太仓州以扰常熟，牵制秀成，使不得赴江北。鸿章所见适同。同治二年二月，乃下令常熟守将，使死守待援，而遣刘铭传、潘鼎新、张树珊率所部驾轮船赴福山，与敌数十战皆捷。别遣程学启、李鹤章攻太仓昆山县以分敌势，而使戈登率常胜军与淮军共攻福山，拔之，常熟围解。三月，克复太仓、昆山，擒敌七千余，程学启之功最伟。戈登自此益敬服学启焉。

五月，李秀成出无锡，与五部将拥水陆兵数十万图援江阴，据常熟。李鸿章遣其弟鹤章及刘铭传、郭松林等分道御之。铭传、松林与敌之先锋相遇，击之，获利。然敌势太盛，每战死伤相当。时敌筑连营于运河之涯，北自北漍，南至张泾桥，东自陈市，西至长寿，纵横六七十里，垒堡百数，皆扼运河之险，尽毁桥梁，备炮船于河上、水陆策应，形势大炽。

鹤章与铭传谋，潜集材木造浮桥，夜半急渡河袭敌，破敌营之在北漍者三十二。郭松林亦进击力战，破敌营之在南漍者三十五。周盛波之部队，破敌营之在麦市桥者二十三。敌遂大溃，死伤数万，河为不流，擒其酋将百余人，马五百匹，船二十艘，兵器弹药粮食称是。自是顾山以西无敌踪。淮军大振。六月吴江敌将望风降。

程学启率水陆万余人，与铭传谋复苏州。进破花径港，降其守将，屯潍亭。七月，李鸿章自将，克复太湖厅，向苏州进发，先使铭传攻江阴。敌之骁将陈坤书，均湖南、湖北、山东四大股十余万众，并力来援。鸿章、铭传亲觇敌势，见其营垒大小棋列，西自江滨，东至山口，乃定部署猛进攻之。敌抵抗甚力，相持未下。既而城中有内变者，开门纳降，江阴复。

时程学启别屯苏州附近，连日力战，前后凡数十捷。敌垒之在宝带桥、五龙桥、蠡口、黄埭、浒关、王瓜泾、十里亭、虎丘、观音庙者十余处，皆陷。而郭松林之军，亦大捷于新塘桥，斩伪王二名，杀伤万余人，夺船数百艘，敌水军为之大衰。李秀成痛愤流涕，不能自胜。自是淮军威名震天下。

敌军大挫后，李秀成大举图恢复，使其部将纠合无锡、溧阳、宜兴等处众八万余，船千余只，出运河口，而自率精锐数千，据金匮援苏州，互相策应，与官军连战，互有胜败。十月十九日(二年)，李鸿章亲督军，程学启、戈登为先锋，进迫苏州城，苦战剧烈，遂破其外郭。秀成及谭绍洸等引入内城，死守不屈。既而官军水陆并进，合围三面，城中粮尽，众心疑惧。其裨将郜云官等，猜疑携贰，遂通款于程学启，乞降。于是学启与戈登亲乘轻舸造城北之阳澄湖，与云官等面订降约，使杀秀成、绍洸以献，许以二品之赏。戈登为之保人，故云官等不疑。然卒不忍害秀成，乃许斩绍洸而别。

李秀成微觉其谋，然事已至此，无可奈何，乃乘夜出城去(十月廿三夜)。廿四日，谭绍洸以事召云官于帐中，云官乃与骁将汪有为俱，见绍洸，即刺杀之，并掩击其亲军千余人，遂开门降。廿五日，云官等献绍洸首，请程学启入城验视。其降酋之列衔如下：

一、纳王郜云官　　二、比王伍贵文

三、康王汪安均　　四、宁王周文佳

五、天将军范起发　　六、天将军张大洲

七、天将军汪环武　　八、天将军汪有为

当时此八将所部兵在城中者尚十余万人，声势汹汹。程学启既许以总

兵副将等职，至是求如约。学启细察此八人，谓狼子野心，恐后不可制。乃与李鸿章密谋，设宴大飨彼等于坐舰，号炮一响，伏兵起而骈戮之，并杀余党之强御者千余，余众俱降。苏州定，鸿章以功加太子少保。

先是八酋之降也，戈登实为保人。至是闻鸿章之食言也，大怒，欲杀鸿章以偿其罪，自携短铳以觅之。鸿章避之，不敢归营。数日后，怒渐解，乃止。

按：李文忠于是有惭德矣。夫杀降已为君子所不取，况降而先有约，且有保人耶？故此举有三罪焉：杀降背公理一也，负约食言二也，欺戈登负友人三也。戈登之切齿痛恨，至欲剚刃其腹以泄大忿，不亦宜乎？虽彼鉴于苗沛霖、李世忠故事，其中或有所大不得已者存，而文忠生平好用小智小术，亦可以见其概矣。

苏州之克复，实江南戡定第一关键也。先是曾国荃、左宗棠、李鸿章，各以孤军东下深入重地，彼此不能联络策应。故力甚单而势甚危。苏州之捷，李鸿章建议统筹全局，欲乘胜进入浙地，与曾、左两军互相接应，合力大举，是为官军最后结果第一得力之着。十一月，刘铭传、郭松林、李鸿章进攻无锡，拔之。擒斩其将黄子澥父子。于是鸿章分其军为三大部队：其甲队，自率之；乙队，程学启率之，入浙，拔平湖、乍浦、澉浦、海盐、嘉善，迫嘉兴府，左宗棠之军(浙军)，亦进而与之策应，入杭州界，攻余杭县，屡破敌军；丙队、刘铭传、郭松林等率之，与常胜军共略常州，大捷，克复宜兴、荆溪，擒敌将黄靖忠。鸿章更使郭松林进攻溧阳，降之。

时敌将陈坤书，有众十余万，据常州府，张其翼以捣官军之后背。李鸿章与刘铭传当之，敌军大盛，官军颇失利。坤书又潜兵迂入江苏腹地，出没江阴、常熟、福山等县，江阴、无锡戒严，江苏以西大震。李鸿章乃使刘铭传独当常州方面，而急召郭松林弃金坛，昼夜疾赴，归援苏州。又使李鹤章急归守无锡，杨鼎勋、张树声率别军扼江阴之青阳、焦阴，断敌归路。时敌军围常熟益急，苦战连日，仅支。又并围无锡，李鸿章婴壁固守几殆。数日，郭松林援军至，大战破敌，围始解。松林以功授福山镇总兵。

先是程学启围嘉兴(此年正月起)极急，城中守兵，锋锐相当，两军死伤枕籍。二月十九日，学启激励将士，欲速拔之，躬先陷阵，越浮桥，肉搏梯城。城上敌兵死守，弹丸如雨，忽流弹中学启左脑，仆。部将刘士奇见之，立代主将督军，先登入城。士卒怒愤，勇气百倍。而潘鼎新、刘秉璋等，亦水陆交进，遂拔嘉兴。

程学启被伤后，卧疗数旬，遂不起，以三月十日卒，予谥忠烈。李鸿章痛悼流涕。

嘉兴府之克复也，杭州敌焰大衰，遂以二月二十三日（十九嘉兴克复），敌大队乘夜自北门脱出。左军以三月二日入杭州城，至是苏军(李军)与浙军(左军)之连络全通，势始集矣。

程学启之卒也，鸿章使其部将王永胜、刘士奇分领其众，与郭松林会，自福山镇进击沙山，连战破之。至三河口，斩获二万人。鸿章乃督诸军合围常州，使刘铭传击其西北，破之；郭松林攻陈桥渡大营，破之；张树声、周盛波、郑国榹等袭河边敌营廿余，皆破之。败军溃走，欲还入城，陈坤书拒之，故死城下者不可胜数。三月廿二日，李军进迫常州城，以大炮及炸药轰城，城崩数十丈，选死士数百人，梯以登。陈坤书骁悍善战。躬率悍卒出战拒之，修补缺口，官军死者数百人。鸿章愤怒，督众益治攻具，筑长围，连日猛攻，两军创钜相当。经十余日，李鸿章自督阵，刘铭传、郭松林、刘士奇、王永胜等，身先士卒，奋战登城，敌始乱。陈坤书犹不屈，与其将费天将共率悍党，叱咤巷战，松林遂力战擒坤书，天将亦为盛波所擒。铭传大呼传令，投兵器降者赦之，立降万余。官军死者亦千数。常州遂复，时四月六日也。至是江苏军(李军)与金陵军(曾军)之联络全通，江苏全省中，除金陵府城内无一敌踪矣。

自同治元年壬戌春二月，李鸿章率八千人下上海，统领淮军、常胜军，转斗各地，大小数十战，始于松江，终于嘉兴、常州，凡两周岁，至同治三年甲子夏四月，平吴功成。

按：李鸿章平吴大业，因由淮军部将骁勇坚忍，而其得力于华尔、戈登者实多，不徒常胜军之战胜攻取而已。当时李秀成智勇绝伦，军中多用西式枪炮，程刘郭周张潘诸将，虽善战，不过徒恃天禀之勇谋，而未晓新法之作用。故淮军初期，与敌相遇，屡为所苦。李鸿章有鉴于是，故诸将之取法常胜军，利用其器械者亦不少焉。而左宗棠平浙之功，亦得力于法国将官托格比、吉格尔之徒甚多。本朝之绝而复续，盖英法人大有功焉。彼等之意，欲藉以永保东亚和平之局，而为商务之一乐园也。而岂料其至于今日，犹不先自振，而将来尚恐不免有Great revolution在其后乎。

先是曾国荃军水陆策应，围金陵既已二稔，至甲子正月，拔钟山之石垒，敌失其险，外围始合，内外不通，粮道已绝，城中食尽；洪秀全知事不可为，于四月二十七日饮药死。诸将拥立其子洪福。当时官军尚未之觉。朝旨屡命李鸿章移江苏得胜之师助剿金陵，曾国荃以为城贼既疲，粮弹俱尽，歼灭在即，耻借鸿章之力，而李鸿章亦不顾分曾之功，深自抑退，乃托言盛暑不利用火器，固辞不肯进军。朝廷不喻鸿章之旨，再三敦促，国荃闻之，忧愤不自胜，乃自五月十八日起，日夜督将士猛攻地保城（即龙脖子，山阴之坚垒，险要第一之地也），遂拔之。更深穿地道，自五月三十至六月十五，隧道十余处皆成。乃严戒城外各营，各整战备，别悬重赏募死士，约乘缺以先登。

剿灭太平军的重要将领曾国荃

时李秀成在金陵，秀全死后，号令一出其手。秀成知人善任，恩威并行，人心服之，若子于父。五月十五日，秀成自率死士数百人，自太平门缺口突出，又别遣死士数百冒官兵服式，自朝阳门突出，冲入曾

营，纵火哗噪。时官军积劳疲惫，战力殆尽，骤遇此警，几于瓦解兽散，幸彭毓橘诸将率新兵驰来救之，仅乃获免。

六月十六日，正午，隧道内所装火药爆裂，万雷轰击，天地为动，城壁崩坏廿余丈。曾军将叱咤奋登，敌兵死抗，弹丸如雨，外兵立死者四百余人。众益奋发，践尸而过，遂入城。李秀成至是早决死志，以所爱骏马赠幼主洪福，使出城遁，而秀成自督兵巷战，连战三日夜，力尽被擒，敌大小将弁战死焚死者三千余人。城郭宫室连烧，三日不绝，城中兵民久随洪氏者男女十余万人，无一降者。自咸丰三年癸丑秀全初据金陵，至是凡十二年始平。

按：李秀成真豪杰哉。当存亡危急之顷，满城上下，命在旦夕，犹能驱役健儿千数百，突围决战，几歼敌师。五月十五日之役，曾军之不亡，天也。及城已破，复能以爱马救幼主，而慷慨决死，有国亡与亡之志。推古之大臣儒将，何以过之。项羽之乌骓不逝，文山之漆室无灵，天耶人耶？吾闻李秀成之去苏州也，苏州之民，男女老幼，莫不流涕。至其礼葬王有龄，优恤败将降卒，俨然有文明国战时公法之意焉。金陵城中十余万人，无一降者，以视田横之客五百人，其志同，其事同，而魄力之大，又百倍之矣，此有史以来战争之结局所未曾有也。使以秀成而处洪秀全之地位，则今日之域中，安知为谁家之天下耶！秀成之被擒也，自六月十七日至十九日凡三日间，在站笼中慷慨吮笔，记述数万言。虽经官军删节，不能备传，而至今读之，犹凛凛有生气焉。呜呼！刘兴骂项，成败论人，今日复谁肯为李秀成、杨伟业发幽光者？百年而后，自有定评，后之良史，岂有所私。虽然，物竞天择，适者生存，曾、左、李亦人豪矣。

金陵克复，论功行赏。两江总督曾国藩，加太子太保衔，封世袭一等侯。浙江巡抚曾国荃，江苏巡抚李鸿章，皆封世袭一等伯，其余将帅恩赏有差。国荃之克金陵也，各方面诸将，咸嫉其功，诽谤谗言，蜂起交发，虽以左宗棠之贤，亦且不免，唯李鸿章无间言，且调护之功甚多云。

按：此亦李文忠之所以为文也，诏会剿而不欲分人功于垂成，及事定而不怀嫉妒于荐主，其德量有过人者焉。名下无虚，非苟焉已耳。

第五章　兵家之李鸿章（下）

捻乱之猖獗

李鸿章以前平捻诸将之失机

曾李平捻方略

东捻之役

西捻之役

金陵克复，兵气半销。虽然，捻乱犹在，忧未歇也。捻之起也，始于山东游民。及咸丰三年，洪秀全陷安庆、金陵，安徽全省大震，捻党乘势，起于宿州、亳州、寿州、蒙县诸地，横行皖、齐、豫一带，所到掠夺，官军不能制。其有奉命督师者，辄被逆击，屡败衄，以故其势益猖。及咸丰七年冬，其游骑遂扰及直隶之大名府等地，北京戒严。

今将捻乱初起以迄李鸿章督师以前，迭次所派平捻统帅列表如下：

人	官	任官年份	屯驻地
善禄	河南提督	咸丰三年	永城县
周天爵	钦差大臣	咸丰三年	宿州
吕贤基	工部左侍郎	咸丰三年	安徽
陆应谷	河南巡抚	咸丰三年	开封府
袁甲三	钦差大臣	咸丰三年	宿州（周天爵卒代之）
舒兴阿	陕西总督	咸丰三年	陈州
英桂	河南巡抚	咸丰四年	开封府
武隆额	安徽提督	咸丰五年	亳州

胜保	钦差大臣	咸丰七年	督江北军
史荣春	提督	咸丰八年	曹州兖州
田在田	总兵	咸丰八年	曹州兖州
邱联恩	总兵	咸丰八年	鹿邑
朱连泰	总兵	咸丰八年	亳州
傅振邦	总兵	咸丰九年	宿州
伊兴额	都统	咸丰九年	宿州
关保	协领	咸丰九年	督河南军
德楞额	协领	咸丰九年	曹州
胜保	都统钦差大臣	咸丰十年	督河南军，关保副之
穆腾阿	副都统	咸丰十年	安徽（副袁甲三）
毛昶照	团练大臣	咸丰十年	河南
僧格林沁	蒙古亲王	咸丰十年	
曾国藩	钦差大臣	同治三年	

庚申之役，文宗北狩热河，捻党乘之，侵入山东，大掠济宁。德楞额与战，大败。始以蒙古科尔沁亲王僧格林沁督师，追蹑诸捻，号称骁勇。同治二年，发党诸酋陈得才、蓝成昌、赖汶洸等合于捻。捻酋张宗禹、任柱、牛落江、陈大喜等各拥众数万，出没于山东、河南、安徽、湖北各州县，来往倏忽，如暴风疾雨，不可捉摸，官军疲于奔命。同治三年九月，捻党一股入湖北，大掠襄阳、随州、京山、德安、应山、黄州、蕲州等处。舒保战死，僧王之师屡溃。僧王之为人，勇悍有余，而不学无术，军令太不整肃，所至淫掠残暴，与发、捻无异，以故湖北人民大失望。

其时金陵新克复，余党合于捻者数万人，又转入河南、山东，掠城市。四年春，僧王锐意率轻骑，追逐其酋，一日夜驰三百里。至曹州，部下多怨叛。四月廿五日，遂中捻首之计，大败，力战堕马死，朝廷震悼。忽以曾国藩为钦差大臣，督办直隶山东河南军务，而命李鸿章署理两江总督，为国藩粮运后援。

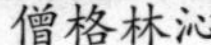

僧格林沁

先是官军之剿捻也，唯事追蹑，劳而无功，间讲防堵，则弥缝一时耳。要之无论为攻为守，非苟且姑息以养敌锋则躁进无谋以钝兵力，未尝全盘打算，立一定之方略，以故劳师十余年，而无所成。自曾国藩受事以后，始画长围圈制之策，谓必蹙敌一隅，然后可以聚歼。李鸿章禀承之，遂定中原。

曾国藩，君子人也，常兢兢以持盈保泰急流勇退自策厉。金陵已复，素志已偿，便汲汲欲自引退。及僧王之亡，捻氛迫近京畿，情形危急，国藩受命于败军之际，义不容辞，遂强起就任。然以为湘军暮气渐深，恐不可用，故渐次遣撤，而唯用淮军以赴前敌。盖国藩初拜大命之始，其意欲虚此席以待李鸿章之成功，盖已久矣。及同治五年十二月，遂以疾辞，而李鸿章代为钦差大臣。国藩回江督本任，筹后路粮饷。

鸿章剿捻方略，以为捻贼已成流寇，逼之不流，然后会师合剿，乃为上策。明孙传庭谓剿流寇当驱之于必困之途，取之于垂死之日，如但一彼一此，争胜负于矢石之间，即胜亦无关于荡平。鸿章即师此意。故四年十一月，曾奏称须蹙之于山深水复之处，弃地以诱其入，然后合各省之兵力，三四面围困之。后此大功之成，实由于是。

其年五月，任柱、赖汶洸等大股深入山东。鸿章命潘鼎新、刘铭传尽力追蹑，欲蹙之于登莱海隅，然后在胶莱咽喉，设法扼逼，使北不得窜人畿疆，南不得蔓延淮南。六月，亲督师至济宁，相度形势，以为任、赖各股，皆百战之余，兼游兵散勇裹胁之众，狡猾剽悍，未可易视，若兵力未足兜围，而迫之过紧，画地过狭，使其窥破机关，势必急图出窜，稍纵即逝，全局又非。于是定策先防运河以杜出路，次扼胶、莱以断咽喉。乃东抚丁宝桢，一意欲驱贼出境，于鸿章方略，颇多龃龉。七月，敌军突扑潍河，东省守将王心安方防驻戴庙，任敌偷渡，而胶、莱之防遂溃。是时蜚谤屡起，朝廷责备纂严，有罢运防之议。鸿章复奏，以为运河东南北三面，贼氛来往窜扰，官军分路兜逐，地方虽受蹂躏，然受害者不过数府县之地，驱过运西，则数省流毒无穷。同是疆土，同是赤子，而未便歧视也。乃坚持前议，不少变。十月十三日，刘铭传在安邱潍县之交，大战获胜。二十四日，追至赣榆，铭传与马步统将善庆力战，阵毙任柱，于是东捻之势大衰。

二十八日，潘鼎新海州上庄一战，毙悍贼甚伙。十一月十一二日，刘铭传、唐仁廉等在潍县寿光抄击一昼夜，敌众心摧，投降遂多。郭松林、杨鼎勋、潘鼎新继之，无战不捷。至二十九日，铭传、松林、鼎勋等，蹑追七十里，至寿光弥河间，始得接仗。战至十数回合，又追杀四十余里，斩获几三万人，敌之精锐器械骡马辎重抛尽。鸿章奏报中，谓军士回老营者，臣亲加抚慰，皆饥惫劳苦，面无人色。赖汶洸在弥河败后，落水未死，复纠合千余骑，冲出六塘河防。黄翼升、刘秉璋、李昭庆等，水陆马步，衔尾而下，节节追剿，只剩数百骑，逼入高室水乡。鸿章先派有统带华字营淮勇之吴毓兰，在扬州运河扼守。诸军戮力，前截后追，十二月十一日，毓兰生擒汶洸。东捻悉平，东、苏、皖、豫、鄂五省，一律肃清。

鸿章奏捷后，附陈所属诸军剿捻以来，弛逐数省，转战终年，日行百里，忍饥耐寒，忧谗畏讥，多人生未历之苦境。刘铭传、刘秉璋、周盛波、潘鼎新、郭松林、杨鼎勋，皆迭乞开缺，请稍为休养，勿调远役。并以刘铭传积劳致病，代为请假三月。乃七年正月，西捻张宗禹大股，忽由山右渡河北窜，直逼畿辅。京师大震。初七、初八日，迭奉寄谕饬催刘铭传、善庆等马步各营，迅赴河北进剿，乃率周盛波盛传马步十一营，潘鼎新鼎字全军，及善庆、温德克勒西马队，陆续进发，由东阿渡河，饬郭松林、杨鼎勋整饬大队，随后继进。

西捻之役，有较东捻更难图功者，一则黄河以北，平坦千里，无高山大河以限之，张宗禹狡猾知兵，窜扰北地平原，掳马最多，飙忽往来，瞬息百里，欲设长围以困之，然地势不合，罗网难施，且彼鉴于任、赖覆辙，一闻围扎，立即死力冲出，不容官军闲暇，次第施工，此一难也；二则淮军全部，皆属南人，渡河以北，风气悬殊，南男性情口音，与北人均不相习，且谷食面食，习惯不同，而马队既单，麸料又缺，此二难也。鸿章乃首请饬行坚壁清野之法，以为“前者任、赖捻股，流窜中原数省，畏墟寨甚于畏兵。豫东、淮北，民气强悍，被害已久，逐渐添筑墟寨，到处与城池相等，故捻逆一过即走，不能久停。近年唯湖北、陕西，被扰最甚，以素无墟寨，等办不及，贼得盘旋饱掠，其势愈张。直晋向无捻患，民气朴懦，未能筑寨自守。张宗禹本极狡猾，又系穷寇，南有黄河之阻，必致纵横驰突，无处不流，百姓惊徙蹂躏，讵有已时，可为浩叹。(中略)自古用兵，必以彼此强弱饥饱为定衡。贼未必强于官军，但彼马多而我马少，自有不相及之势；彼可随地掳粮，我须随地购粮，贼常饱而兵常饥，又有不能及之理。今欲绝贼粮，断贼马，唯有苦劝严谕河北绅民，赶紧坚筑墟寨，一有警信，收粮草牲畜于内，既自固其身家，兼以制贼死命，云云。”西捻之平，实赖于是。

四月，奏请以刘铭传总统前敌各军，温旨敦促起行。使淮军与直东民团，沿黄河运河，筑长墙浚壕以蹙敌。拣派各军，轮替出击，更番休息，其久追疲乏须暂休息之军，即在运河东岸择要屯驻，俟敌窜近，立起迎击，以剿为防。又派张曜、宋庆分扎夏津、高唐一带，程文炳扎陵县、吴桥一带，为运防遮护。左宗棠亦派刘松山、郭宝昌等军，自连镇北至仓州一带减河东岸分扎，与杨鼎勋等军就近策应，布置略定，然后进剿。

五月，捻股窜向西北，各军分途拦击，迭次获胜。鸿章乃趁黄河伏汛盛涨时，缩地围扎，以运河为外围。而就恩县、夏津、高唐之马颊

河，截长补短，划为里圈。逼贼西南，层层布置。五六月间，各军迭次大捷，敌势衰蹙，阵散渐多。六月十九至二十二等日，乘胜尾追，每战皆捷。二十三日，张宗禹涉水，向西南逃窜。二十四日，由平原向高唐。二十五日，潘鼎新追百二十里，冒雨至高唐，敌已向博平、清平一带，图扑运河。而官军早于马颊河西北岸筑长墙数百里，足限戎马，敌方洞知，已入彀中，窜地愈狭，死期近矣。是时各军已久追疲乏，鸿章乃派刘铭传生力马军助战，军势大振。二十八日，将敌圈在徒骇黄运之间，铭传调集马步迎击，追剿数里，值郭松林东来马步全军，拦住去路，又兼河道分歧，水溜泥陷，刘、郭两军马队五六千人，纵横合击，擒斩无算。张宗禹仅带领十骑北逃，旋自沉于河以死。西捻肃清，中原平。八月，李鸿章入觐京师。

李鸿章之用兵也，谋定后动，料敌如神，故在军中十五年，未尝有所挫衄。虽曰幸运，亦岂不以人事耶？其剿发也，以区区三城之立足地，仅一岁而荡平全吴哉。其剿捻也，以十余年剽悍之劲敌，群帅所束手无策者，亦一岁而歼之。盖若有天授焉。其待属将也，皆以道义相交，亲爱如骨肉，故咸乐为用命，真将将之才。虽然，李鸿章兵事之生涯，实与曾国藩相终始，不徒荐主之感而已。其平吴也，又由国藩统筹大局，肃清上流，曾军合围金陵，牵掣敌势，故能使李秀成疲于奔命，有隙可乘。其平捻也。一承国藩所定方略，而所以千里馈粮士有宿饱者，又由有良江督在其后，无狼顾之忧也。不宁唯是，鸿章随曾军数年，砥砺道义，练习兵机，盖其一生立身行已耐劳任怨坚忍不拔之精神，与其治军驭将推诚布公团结士气之方略，无一不自国藩得之。故有曾国藩然后有李鸿章。其事之如父母，敬之如神明，不亦宜乎？

第六章　洋务时代之李鸿章

洋务之治绩

北洋海陆兵力

李鸿章办理洋务失败之由

洋务二字，不成其为名词也。虽然，名从主人，为李鸿章传，则不得不以洋务二字总括其中世二十余年之事业。

江南制造总局翻译处

李鸿章所以为一世俗儒所唾骂者以洋务，其所以为一世鄙夫所趋重者亦以洋务，吾之所以重李责李而为李惜者亦以洋务。谓李鸿章不知洋务乎？中国洋务人士，吾未见有其比也。谓李鸿章真知洋务乎？何以他国以洋务兴，而吾国以洋务衰也？吾一言以断之，则李鸿章坐知有洋务，而不知有国务，以为洋人之所务者，仅于如彼云云也。今试取其平定发、捻以后，日本战事以前，所办洋务各事列表如下：

设外国语言文字学馆于上海	同治二年正月
设江南机器制造局于上海	同治四年八月
设机器局于天津	同治九年十月
筹通商日本并派员往驻	同治九年闰十二月
拟在大沽设洋式炮台	同治十年四月
挑选学生赴美国肄业	同治十一年正月
请开煤铁矿	同治十一年五月
设轮船招商局	同治十一年十一月
筹办铁甲兵船	光绪元年十一月
请遣使日本	光绪元年十一月
请设洋学局于各省，分格致测算、舆图、火轮机器、兵法、炮法、化学、电学诸门，择通晓时务大员主之，并于考试功令稍加变通，另开洋务进取一格	光绪元年十二月
派武弁往德国学水陆军械技艺	光绪二年三月
派福建船政生出洋学习	光绪二年十一月
始购铁甲船	光绪六年二月
设水师学堂于天津	光绪六年七月
设南北洋电报	光绪六年八月
请开铁路	光绪六年十二月
设开平矿务商局	光绪七年四月
创设公司船赴英贸易	光绪七年六月
招商接办各省电报	光绪七年十一月
筑旅顺船坞	光绪八年二月
设商办织布局于上海	光绪八年四月
设武备学堂于天津	光绪十一年五月
开办漠河金矿	光绪十三年十二月
北洋海军成军	光绪十四年
设医学堂于天津	光绪二十年五月

以上所列李鸿章所办洋务，略具于是矣。综其大纲，不出二端：一曰军事，如购船、购械、造船、造械、筑炮台、缮船坞等是也；二曰商务，如铁路、招商局、织布局、电报局、开平煤矿、漠河金矿等是也。其间有兴学堂派学生游学外国之事，大率皆为兵事起见，否则以供交涉翻译之用者也。李鸿章所见西人之长技，如是而已。

海陆军事，是其生平全力所注也。盖彼以善战立功名，而其所以成功，实由与西军杂处，亲观其器械之利，取而用之，故事定之后，深有见夫中国兵力平内乱有余，御外侮不足。故兢兢焉以此为重，其眼光不可谓不加寻常人一等，而其心力瘁于此者亦至矣。计中日战事以前，李鸿章手下之兵力，大略如下：

北洋海军兵力表

分职/队别	船名	船式	吨数	马力	速力	炮数	船员	进水年份
主战舰队	定远	铁甲	7,335	6,000	14.5	22	330	光绪八年1882
	镇远	铁甲	7,335	6,000	14.5	22	330	光绪八年1882
	经远	铁甲	2,900	3,000	15.5	14	202	光绪十三年1887
	来远	铁甲	2,900	5,000	15.5	14	202	光绪十三年1887
防守舰队	致远	巡洋	2,300	5,500	18.0	23	202	光绪十二年1886
	靖远	巡洋	2,300	5,500	18.0	23	202	光绪十二年1886
	济远	巡洋	2,300	5,500	18.0	23	203	光绪九年1883
	平远	巡洋	2,200	1,500	14.5	11		
	超勇	巡洋	1,350	2,400	15.0	18	130	光绪七年1881
	扬威	巡洋	1,350	2,400	15.5	5	130	光绪七年1881
	镇东	炮船	440	350	8.0	5	55	光绪五年1879
	镇西	炮船	440	350	8.0	5	55	光绪五年1879
	镇南	炮船	440	440	8.0	5	55	光绪五年1879
	镇北	炮船	440	440	8.0	5	55	光绪五年1879
	镇中	炮船	440	750	8.0	5	55	光绪七年1881
	镇边	炮船	440	840	8.0	5	55	光绪七年1881

练习舰	康济	炮船	1,300	750	9.5	11	124	光绪七年1881
	威远	炮船	1,300	840	12.0	11	124	光绪三年1877
补助舰	泰安	炮船	1,258	600	10.0	5	180	光绪二年1876
	镇海	炮船	950	480	9.0	5	100	同治十年1871
	操江	炮船	950	400	9.0	5	91	同治五年1865
	湄云	炮船	578	400	9.0	4	70	同治八年1869

附水雷船

船名	船式	吨数	速力
左队一号	一等水雷	108	24
左队二号	一等水雷	108	19
左队三号	一等水雷	108	19
右队一号	一等水雷	108	18
右队二号	一等水雷	108	18
右队三号	一等水雷	108	18

直隶淮军练勇表

中日战争爆发时，直隶淮军练勇有两万多人，大概如下：

军队	营数	人数	将领	驻地
盛军	18	9000	卫汝贵	小站
铭军	12	4000	刘盛休	大连港
毅军	10	4000	宋庆	旅顺口
芦防淮军	4	2000	叶志超 聂士成	芦台 北塘 山海关
仁字虎勇	5	2500	聂士成	营口

合计四十九营二万五千人之间。

李鸿章注全副精神以经营此海陆二军，自谓确有把握。光绪八年，法越肇衅之时，朝议饬筹畿防，鸿章复奏，有“臣练军简器，十余年于兹，徒以经费太绌，不能尽行其志，然临敌因应，尚不至以孤注贻君父忧。”等语。其所以自信者，亦可概见矣。何图一旦中日战开，艨艟楼舰或创或痍，或以资敌，淮军练勇，屡战屡败，声名一旦扫地以尽。所余败鳞残甲，再经联军、津沽一役，随罗荣光、聂士成同成灰烬。于是直隶总督北洋大臣三十年所蓄所养所布画，烟消云散，殆如昨梦。及于李之死，而其所摩抚卵翼之天津，尚未收复。呜呼！合肥合肥，吾知公之不瞑于九原也。

至其所以失败之故，由于群议之掣肘者半，由于鸿章之自取者亦半，其自取也，由于用人失当者半，由于见识不明者亦半。彼其当大功既立，功名鼎盛之时，自视甚高，觉天下事易易耳。又其裨将故吏，昔共患难，今共功名，徇其私情，转相汲引，布满要津，委以重任，不暇问其才之可用与否，以故临事偾机，贻误大局，此其一因也。又唯知练兵，而不知有兵之本原；唯知筹饷，而不知有饷之本原，故枝枝节节，终无所成，此又其一因也。下节更详论之。

李鸿章所办商务，亦无一成效可观者，无他，官督商办一语，累之而已。中国人最长于商，若天授焉。但使国家为之制定商法，广通道路，保护利权，自能使地无弃财，人无弃力，国之富可立而待也。今每举一商务，辄为之奏请焉，为之派大臣督办焉，即使所用得人，而代大臣斲者，固未有不伤其手矣。况乃奸吏舞文，视为利薮；凭挟狐威，把持局务，其已入股者安得不寒心，其未来者安得不裹足耶？故中国商务之不兴，虽谓李鸿章官督商办主义为之厉阶可也。

吾敢以一言武断之曰：李鸿章实不知国务之人也。不知国家之为何物，不知国家与政府有若何之关系，不知政府与人民有若何之权限，不知大臣当尽之责任。其于西国所以富强之原，茫乎未有闻焉，以为吾中国之政教文物风俗，无一不优于他国，所不及者唯枪耳炮耳船耳铁路耳机器耳，吾但学此，而洋务之能事毕矣。此近日举国谈时务者所异口同声，而李鸿章实此一派中三十年前之先辈也。是所谓无颜效西子之颦，邯郸学武陵之步，其适形其丑，终无所得也，固宜。

轮船招商局

招商局的远洋货轮

虽然，李鸿章之识，固有远过于寻常人者矣。尝观其同治十一年五月复议制造轮船未可裁撤折云：

臣窃唯欧洲诸国，百十年来，由印度而南洋，由南洋而中国，闯入边界腹地，凡前史所未载，亘古所未通，无不款关而求互市。我皇上如天之度，概与立约通商，以牢笼之，合地球东西南朔九万里之遥，胥聚于中国，此三千余年一大变局也。西人专恃其枪炮轮船之精利，故能横行于中土，中国向用之器械，不敌彼等，是以受制于西人。居今日而曰攘夷，曰驱逐出境，固虚妄之论，即欲保和局守疆土，亦非无具而能保守之也。(中略)士大夫囿于章句之学，而昧于数千年来一大变局，狃于目前苟安，而遂忘前二三十年之何以创巨而痛深，后千百年之何以安内而制外，此停止轮船之议所由起也。臣愚以为国家诸费皆可省，唯养兵设防、练习枪炮、制造兵轮之费万不可省。求省费则必屏除一切，国无兴立，终不得强矣。

光绪元年，因台湾事变筹画海防折云：

兹总理衙门陈请六条。目前当务之急，与日后久远之图，业经综括无遗，洵为救时要策。所未易猝办者，人才之难得，经费之难筹，畛域之难化，故习之难除。循是不改，虽日事设防，犹画饼也。然则今日所急，唯在力破成见，以求实际而已。何以言之？历代备边，多在西北，其强弱之势，主客之形，皆适相埒。且犹有中外界限。今则东南海疆万余里，各国通商传教，往来自如，麇集京师，及各省腹地，阳托和好之名，阴怀吞噬之计，一国生事，诸国构煽，实唯数千年来未有之变局。轮船电报之速，瞬息千里，军器机事之特，工力百倍，又为数千年来未有之强敌。外患之乘，变幻如此，而我犹欲以成法制之，譬如医者疗疾，不问何症，概投之以古方，诚未见其效也。庚申以后，夷势骎骎内向，薄海冠带之伦，莫不发愤慷慨，争言驱逐。局外之訾议，既不悉局中之艰难，及询以自强何术，御侮何能，则茫然靡所依据。臣于洋务，涉历颇久，闻见较广，于彼己长短相形之处，知之较深。而环顾当世饷力人才实有未逮，又多拘于成法，牵于众议，虽欲振奋而未由。《易》曰：穷则变，变则通。盖不变通则战守皆不足恃，而和亦不可久也。

又云：

近时拘谨之儒，多以交涉洋务为浼人之具；取巧之士，又以引避洋务为自便之图。若非朝廷力开风气，破拘挛之故习，求制胜之实济，天下危局，终不可支，日后乏才，且有甚于今日者，以中国之大，而无自强自立之时，非唯可忧，抑亦可耻。

由此观之，则李鸿章固知今日为三千年来一大变局，固知狃于目前之不可以苟安；固尝有意于求后千百年安内制外之方，固知古方不以医新症；固知非变法维新，则战守皆不足恃；固知畛域不化，故习不除，则事无一可成；甚乃知日后乏才，且有甚于今日，以中国之大，而永无自强自立之时。其言沉痛，吾至今读之，则泪涔涔其承睫焉。夫以李鸿章之忠纯也若彼，其明察也若此，而又久居要津，柄持大权，而其成就乃有今日者，何也？则以知有兵事而不知有民政，知有外交而不知有内治，知有朝廷而不知有国民。日责人昧于大局，而已于大局，先自不明；日责人畛域难化，故习难除，而已之畛域故习，以视彼等，犹不过五十步与百步也。殊不知今日世界之竞争，不在国家而在国民。殊不知泰西诸国所以能化畛域除故习布新宪致富强者，其机恒发自下而非发自上。而求其此机之何以能发，则必有一二先觉有大力者，从而导其辕而鼓其锋，风气既成，然后因而用之，未有不能济者也。李鸿章而不知此不忧此则亦已耳，亦既知之，亦既忧之，以彼之地位彼之声望，上之可以格君心以臂使百僚，下之可以造舆论以呼起全国，而惜乎李之不能也。吾故曰：李之受病，在不学无术。故曰：为时势所造之英雄，非造时势之英雄也。

虽然，事易地而殊，人易时而异。吾辈生于今日，而以此大业责李，吾知李必不任受。彼其所谓局外之訾议，不知局中之艰难，言下盖有余痛焉。援《春秋》责备贤者之义，李固咎无可辞，然试问今日四万万人中，有可以Cast the first stone之资格者，几何人哉？吾虽责李，而必不能为所谓拘谨之儒，取巧之士，囿于章句，狃于目前者稍宽其罪，而又决不许彼辈之随我而容喙也。要而论之，李鸿章不失为一有名之英雄，所最不幸者，以举国之大，而无所谓无名之英雄以立乎其后，故一跃而不能起也。吾于李侯之遇，有余悲焉耳。

自此章以后，李鸿章得意之历史终，而失意之历史方始矣。

第七章　中日战争时代之李鸿章

中日战事祸胎

李鸿章先事之失机

大东沟之战

平壤之战

甲午九十月以后大概情形

致败之由

李鸿章之地位及责任

中国维新之萌蘖，自中日之战生；李鸿章盖代之勋名，自中日之战没。惜哉！李鸿章以光绪十九年，七十赐寿，既寿而病，病而不死，卒遇此变，祸机重垒，辗转相继，更阅八年之至艰极险殊窘奇辱，以死于今日。彼苍者天，前之所以宠此人者何以如是其优，后之所以厄此人者何以如是其酷耶？吾泚笔至此，不禁废书而叹也。

中日之战，起于朝鲜，推原祸始，不得不谓李鸿章外交遗恨也。朝鲜本中国藩属也。初同治十一年，日本与朝鲜有违言，日人遣使问于中国，盖半主之邦，其外交当由上国主之，公法然也。中国当局以畏事之故，遽答之曰：朝鲜国政，我朝素不与闻，听贵国自与理论可也。日本遂又遣使至朝鲜，光绪元年正月与朝王订立和约，其第一条云：日本以朝鲜为自主之国，与日本之本系自主者相平等云云。是为日本与朝鲜交涉之嚆矢。光绪五年，英美德法诸国，相继求互市于朝，朝人惊惶，踌躇不决。李鸿章乃以函密劝其太师李裕元，令与各国立约，其奏折谓藉此以备御俄人牵制日本云云。光绪六年，驻日使臣何如璋，致书总理衙门，倡主持朝鲜外交之议，谓中国当于朝鲜设驻扎办事大臣。李鸿章谓若密为维持保护，尚觉进退绰如，倘显然代谋，在朝鲜未必尽听吾言，

而各国或将唯我是问，他日势成骑虎，深恐弹丸未易脱手云云。光绪八年十月，侍读张佩纶复奏，请派大员为朝鲜通商大臣，理其外交之政。鸿章复奏，亦如前议。是则鸿章于属邦无外交之公法，知之未悉，徒贪一时之省事，假名器以畀人，是实千古之遗恨也。自兹以往，各国皆不以中国藩属待朝鲜也久矣。光绪十一年，李鸿章与伊藤博文在天津订约，载明异日朝鲜有事，中日两国欲派兵往，必先互行知照。于是朝鲜又似为中日两邦公同保护之国，名实离奇，不可思议。后此两国各执一理，纠葛不清，酿成大衅，实基于是。而其祸本不得不谓外交遗策胎之，此为李鸿章失机第一事。

光绪二十年三月，朝鲜有东学党之乱，势颇猖獗。时袁世凯驻朝鲜，为办理商务委员。世凯者，李鸿章之私人也，屡致电李，请派兵助剿，复怂恿朝王来乞师。鸿章遂于五月初一日派海军济远、扬威二舰赴仁川、汉城护商，并调直隶提督叶志超带淮勇千五百人向牙山，一面遵依天津条约，先照会日本。日本随即派兵前往。至五月十五日，日兵到仁川者已五千。韩廷大震，请中国先行撤兵以谢日本。中国不允，乃与日本往复会商一齐撤兵之事，盖是时乱党已解散矣。日本既发重兵，有进无退，乃议与中国同干预朝鲜内政，助其变法，文牍往来，词意激昂，战机伏于眉睫间矣。

是役也，在中国之意，以为藩属有乱，卑词乞援，上国有应代靖乱之责任，故中国之派兵是也；在日本之意，则以既认朝鲜为自主，与万国平等，今中国急派兵而代平等之国靖乱，其意不可测，故日本之派兵以相抵制，亦是也。此二国者各执一说，咸曲彼而直我，皆能持之有故，言之成理焉。但其中有可疑者，当未发兵之先也，袁世凯屡电称乱党猖獗，韩廷决不能自平，其后韩王乞救之咨文，亦袁所指使，乃何以五月初一日始发兵，而初十日已有乱党悉平之报？其时我军尚在途中，与乱党风马牛不相及，然则朝乱之无待于代剿明矣。无待代剿，而我无端发兵，安得不动日本之疑耶？故我谓曲在日本，日本不任受也。论者谓袁世凯欲借端以邀战功，故张大其词，生此波澜，而不料日本之蹑其后也。果尔，则是以一念之私，遂至毒十余万之生灵，隳数千年之国体。袁固不能辞其责，而用袁听袁者，得不谓失知人之明哉？此为李鸿章失机第二事。

日本屡议协助干预而华不从，中国屡请同时撤兵而日不允。李鸿章与总理衙门，方日冀俄英出为调处。北京、伦敦、圣彼得堡，函电纷驰，俄英亦托必为出力，冀获渔人之利。迁延经日，战备未具。及五月下旬，而日本之兵调到韩境者已万余人矣。平时兵力既已不能如人，而临时战备，又复着着落后，使敌尽扼要冲，主客易位，盖未交绥而胜负之数已见矣。此为李鸿章失机第三事。

三机既失，战事遂开。六月十二日，李鸿章奉廷寄筹战备。乃派总兵卫汝贵统盛军马步六营进平壤，提督马玉崑统毅军二千进义州，分起由海道至大东沟登岸，而饬叶志超军移扎平壤，皆淮军也。所派往各兵，雇英商三轮船分运，而以济远、广丙二兵轮卫之。廿三晨为日兵轮袭击，济远管带方伯谦，见敌近，惶恐匿铁甲最厚处，继遭日炮毁其舵，即高悬白旗，下悬日旗，逃回旅顺。高升击沉，我军死者七百余。二十七日，布告各国，饬驻日公使汪凤藻撤旗归国。二十九日，牙山失守，叶志超退回平壤，捏报胜仗，称于二十五六七等日，迭次歼毙倭兵五千余人，得旨赏给军士银二万两，将弁保奖者数十人焉。自兹以往，海军、淮军之威望，始渐失坠矣。

方五六月间，日本兵船麇集朝鲜，殆如梭织。而各华舰避匿于威海卫，逍遥河上。迨京外交章参劾，始佯遣偏师，开出口外，或三十里而止，或五十里而止，大抵启碇出口，约历五六点钟，便遽回轮，即飞电北洋大臣，称某船巡逻至某处，并无倭兵踪迹云云。种种情形，可笑可叹。八月初旬，北洋叠接军电，请济师以壮声威。遂以招商局船五艘，载运兵丁银米，以海军兵舰护送。凡铁甲船、巡洋舰各六艘，水雷船四艘，合队同行。中秋日，安抵鸭绿江口。五运船鼓轮直入，浅水兵船及水雷船与之偕，余舰小驻于离江十里或十六里之地。炉中之煤未熄也。十六日晨，瞭见南方黑烟缕缕，知日舰将至。海军提督丁汝昌，传令列阵作人字形，镇远、定远两铁舰为人字之首，靖远、来远、怀远、经远、致远、济远、超勇、扬威、广甲、广丙及水雷船，张人字之两翼，兼以号旗招鸭绿江中诸战船悉出助战。俄而敌舰渐近，列阵作一字营，向华军猛扑，共十一艘，其巡洋船之速率，过于华军。转瞬间又易而为太极阵，裹人字于其中。华舰先开巨炮以示威，然距日船者九里，不中宜也。炮声未

大东沟海战

绝，敌船麇至，与定远、镇远相去恒六里许，盖畏重甲而避重炮，且华炮之力不能及，日兵之弹已可至也。与人字阵末二舰相逼较近，欺炮略小而甲略薄也。有顷，日舰圈入人字阵脚，致远、经远、济远三艘，皆被挖出圈外。致远失群后，船身叠受重伤，势将及溺，其管带邓世昌，开足汽机，向日舰飞驰欲撞与同沉，未至而已覆溺，舟中二百五十人，同时殉难。盖中日全役，死事者以邓君为最烈云。其同时被圈出之经远，船群甫离，火势陡发，管带林永升，发炮以攻敌，激水以救火，依然井井有条。遥见一日舰，似已受伤，即鼓轮追之，乃被放水雷相拒，闪避不及，遽被轰裂，死难者亦二百七十人。呜呼惨矣。至管带济远之方伯谦，即七月间护送高升至牙山，途遇日舰逃回旅顺者也。是日两阵甫交，方伯谦先挂本船已受重伤之旗，以告主将，旋因图遁之故，亦被日船划出圈外。致、经两船，与日苦战，方伯谦置而不顾，如丧家狗，遂误至水浅处，时扬威铁甲先已搁浅，不能转动，济远撞之，裂一大穴，遂以沉没。扬威遭此横逆，死者百五十余人。方伯谦惊骇欲绝，飞遁入旅顺口。越日，李鸿章电令缚伯谦军前正法云。同时效方伯谦者，有广甲一舰，逃出阵外，未知其受伤与否，然以只防后追，不顾前路，遂误撞于岛石，为日军发水雷轰碎之。阵中自经远、致远、扬威、超勇沉，济远、广甲逃，与日舰支持者仅七艘耳。是役也，日舰虽或受重伤或遭小损，然未丧一艘，而华军之所丧盖五船矣。

在海战中，致远舰管带邓世昌开足马力向日舰撞去，他和舰上的250名勇士一起壮烈牺牲。

“致远”舰官兵合影，中间双手交叉站立者为管带邓世昌。

海军既在大东沟被夷，陆军亦在平壤同时失事。平壤为朝鲜要镇，西南东三面，均有大江围绕，北面则枕祟山，城倚山崖，城东江水，绕

山南迤西而去，西北隅则无山无水，为直达义州之孔道。我军叶志超、聂桂林、丰升阿、左宝贵、卫汝贵、马玉崑六将，共统勇丁三十四营，自七月中会齐此地，皆李鸿章部下也。当中国之初发兵于牙山也，副将聂士成曾建议，以为当趁日兵未入韩地之先，先以大兵渡鸭绿江，速据平壤，而以海军舰队扼仁川港口，使日本军舰不得逞。牙山成欢之兵，与北洋海军，既牵制日军，然后以平壤大军南袭韩城云云。李鸿章不能用。及七月廿九日，牙山败绩，此策遂废。

虽然，日兵之入韩也，正当溽暑铄金之时。道路险恶狭隘，行军非常艰险，又沿途村里贫脊，无从因粮。韩人素慑我威，所至供给，呼应云动，其待日兵则反是。故敌军进攻平壤之际，除干粮之外，无所得食，以一匙之盐供数日云。当此之时，我军若晓兵机，乘其劳惫，出奇兵以迎袭之，必可获胜。乃计不出此，唯取以主待客以逸待劳之策，恃平壤堡垒之坚，谓可捍敌，此失机之大者也。李鸿章于八月十四日所下令，精神全在守局而不在战局。盖中日全役皆为此精神所误也。

时依李鸿章之部署，马玉崑率所部毅军四营绕出江东，为犄角势。卫、丰二军十八营驻城南江岸，左军六营守北山城上，叶、聂两帅居城中。十二、三、四等日，日兵已陆续齐集平壤附近。互相挑战，彼此损伤不多。至十五日晚，敌部署已定，以右翼队陷大同江左岸桥里之炮台，更渡江以冲平壤之正面，而师团长本队为其后援，以左翼队自羊角岛下渡大同江，冲我军之右。十六日，在大同江岸与马军相遇剧战，敌军死伤颇多，炮台卒被陷。时左宝贵退守牡丹台，有七响之毛瑟枪及快炮等，鏖战颇力，敌军连发开花炮，宝贵负伤卒，兵遂大乱。午后四点半钟，叶志超急悬白旗，乞止战。是夜全师纷纷宵遁，从义州、甑山两路，为敌兵截杀，死者二千余人，平壤遂陷。

是役也，李鸿章二十余年所练之兵，以劲旅自夸者，略尽矣。中国军备之弛，固久为外国所熟知。独淮军、奉军、正定练军等，素用洋操，鸿章所苦心经营者，故日本慑其威名，颇惮之。既战胜后，其将领犹言非始愿所及也。其所以致败之由，一由将帅阘冗非人，其甚者如卫汝贵克扣军饷，临阵先逃，如叶志超饰败为胜，欺君邀赏，以此等将才临前敌，安得不败！一由统帅六人，官职权限皆相等，无所统摄，故军势散涣，呼应不灵。盖此役为李鸿章用兵败绩之始，而淮军声名，亦从此扫地以尽矣。

久练之军，尚复尔尔，其他仓卒新募，纪律不谙，器械不备者，更何足道。自平壤败绩以后，庙算益飘摇无定，军事责任，不专在李鸿章一人，兹故不详叙之，仅列其将帅之重要者如下：

一	依克唐阿	奉天将军	满洲马队	以光绪二十年八月派为钦差大臣。
二	宋庆	提督	新募军	以光绪二十年十二月派总统前敌各军
三	吴大澂	湖南巡抚	湘军	以光绪二十年十二月派为帮办军务大臣
四	刘坤一	两江总督	湘军	以光绪二十年十二月派为钦差大臣

其余先后从军者，则有承恩公桂祥（慈禧太后之胞弟），副都统秀吉之神机营马步兵；按察使陈湜、布政使魏光焘、道员李光久、总兵刘树元、编修曾广钧、总兵余虎恩，提督熊铁生等之湘军；按察使周馥、提督宗德胜等之淮军；副将吴元恺之鄂军；提督冯子材之粤勇；提督苏元春之桂勇；郡王哈咪之回兵；提督闪殿魁新募之京兵；提督丁槐之苗兵；侍郎王文锦、提督曹克忠奉旨团练之津胜军；某蒙员所带之蒙古兵。其间或归李鸿章节制，或归依克唐阿节制，或归宋庆节制，或归吴大澂节制，或归刘坤一节制，毫无定算，毫无统一。识者早知其无能为役矣。

九连城失，凤凰城失，金州失，大连湾失，岫岩失，海城失，旅顺口失，盖平失，营口失，登州失，荣城失，威海卫失，刘公岛失，海军提督丁汝昌，以北洋败残兵舰，降于日本，于是中国海防兵力遂尽。兹请更将李鸿章生平最注意经营之海军，重列一表，以志末路之感：

经远	铁甲船	沉	黄海
致远	钢甲船	沉	黄海
超勇	钢甲船	沉	黄海
扬威	钢甲船	火	黄海
捷顺	水雷船	夺	大连湾

失名	水雷船	沉	旅顺口外
操江	木质炮船	夺	丰岛中
来远	铁甲船	沉	威海卫
威远	练习船	沉	威海卫
福龙	水雷船	夺	刘公岛外
靖远	钢甲船	沉	刘公岛外
定远	铁甲船	降	刘公岛中
镇远	铁甲船	降	刘公岛中
平远	钢甲船	降	刘公岛中
济远	钢甲船	降	刘公岛中
威远	木质船	降	刘公岛外

其余尚有康济、湄云之木质小兵船，镇北、镇边、镇西、镇中之四蚊子船，又水雷船五，炮船三，凡刘公岛湾内或伤或完之船，大小二十三艘，悉为日有。其中复有广东水师之广甲、广丙、广乙三船，或沉或降。自兹以往，而北洋海面数千里，几不复有中国之帆影轮声矣。

当中日战事之际，李鸿章以一身为万矢之的，几于身无完肤，人皆欲杀。平心论之，李鸿章诚有不能辞其咎者，其始误劝朝鲜与外国立约昧于公法咎一；既许立约，默认其自主，而复以兵干涉其内乱，授人口实，咎二；日本既调兵势固有进无退，而不察先机，辄欲倚赖他国调停，致误时日，咎三；聂士成请乘日军未集之时，以兵直捣韩城以制敌而不能用，咎四；高丽事未起之前，丁汝昌请以北洋海军先鏖敌舰，而不能用，遂令反客为主，敌坐大而我愈危，综其原因，皆由不欲衅自我开，以为外交之道应尔，而不知当甲午五六月间，中日早成敌国，而非友邦矣，误以交邻之道施诸兵机，咎五；鸿章将自解曰：量我兵力不足以敌日本，故惮于发难也。虽然，身任北洋，整军经武二十年，何以不能一战？咎六；彼又将自解曰：政府掣肘，经费不足也。虽然，此不过不能扩充已耳，何以其所现有者，如叶志超、卫汝贵诸军，素以久练著名，亦脆弱乃尔，且克减口粮盗掠民妇之事，时有所闻，乃并纪

律而无之也，咎七；枪或苦窳，弹或赝物，弹不对枪，药不随械，谓从前管军械局之人皆廉明，谁能信之，咎八；平壤之役，军无统帅，此兵家所忌，李乃蹈之，咎九；始终坐待敌攻，致于人而不能致人，畏敌如虎，咎十；海军不知用快船快炮，咎十一；旅顺天险，西人谓以数百兵守之，粮食苟足，三年不能破，乃委之于所亲昵阘冗恇怯之人，闻风先遁，咎十二。此皆可以为李鸿章罪者。若夫甲午九十月以后，则群盲狂吠，筑室道谋，号令不出自一人，则责备自不得归于一点。若尽以为李鸿章咎，李固不任受也。

又岂唯不任受而已，吾见彼责李罪李者，其可责可罪，更倍蓰于李而未有已也。是役将帅无一人不辱国，不待言矣。然比较于百步五十步之间，则海军优于陆军，李鸿章部下之陆军，又较优于他军也。海军大东沟一役，彼此鏖战五点余钟，西人观战者咸啧啧称赞焉。虽其中有如方伯谦之败类（或谓伯谦实为救火保船，海军兵机当尔云。），然余船之力斗者固可以相偿，即敌军亦起敬也。故日本是役，唯海军有敌手，而陆军无敌手。及刘公岛一役，食尽援绝，降敌以全生灵，身殉以全大节，盖前后死难者，邓世昌、林泰曾、丁汝昌、刘步蟾、张文宣，虽其死所不同，而咸有男儿之概，君子愍之。诸人者皆北洋海军最要之人物也，以视陆军之全无心肝者何如也，陆军不忍道矣。然平壤之役，犹有左宝贵、马玉崑等一二日之剧战，是李鸿章部下之人也，敌军死伤相当。云其后欲恢复金州、海城、凤凰城等处，及防御盖平，前后几度，皆曾有与日本苦战之事，虽不能就，然固已尽力矣，主之者实宋庆，亦李鸿章旧部也。是固不足以偿叶志超、卫汝贵、黄仕林、赵怀业、龚照玙等之罪乎。虽然，以比诸吴大澂之出劝降告示，未交锋而全军崩溃者何如？以视刘坤一之奉命专征，逗留数月不发者何如？是故谓中国全国军族皆腐败可也，徒归罪于李鸿章之淮军不可也。而当时盈廷虚骄之气，若以为一杀李鸿章，则万事皆了而被峨冠博带，指天画地者，遂可以气吞东海，舌撼三山，盖湘人之气焰尤咻咻焉。此用湘军之议所由起也。乃观其结局，岂唯无以过淮军而已，又更甚焉。嘻，可以愧矣。吾之为此言，非欲为淮军与李鸿章作冤词也。吾于中日之役，固一毫不能为李淮恕也，然特恶夫虚骄嚣张之徒，毫无责任，而立于他人之背后，

摭其短长以为快谈，而迄未尝思所以易彼之道，盖此辈实亡国之利器也。李固可责，而彼辈又岂能责李之人哉？

是役也，李鸿章之失机者固多，即不失机而亦必无可以幸胜之理。盖十九世纪下半纪以来，各国之战争，其胜负皆可于未战前决之。何也？世运愈进于文明，则优胜劣败之公例愈确定。实力之所在，即胜利之所在，有丝毫不能假借者焉。无论政治、学术、商务，莫不皆然，而兵事其一端也。日本三十年来，刻意经营，上下一心，以成此节制敢死之劲旅，孤注一掷以向于我，岂无所自信而敢乃尔耶？故及其败然后知其所以败之由，是愚人也，乃或及其败而犹不知其致败之由，是死人也。然则徒罪李鸿章一人，呜呼可哉？

西报有论者曰：日本非与中国战，实与李鸿章一人战耳。其言虽稍过，然亦近之。不见乎各省大吏，徒知画疆自守，视此事若专为直隶满洲之私事者然，其有筹一饷出一旅以相急难者乎？即有之，亦空言而已。乃至最可笑者，刘公岛降舰之役，当事者致书日军，求放还广丙一舰，书中谓此舰系属广东，此次战役，与广东无涉云云。各国闻者，莫不笑之，而不知此语实代表各省疆臣之思想者也。若是乎，日本果真与李鸿章一人战也。以一人而战一国，合肥合肥，虽败亦豪哉！

自是而李鸿章兵事上之声誉终，而外交上之困难起。

第八章　外交家之李鸿章（上）

天津教案

法越之役

中日天津条约

议和日本

停战条约及遇刺

中日和约及其功罪

李鸿章之负重望于外国也以外交，李鸿章之负重谤于中国也亦以外交。要之李鸿章之生涯，半属外交之生涯也。欲断定其功罪，不可不以外交为最大之公案。故于此事特留意焉。

李鸿章办外交以天津教案为首。时值发、捻初平，内忧甫弥，无端而有津民戕教焚法国领事馆之事起(同治九年)。法人藉端要挟，联英美以迫政府，其欲甚奢。曾国藩方任直隶总督，深察此事之曲在我，而列国蹊田夺牛手段，又非可以颟顸对付也。乃曲意弥缝，镇压津民，正法八人，议罪二十余人。而法人之心犹未厌，必欲重索赔款，且将天津知府知县置诸重典。国藩外之应付西人，已极竭蹶，而内之又为京师顽固党所掊击，呼为卖国贼（京师湖广会馆将国藩匾落拔除摧烧，即此时也。），白简纷纭，举国欲杀。于是通商大臣崇厚，恐事决裂，请免国藩而以鸿章代之。明诏敦促赴任，是为李鸿章当外交冲要之滥觞，实同治九年八月也。

彼时之李鸿章，殆天之骄子乎，顺风张帆，一日千里，天若别设一位置以为其功名之地。当其甫受任督直隶也，普法之战顿起，法人仓皇自救不复他及，而欧美各国亦复奔走相顾，且汗且喘，以研究西方之大问题，而此东方小问题，几莫或措意。于是天津教案，遂销沉于若有若

天津教案

无之间。中国当时之人，无一知有世界大局者，以普法一役如此惊天动地之大事，固咸熟视无睹，以为是李鸿章之声望韬略，过于曾国藩万万也。于是鸿章之身价顿增。

天津教案以后，日本战事以前，李鸿章所办交涉事件以十数，而其关系最重者，为法国安南之役，日本朝鲜之役。光绪八年，法国有事于安南，眈眈逐逐，思大有所逞。与中国既定约，而复借端毁弃之。于是中法战事开，法水师提督格鲁比，预定战略，其海军先夺海南，次据台湾，直捣福州，歼我舰队，其陆军则自越之东京，出略云南贵州。如是则水陆两者必大有所获，将来东方权力，可以与英国争衡。于是格鲁比一面电达本国，请给军需并增派军队，一面乘福州之无备，轰我船厂，坏我兵船，一面以陆军迫东京。当时南方之天地，大有风云惨淡之观，李鸿章乃行伐谋伐交之策，思嗾英德以牵制法人。时曾纪泽方充英使，受命办此事。虽未能成，而法政府因之有所顾忌，增兵筹饷之案，在议院否决。格鲁比时方攻台湾之淡水不能下，安南之陆兵，又为黑旗军所持，不得行其志，忽接此案否决之报，大愤几死。法人乃先请和于我。李鸿章此役以后，其外交手段，始为欧人所注视矣。

当法事之方殷也，朝鲜京城又有袭击日本使馆之事，盖华兵韩兵皆预有谋焉。朝鲜之为藩属为自主，久已抗议于中日两国间。轇轕未定，

天津教案中被火烧毁的望海楼

日本乘我多事之际，派伊藤博文来津交涉。乃方到而法人和局已就，李鸿章本有一种自大之气，今见虎狼之法，尚且帖耳就范，蕞尔日本，其何能为？故于伊藤之来也，傲然以临之。彼伊藤于张、邵议和之时，私语伍廷芳，谓前在天津见李中堂之尊严，至今思之犹悸，盖得意时泄宿憾之言也。伊藤此行，亦不能得志，仅约他日朝鲜有事，甲国派兵往，须先照会乙国而已，所谓天津条约者是也。虽然，此约竟为后此中日开衅之引线矣。

李鸿章对朝鲜之外交，种种失策，前章已言之矣。然因此之故，《天津条约》，遂至变为《马关条约》。呜呼！庄生有言：其作始也简，其将毕也巨。善弈者每于至闲之着，断断不肯放过。后有当此局者，可无慎欤。战事至甲午之冬，中国舍求和外，更无长策。正月，乃派张荫桓、邵友濂讲于日本。日本以其人微言轻也，拒不纳。乃更派李鸿章。二月遂行，随带参赞李经方等，以二十四日抵马关，与日本全权大臣伊藤博文、陆奥宗光开议。翌日首议停战条件，日本首提议以大沽、天津、山海关三处为质。辩论移时，不肯少让，乃更议暂搁停战之

天津教案发生后，最后经李鸿章的交涉，杀死16名天津闹事民众，将天津知府和知县革职流放，并赔偿英美法俄等列强，最终案件得以平息。

议，即便议和。伊藤言：既若尔则须将停战之节略撤回，以后不许再提及。彼此磋磨未决。及二十八日，第三次会议，归途中突遇刺客，以枪击鸿章，中左颧，枪子深入左目下，一晕几绝。日官闻警来问状者，络绎不绝，伊藤、陆奥亦躬诣慰问，谢罪甚恭，忧形于色。日皇及举国臣民同深震悼，遂允将中国前提出之停战节略画押。口舌所不能争者，藉一枪子之伤而得之。亏是议和前一节，略有端绪。当遇刺之初，日皇遣御医军医来视疾，众医皆谓取出枪子，创乃可瘳，但须静养多日，不劳心力云。鸿章慨然曰：国步艰难，和局之成，刻不容缓，予焉能延宕以误国乎？宁死无割。刺之明日，或见血满袍服，言曰：此血所以报国也。鸿章潸然曰：舍予命而有益于国，亦所不辞。其慷慨忠愤之气，君子敬之。

遇刺后得旨慰劳，并派李经方为全权大臣，而李鸿章实一切自行裁断，虽创剧偃卧，犹口授事机，群医苦之。三月初七日，伊藤等将所拟和约底稿交来。十一日，李备复文，将原约综其大纲分四款，一朝鲜自主，二让地，三兵费，四通商权利。除第一朝鲜自主外，余皆极力驳议。十五日，复另拟一约底送去，即拟请赔兵费一万万两，割奉天南四厅县地方等，日本亦条条驳斥。十六日，伊藤等又备一改定约稿寄来，较前稍轻减，即马关条约之大概也。是日鸿章创已愈，复至春帆楼与日本全权大臣面议。刻意磋磨，毫无让步。唯有声明若能于三年内还清偿款，则一律免息，及威海卫驻兵费，减一半耳。今将其条约全文列下：

大日本帝国大皇帝陛下，及大清帝国大皇帝陛下，为订定和约，俾两国及其臣民重修平和，共享幸福，且杜绝将来纷纭之端，大日本帝国大皇帝陛下，特简大日本帝国全权办理大臣内阁总理大臣从二位勋一等伯爵伊藤博文，大日本帝国全权办理大臣外务大臣从二位勋一等子爵陆奥宗光，大清帝国大皇帝陛下，特简大清帝国钦差头等全权大臣太子太傅文华殿大学士北洋通商大臣直隶总督一等肃毅伯爵李鸿章，大清帝国钦差全权大臣二品顶戴前出使大臣李经方，为全权大臣，彼此较阅所奉谕旨，认明均属妥实无阙，会同议定各条款，开列于左：

第一款　中国认明朝鲜国确为完全无缺之独立自主，故凡有亏损独立自主体制，即如该国向中国所修贡献典礼等，嗣后全行废绝。

第二款　中国将管理下开地方之权，并将该地方所有堡垒军器工厂，及一切属公物件，永远让与日本。

一、下开划界以内之奉天省南边地方，从鸭绿江口，溯该江以抵安平河口，又从该河口，划至凤凰城海城及营口而止。画成折线以南地方，所有前开各城市邑，皆包括在划界线内。该线抵营口之辽河后，即顺流至海口止。彼此以河中心为分界。辽东湾东岸，及黄海北岸，在奉天所属诸岛屿，亦一并在所让界内。

二、台湾全岛，及所有附属各岛屿。

三、澎湖列岛，即英国格林威治东经百十九度起，至百二十度止，北纬二十三度起，至二十四度之间诸岛屿。

第三款　前款所载，及粘附本约之地图。所划疆界，俟本约批准互换之后，两国应各选派官员二名以上，为公同划定疆界委员，就地踏勘，确定划界。若遇本约所订疆界，于地形或治理所关，有碍难不便等情，各该委员等，当妥为参酌更定。各该委员等，当从速办理界务，以期奉委之后，限一年竣事。但遇各该委员等，有所更定划界，两国政府，未经认准以前，应据本约所定划界为正。

第四款　中国约将库平银贰万万两，交与日本，作为赔偿军费。该款分作八

次交完，第一次五千万两，应在本约批准互换后六个月内交清，第二次五千万两，应在本约批准互换后十二个月内交清，余款平分六次，递年交纳，其法列下：第一次平分递年之款，于两年内交清，第二次于三年内交清，第三次于四年内交清，第四次于五年内交清，第五次于六年内交清，第六次于七年内交清。其年分均以本约批准互换之后起算。又第一次赔款交清后，未经交完之款，应按年加每百抽五之息。但无论何时，将应赔之款，或全数，或几分，先期交清，均听中国之便。如从条约批准互换之日起，三年之内，能全数清还，除将已付利息，或两年半，或不及两年半，于应付本银扣还外，余仍全数免息。

第五款　本约批准互换之后，限二年之内，日本准中国让与地方人民，愿迁居让与地方之外者，任便变卖所有产业，退去界外。但限满之后，尚未迁徒者，均宜视为日本臣民。又台湾一省，应于本约批准互换后，两国立即各派大员至台湾，限于本约批准互换后两个月内交接清楚。

第六款　日中两国所有约章，因此次失和，自属废绝。中国约俟本约批准互换之后，速派全权大臣，与日本所派全权大臣，会同订立通商行船条约，及陆路通商章程。其两国新订约章，应以中国与泰西各国现行约章为本。又本约批准互换之日起，新订约章未经实行之前，所有日本政府官吏臣民，及商业工艺行船船只陆路通商等，与中国最为优待之国，礼遇护视，一律无异。中国约将下开让与各款，从两国全权大臣画押盖印日起，六个月后、方可照办。

第一、现今中国已开通商口岸之外，应准添设下开各处，立为通商口岸，以便日本臣民往来侨寓，从事商业工艺制作。所有添设口岸，均照向开通商海口，或向开内地镇市章程，一体办理，应得优例及利益等，亦当一律享受。一、湖北省荆州府沙市，二、四川省重庆府，三、江苏省苏州府，四、浙江省杭州府。日本政府得派遣领事官于前开各口驻扎。

第二、日本轮船得驶入下开各口，附搭行客，装运货物。一、从湖北省宜昌溯长江以至四州省重庆府，二、从上海驶进吴淞江及运河，以至苏州府杭州府。日中两国，未经商定行船章程以前，上开各口行船，务依外国船只驶入中国内地水路现行章程照行。

第三、日本臣民在中国内地购买经工货件，若自生之物，或将进口商货，运往内地之时，欲暂行存栈，除勿庸输纳税钞，派征一切诸费外，得暂租栈房存货。

第四，日本臣民，得在中国通商口岸城邑，任便从事各项工艺制造，又得将各项机器，任便装运进口，只交所订进口税。日本臣民，在中国制造一切货物，其于内地运送税，内地税，钞课杂派，以及在中国内地，沾及寄存栈房之益，即照日本臣民，运入中国之货物，一体办理。至s应享优例豁除，亦莫不相同。嗣后如有因以上加让之事，应增章程规条，即载入本款所称之行船通商条约内。

第七款　日本军队现驻中国境内者，应于本约批准互换之后三个月内撤回，但须照次款所定办理。

第八款　中国为保明认真实行约内所订条款，听允日本军队，暂行占守山东省威海卫。又于中国将本约所订第一第二两次赔款交清，通商行船约章亦经批准互换之后，中国政府与日本政府，确定周全妥善办法，将通商口岸关税，作为剩款并息之抵押，日本可允撤回军队。倘中国政府不即确定抵押办法，则未经交清末次赔款之前，日本应不允撤回军队。但通商行船约章未经批准互换以前，虽交清赔款，日本仍不撤回军队。

第九款　本约批准互换之后，两国应将是时所有俘虏，尽数交还。中国约将由日本所还俘虏，并不加以虐待，若或置于罪戾。中国约将认为军事间谍，或被嫌逮系之日本臣民，即行释放。并约此次交仗之间，所有关涉日本军队之中国臣民，概予宽贷，并饬有司不得擅为逮系。

第十款　本约批准互换日起，应按兵息战。

第十一款　本约奉大日本帝国大皇帝陛下，及大清帝国大皇帝陛下，批准之后，定于明治二十八年五月初八日，即光绪二十一年四月十四日，在烟台互换。

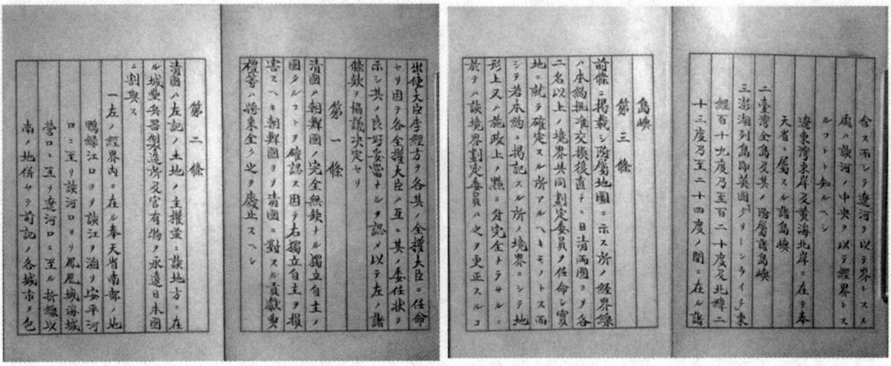

《马关条约》原件

观李鸿章此次议和情状，殆如春秋齐国佐之使于晋，一八七〇年法爹亚士之使于普。当戎马压境之际，为忍气吞声之言，旁观犹为酸心，况鸿章身历其境者。回视十年前天津定约时之意气，殆如昨梦。嗟乎！应龙入井，蝼蚁困人，老骥在枥，驽骀目笑，天下气短之事，孰有过此者耶？当此之际，虽有苏、张之辩，无所用其谋；虽有贲育之力，无所用其勇。舍卑词乞怜之外，更有何术？或者以和议之速成为李鸿章功，固非也，虽无鸿章，日本亦未有不和者也；而或者因是而丛垢于李之一身，以为是秦侩也，张邦昌也，则盍思使彼辈处李之地位，其结局又将何如矣。要之李之此役，无功焉，亦无罪焉。其外交手段，亦复英雄无用武之地。平心论之，则李之误国，在前章所列失机之十二事，而此和议，不过其十二事之结果，毋庸置论者也。

第九章　外交家之李鸿章（下）

三国代索辽东
中俄密约
李鸿章历聘欧洲
任外交官时代
胶州之役
旅顺大连威海广州湾九龙之役
李鸿章出总署

十九世纪之末，有中东一役，犹十八世纪之末，有法国革命也。法国革命开出十九世纪之欧罗巴，中东一役开出二十世纪之亚细亚。譬犹红日将出，鸡乃先鸣，风雨欲来，月乃先晕，有识者所能预知也。当中日未战以前，欧人与华人之关系，不过传教通商二事。及战后数年间，而其关系之紧密，视前者骤增数倍。至今日，则中国之一举一动，皆如与欧人同体相属，欲分而不能分矣。此其故由于内治之失政者半，由于外交之无谋者亦半。君子读十年来中外交涉史，不禁反面掩袖涕涔涔下也。

战事之前，中国先求调停于英俄，此实导人以干涉之渐也。其时日人屡言，东方之事，愿我东方两国自了之，无为使他国参于其间。顾我政府蓄愤已甚，不能受也，唯欲嗾欧人以力胁日本。俄使回言：俄必出力，然今尚非其时。盖其处心积虑，相机以逞，固早有成算矣。乙未三月，李鸿章将使日本，先有所商于各国公使。俄使喀希尼曰：吾俄能以大力拒日本，保全中国疆土，唯中国必须以军防上及铁路交通上之利便以为报酬。李乃与喀希尼私相约束，盖在俄使馆密议者数日夜云。欧力东渐之机，盖伏于是。

当时中国人欲借欧力以拒日者，不独李鸿章而已，他人殆有甚焉。张之洞时署江督，电奏争和议曰：若以赂倭者转而赂俄，所失不及其半，即可转败为胜。恳请饬总署及出使大臣，与俄国商订密约，如肯助我攻倭，胁倭尽废全约，即酌量划分新疆之地以酬之，许以推广商务。如英肯助我，报酬亦同，云云。当时所谓外交家者，其眼光手段，大率类是，可叹。

马关定约，未及一月，而俄国遂有与德法合议逼日本还我辽东之事。俄人代我取辽，非为我计，自为计也。彼其视此地为己之势力范围，匪伊朝夕。故决不欲令日本得鼾睡于其卧榻之侧也。故使我以三十兆两代彼购还辽东于日本之手，先市大恩于我，然后徐收其成。俄人外交手段之巧，真不可思议。而李鸿章一生误国之咎，盖未有大于是者。李鸿章外交之历史，实失败之历史也。

还辽事毕，喀希尼即欲将前此与李私约者，提出作为公文，以要求于总署。值物议沸腾。皇上大怒，鸿章罢职，入阁闲居，于是暂缓其请，以待时机。丙申春间，有俄皇加冕之事，各国皆派头等公使往贺。中国亦循例派遣，以王之春尝充唁使，故贺使即便派之。喀希尼乃抗言曰：皇帝加冕，俄国最重之礼也，故从事斯役者，必国中最著名之人，有声誉于列国者方可。王之春人微言轻，不足当此责。可胜任者，独李中堂耳。于是乃改派李为头等公使。喀希尼复一面贿通太后，甘诱威迫，谓还辽之义举，必须报酬、请假李鸿章以全权，议论此事。而李鸿章请训时，太后召见，至半日之久，一切联俄密谋，遂以大定。

李鸿章抵俄京圣彼得堡，遂与俄政府开议喀希尼所拟草约底稿。及加冕之期已近，往俄旧都莫斯科，遂将议定书画押。当其开议也，俄人避外国之注目，不与外务大臣开议，而使户部大臣当其冲。遂于煌煌巨典万宾齐集之时，行明修栈道暗渡陈仓之计。而此关系地球全局之事，遂不数日而取决于樽俎之间矣。俄人外交手段之剽悍迅疾，真可羡可畏哉。时丙申四月也。

密约之事，其办订极为秘密，自中俄两国当事之数人外，几于无一知者。乃上海《字林西报》，竟于李鸿章历聘未归之时，得其密约原文，译录以登报上，盖闻以重金购之于内监云。其全文如下：

大清国大皇帝前于中日肇衅之后，因奉大俄罗斯国大皇帝仗义各节，并愿将两国边疆及通商等事，于两国互有益者，商定妥协，以固格外和好，是以特派大清钦命督办军务处王大臣为全权大臣，会同大俄罗斯国钦差出使中国全权大臣一等伯爵喀，在北京商定，将中国之东三省火车道接连俄国西伯里亚省之火车道，以冀两国通商往来迅速，沿海边防坚固，并议专条以答代索辽东等处之义。

Le Petit Journal
SUPPLÉMENT ILLUSTRÉ
ÉVÉNEMENTS DE CHINE
Li-Hung-Chang escorté par les troupes russes et japonaises

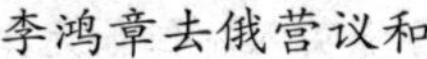
李鸿章去俄营议和

第一条 近因俄国之西伯里亚火车道竣工在即。中国允准俄国将该火车道一由俄国海参崴埠续造至中国吉林珲春城，又向西北续至吉林省城止。一由俄国境某城之火车站续造至中国黑龙江之爱珲城，又向西北续至齐齐哈尔省城，又至吉林伯都讷地方，又向东南续造至吉林省城止。

第二条 凡续造进中国境内黑龙江及吉林各火车道，均由俄国自行筹备资本，其车道一切章程，亦均依俄国火车条程，中国不得与闻。至其管理之权，亦暂行均归俄国。以三十年为期。过期后，准由中国筹备资本估价将该火车道并一切火车机器厂房屋等赎回。唯如何赎法，容后再行妥酌。

第三条 中国现有火车路拟自山海关续造至奉天盛京城，由盛京接续至吉林。倘中国日后不便即时造此铁路者，准由俄国备资由吉林城代造，以十年为期赎回。至铁路应由何路起造，均照中国已勘定之道接续至盛京并牛庄等处地方止。

第四条 中国所拟续造之火车道，自奉天至山海关至牛庄至盖平至金州至旅顺口以及至大连湾等处地方，均应仿照俄国火车造，以期中俄彼此来往通商之便。

第五条 以上俄国自造之火车道所经各地方，应得中国文武官员照常保护，并应优待火车道各站之俄国文武各官，以及一切工匠人等。唯由该火车道所经之地，大半荒僻，犹恐中国官员不能随时保护周详，应准俄国专派马步各兵数队驻扎各要站，以期妥护商务。

第六条 自造成各火车道后，两国彼此运进之货，其纳税章程。均准同治元年二月初四日中俄陆路通商条约完纳。

第七条 黑龙江及吉林长白山等处地方所产五金之矿，向有禁例，不准开挖。自此约定后，准俄国以及本国商民随时开采，唯须应先行禀报中国地方官具领护照，并按中国内地矿务条程，方准开挖。

第八条 东三省虽有练军，唯大半军营仍系照古制办理。倘日后中国欲将各省全行改仿西法，准向俄国借请熟悉营务之武员来中国整顿一切，其章程则与两江所请德国武员条程办理无异。

第九条 俄国向来在亚细亚洲无周年不冻之海口，一时该洲若有军务，俄国东海以及太平洋水师，诸多不便，不得随时驶行。今中国因鉴于此，是以情愿将山东省之胶州地方暂行租与俄国，以十五年为限。其俄国所造之营房栈房机器厂船坞等类，准中国于期满后估价备资买入。但如无军务之急，俄国不得即时屯兵据要，以免他国嫌疑。其赁租之款，应得如何办理，日后另有附条酌议。

第十条 辽东之旅顺口以及大连湾等处地方，原系险要之处。中国极应速为整顿各事，以及修理各炮台等诸要务，以备不虞。既立此约，则俄国允准将此二处相为保护，不准他国侵犯。中国之允准，将来永不能让与他国占踞。唯日后如俄国忽有军务，中国准将旅顺口及大连湾等地方，暂行让与俄国水陆军营泊屯于此，以期俄军攻守之便。

第十一条 旅顺口大连湾等处地方，若俄国无军务之危，则中国自行管理，与俄国无涉。唯东三省火车道，以及开挖五金矿诸务，准于换约后即时便宜施行。俄国文武官员以及商民人等所到之处，中国官员理应格外优待保护，不得阻滞其游历各处地方。

第十二条　此约奉两国御笔批准后，各将条约照行。除旅顺口大连湾及胶州诸款外，全行晓谕各地方官遵照。将来换约，应在何处，再行酌议。自画押之日起。以六个月为期。

中俄密约以前为一局面，中俄密约以后为一局面。盖近年以来列国之所以取中国者，全属新法：一曰借租地方也，二曰某地不许让于他国也，三曰代造铁路也，而其端皆自此密约启之。其第九条借租胶州湾，即后此胶、威、广、旅、大成嚆矢也。其第十条旅顾大连不许让于他人，即各国势力范围之滥觞也。而铁路一端，断送祖宗发祥之地，速西伯利亚大路之成，开各国觊觎纷争之渐者，固无论矣。呜呼！牵一发，动全身，合九州，铸大错，吾于此举，不能为李鸿章恕焉矣。

李鸿章前往科隆大教堂

或曰，此约由太后主之，督办军务处王大臣赞之，非鸿章本意云。虽然，莫斯科草约，定于谁氏之手乎？此固万无能为讳者也！自此约原文既登报章后，各国报馆，电书纷驰，疑信参半，无论政府民间，莫不惊心动色。鸿章游历欧洲时，各国交相诘问，唯一味支吾搪塞而已。其年七月，莫斯科画押之草约，达北京。喀希尼直持之以与总署交涉。皇上与总署，皆不知有此事，愕怒异常，坚不肯允。喀希尼复贿通太后，甘言法语，诱胁万端。太后乃严责皇上，直命交督办军务处速办，不经由总理衙门。西历九月三十日，皇上挥泪批准密约。

李鸿章之贺俄加冕也，兼历聘欧洲，皆不过交际之常仪，若其有关于交涉者，则定密约与议增税两事而已。中国旧税则，凡进口货物，值百抽五。此次以赔款之故，欲增至值百抽七五。首商诸俄国，俄允之。次商诸德法，德法云待英国取进止。既至英，与宰相沙士勃雷提议。其时英与中国之感情甚冷落，且以中俄密约之故，深有疑于李鸿章，沙氏乃托言待商诸上海各处商人，辞焉。此事遂无所成。

李鸿章访问英国期间与英国首相索尔兹伯里（左）

李之历聘也，各国待之有加礼，德人尤甚，世以为此行必将大购船炮枪弹，与夫种种通商之大利，皆于是乎在。及李之去，一无所购，欧人盖大失望云。李之至德也，访俾斯麦，其至英也，访格莱斯顿，咸相见甚欢，皆十九世纪世界之巨人也。八月，鸿章自美洲归国。九月十八

日，奉旨在总理各国事务衙门行走。自兹以讫光绪廿四年戊戌七月，实为李鸿章专任外交时代。而此时代中，则德据胶州，俄据旅顺口大连湾，英据威海卫、九龙，法据广州湾，实中国外交最多事最危险之时代也。

还辽之役，倡之者俄，而赞之者德、法也。俄人既结密约，得绝大无限之权利于北方，踌躇满志，法人亦于光绪廿二年春夏间，得滇、缅、越间之瓯脱地，又得广西镇南关至龙州之铁路，唯德国则寂寂未有所闻。廿三年春，德使向总理衙门索福建之金门岛，峻拒不许，至十月而胶州之事起。

李鸿章一行访问费城时的盛大欢迎场面

是役也，德国之横逆无道，人人共见。虽然，中国外交官固有不得

辞其咎者。夫始而无所倚赖于人，则亦已耳，既有倚赖，则固不得不酬之。能一切不酬则亦已矣，既酬甲酬乙，则丙亦宜有以酬之。三国还辽，而唯德向隅，安有不激其愤而速其变者？不特此也，中俄密约中声明将胶州湾借与俄人，是俄人所得权利，不徒在东三省而直侵入山东也。方今列国竞争优胜劣败之时。他国能无妒之。是德国所以出此横逆无道之举者，亦中国有以逼之使然也。岁十月，曹州教案起，德教士被害者二人。德人闻报，即日以兵船闯进胶州湾，拔华帜树德帜，总兵章高元掳焉。警报达总署，与德使开议。德使海靖唯威吓恐吓，所有哀乞婉商者，一切拒绝。欲乞援于他国，无一仗义责言，为我讼直者。迁延至两月有余，乃将所要挟六事，忍气吞声，一一允许，即将胶澳附近方百里之地，租与德国九十九年，山东全省铁路矿务，归德国承办等事，是也。

胶事方了，旋有一重大之波澜起焉。初李鸿章之定《马关条约》也，约以三年内若能清还，则一概免息，而前者所纳之息，亦以还我，又可省威海卫戍兵四年之费，共节省得银二千三百二十五万两。至是三年之期限将满，政府欲了此公案，议续借款于外国。廿三年十一月，俄人议承借此项，而求在北方诸省设铁路，及罢斥总税务司赫德二事。英人闻之，立与对抗，亦欲承借此款，利息较轻，而所要求者，一、监督中国财政，二、自缅甸通铁路于扬子江畔，三、扬子江一带不许让与他国，四、开大连湾为通商口岸，五、推广内地商务，六、各通商口岸皆免厘金。时总理衙门欲诺之，俄法两国忽大反对，谓若借英国款，是破列国均势之局也，日以强暴之言胁总署，总署之人，不胜其苦。正月，乃回绝各国，一概不借，而与日本商议，欲延期二十年摊还，冀稍纾此急难。不意日本竟不允许。当此之时，山穷水尽，进退无路，乃以赫德之周旋，借汇丰银行、德华银行款一千六百万磅，吃亏甚重，仅了此局。

胶州湾本为中俄密约圈内之地，今德国忽攫诸其怀而夺之，俄人之愤愤，既已甚矣，又遇有英德阻俄借款一事，俄人暴怒益烈。于是光绪二十四年正二月间，俄国索旅顺大连湾之事起。李鸿章为亲订密约之人，欲办无可办，欲诿无可诿，卒乃与俄使巴布罗福新结一约：将旅顺口大连湾两处及邻近相连之海面，租与俄国，以二十五年为期，并准俄人筑铁路从营口、鸭绿江中间，接至滨海方便之处。

俄人既据旅顺、大连，英国籍口于均势之局，遂索威海卫。时日本之赔款方清，戍兵方退，英人援俄例借租此港，二十五年为期，其条约一依旅顺大连故事。时李鸿章与英使反复辩难，英使斥之曰：君但诉诸俄使，勿诉诸我。俄使干休，我立干休。李无词以对焉，狼狈之情，可悯可叹。所承其半点哀怜者，唯约他日中国若重兴海军，可借威海卫泊船之一事而已。

至是而中国割地之举，殆如司空见惯浑闲事矣。当俄、法与英为借款事冲突也，法人借俄之力，要求广州湾，将以在南方为海军根据地。其时英国方迫我政府开西江一带通商口岸，将以垄断利权，法人见事急，乃效德国故智，竟闯入广州湾，而后议借租之，以九十九年为期。中国无拒之力，遂允所请。

英国又援均势之说，请租借九龙以相抵制，其期亦九十九年。定议画押之前一日，李鸿章与英使窦纳乐抗论激烈，李曰：虽租九龙，不得筑炮台于其山上。英使愤然拍案曰：无多言！我国之请此地，为贵国让广州湾于法以危我香港也！若公能废广州湾之约，则我之议亦立刻撤回。鸿章吞声饮泪而已。实光绪二十四年四月十七日也。

至五月间，尚有英俄激争之一事起，即芦汉铁路与牛庄铁路事件是也。初盛宣怀承办芦汉铁路，于廿三年三月，与比利时某公司订定借款，约以本年西正月交第一次。及德占胶州后，该公司忽渝前盟，谓非改约，则款无所出。盛宣怀与李鸿章、张之洞等商，另与结约。而新结之约，不过以比利时公司为傀儡，而实权全在华俄银行之手。华俄银行者实不啻俄国政府银行也。以此约之故，而黄河以北之地，将尽入俄国主权之内，而俄人西伯利亚之铁路，将以彼得堡为起点，以汉口为终点矣。英人大妒之，乃提议山海关至牛庄之铁路归英国承办，将以横断俄国之线路。俄公使到总署，大争拒之，英俄两国，几于开战，间不容发，而皆以中国政府为磨心。万种难题，集于外交官数人之身。其时皇上方亲裁大政，百废具举，深恨李鸿章以联俄误国，乃以七月廿四日，诏鸿章毋庸在总理各国事务衙门行走，于是外交之风浪暂息，而李鸿章任外交官之生涯亦终矣。

案：议和团时代李鸿章之外交，于第十一章论之。

西人之论曰：李鸿章大手段之外交家也。或曰：李鸿章小狡狯之外交家也。夫手段狡狯，非外交家之恶德。各国并立，生存竞争，唯利是视。故西哲常言个人有道德，而国家无道德。试观列国之所称大外交家者，孰不以手段狡狯得名哉。虽然，李鸿章之外交术，在中国诚为第一流矣，而置之世界，则瞠乎其后也。李鸿章之手段，专以联某国制某国为主，而所谓联者，又非平时而结之，不过临时而嗾之，盖有一种战国策之思想，横于胸中焉。观其于法越之役，则欲嗾英德以制法，于中日之役，则欲嗾俄英以制日，于胶州之役，则又欲嗾俄英法以制德，卒之未尝一收其效，而往往因此之故，所失滋多。胶州、旅顺、大连、威海卫、广州湾、九龙之事，不得不谓此政策为之厉阶也。夫天下未有徒恃人而可以自存者。泰西外交家，亦尝汲汲焉与他国联盟，然必我有可以自立之道，然后，可以致人而不致于人。若今日之中国，而言联某国联某国，无论人未必联我，即使联我，亦不啻为其国之奴隶而已矣，鱼肉而已矣。李鸿章岂其未知此耶？吾意其亦知之而无他道以易之也。要之，内治不修，则外交实无可办之理。以中国今日之国势，虽才十倍于李鸿章者，其对外之策，固不不得隐忍迁就于一时也。此吾所以深为李鸿章怜也。虽然，李鸿章于他役，吾未见其能用手段焉，独中俄密约，则其对日本用手段之结果也。以此手段，而造出后此种种之困难，自作之而自受之，吾又何怜哉？

按：胶州以后诸役，其责任不专在李鸿章，盖恭亲王、张荫桓，皆总理衙门重要之人，与李分任其咎者也，读者不可不知。

第十章　投闲时代之李鸿章

日本议和后入阁办事

巡察河工

两广总督

李鸿章着朝服像

自同治元年以迄光绪二十七年，凡四十年间，李鸿章无一日不在要津。其可称为闲散时代者，则乙未三月至丙申三月间凡一年，戊戌八月至庚子八月间凡两年而已。戊已庚之间，鸿章奉命治河，旋授商务大臣

总督两广，在他人则为最优之差，面按之李鸿章一生历史，不得不谓为投闲也。其闲之又闲者，为乙丙之间入阁办事，及戊戌八月至十一月退出总理衙门，无可论述。至其治河治粤，固亦有异于常人者焉。附论及之，亦作史者之责任也。

中国黄河，号称难治。数千年政论家，皆以之为一大问题，使非以西人治密士失必河之法治之，则决不可以断其害而收其利。当戊戌八月以后，李鸿章方无可位置，于是政府以此役任之。此亦可为河防史上添一段小小公案也。今录其奏议所用比国工程师卢法尔勘河情形原稿如下：

一、雒口至盐窝沿河情形

河身　黄河自河南龙门口改道以来，水性趋下，由北而东，奔流山东，入大清河，遂取道入海。其始东奔西突，人力难施，至两年以后，河流已定，方筑堤岸。河流曲折，其堤岸亦因之而曲折。迨河流变迁，堤岸不能俱随之变迁。临水远近不等，然堤岸全无保护，任水漂刷。现在小水河面，约宽九十丈至一百五十丈，河底则深浅不一，有河面宽处，水深仅四五尺，不便行船者，有河面忽窄，水深至三丈者。河流朝夕改道，旋左旋右，临流之岸，即为冲刷，带至流缓之处，又淤于滩。官民则任水所为，向无善策，唯于险处救急，决处补苴。而沿河常见岸土，于四五足高处，塌陷入水，际此隆冬，水小流缓，尚且如此，化冻之后，大汛之时，水大流急，更当如何？下游低岸如此，上游土山一带，不问可知。无怪黄河泥沙之多，为五大洲群流之最也。大汛时堤内沙滩，全为漫淹，因河底浅深不一，河身亦俯仰不一，故流水速率，处处不同。且下游之地极平，每里高低，不逾五寸，河流甚缓。容水之地，日益以隘，淤垫日高，年复一年，险上加险。职此之故，堤外之地，较堤内之滩，有低一尺者，有低至七八尺者。监工路过杨史道口时，曾将河面测量，计水面宽百三十八丈，河底最深二丈三尺，流水速率一秒钟约四尺。按此推算，每秒钟过水之数，约五万七千四百五十六立方尺，容水面积约一万三千六百八十方尺。又在盐窝上游测量，计此处水面仅宽一百零二丈，河底最深一丈二尺，容水面积约九千一百八十方尺。斯时杨史道口尚未合笼，太溜半归决口，不走盐窝，理合声明。至盛涨时，过水数目，言人人殊。按照两处地方文武官员所指示水志，计杨史道口容水面积应系三万六千一百八十方尺。盐窝容水面积应在二万四千四百八十方尺。因大水速

率，无从探询，致过水之数，不能复计。然不知进水之数，断难定河面宽窄堤岸远近之数也。计自雒口至盐窝约三百七十里。

李鸿章和孙辈们在一起

民埝，滨河之堤，谓之民埝，系民所修，官所守，为现时东水最要之堤也。民埝距水，远近不等，有即在水滨者，有离水至三四里者，当时修造，任意为之，并无定理，甚至其弯曲有令人不可解者。其高低厚薄，亦各处互异，有高于现时水面九尺者，有高至一丈五尺者，高逾沙滩五尺至八尺不等，高逾堤外之地亦九尺至一丈五尺不等，其堤顶有宽二丈四尺者，有宽三丈六尺者，新筑之埝则较厚。忽高忽低，忽厚忽薄，其收坡亦斜直不同，良可异也。看守民埝，朱甚周密，为水挖刷之处颇多，并无随时修理，积年累月，不至于决陷者几希。民埝皆以极松淤土为之，并无焦泥，入地不深。即有焦泥，不难挑取。埝顶可行大车、坐车、手车，轨道甚深，过路处或堤坡而上下，或截堤而低之。堤上筑盖民居，

并不加宽培厚，凡此皆最易损堤者。查泰西各国堤工坡上种青草，不惮讲求，不惜钜费，盖草根最能护堤也。此处之堤，都不种草，一二处偶尔有草，为民芟除净尽，甚至连根拔起。据云系取以烧锅，或喂牲口，殊不知无草则堤难保，堤难保则水患不旋踵矣。愚民不思，其属可嗤。耙草之器，最能损堤，应悬厉禁，不准行用，此亦保堤之一道。盖草既拔去，堤复耙松，大风一起，堤土飞扬，堤顶遂逐渐而低，堤身亦逐渐而薄，此器为害，不亦大哉？沿河之堤，有种柳已成荫者，有初栽仅盈尺者。柳根最能固堤，应于沿河堤岸一律遍栽，设法保护，不准攀折。并行种藤，更为坚实，柳条藤条，俱可编埽，筑堤较秸料坚固远甚，且可随处就近取材，毋须更出资采买，一举两得，莫妙于此，何惮而不为之耶？

大堤，大堤系公家所修，距民埝甚远，而远近处处不周，且多弯曲，殊不可解。现在此堤虽有如无，大不可恃。堤上居民鳞次栉比，全成村落，即取堤土以筑其居，致堤残缺不全。且过路之处，切与地平，竟成大口。堤上坡上，亦多种麦，颇能损堤。盛涨时民埝尚决，大堤未有不溃者也。该堤宽处，其顶尚有三丈六尺，高一丈二尺至一丈六尺不等，然完整者绝少。闻杨史道口水决民埝竟能走溜入小清河，淹溺村落，贻害居民者，良以大堤旧口未修，使水有隙可乘耳，询诸河官，何以大堤之口不堵？据答百姓不愿，今若修大堤，则千余村之居民，必环起而攻等语。可见修大堤非特无益，且不洽舆情也。大堤之外，居民甚多，有数百十户成村者，有四五家自立门户者，或筑围堤自护，或建高阜而居，大抵皆预作防水之计。村外周围之地，颇属膏腴，居民即以之耕耘，以供饮啄。此外尚有斜堤拦坝，皆以保此村田者也，然残废亦与大堤同。若民埝出险，不足恃也。

险工，沿河一带，险工最多。凡顶冲之处，或已决之处，皆有工程。其工程磨盘埽居，多以秸料覆土，层垒为之，形如磨盘，或紧贴于岸、或接连于堤，其形势纷歧不一，即高低厚薄，亦每埽不同，每埽错落参差，绝不相连，中仍走水，以使三面受敌，不知何意。鄙见数埽应一气呵成，不存罅隙，既省料工，更形坚固。且料埽入水，削如壁立，不作斜坡，适足以当冲，不能使水滑过，似非得法。至秸料亦非经久之物，因其中有心，质如灯草，最能吸水，使料易于腐烂，料烂则与沙土同。毫无劲力矣。监工曾见旧埽数处，虽形势相连，而根基已坏，一经盛涨，必即漂流，民埝定为所累，或云秸料为本地土产，用广价廉，舍此别无他料。诚能如监工前篇所言，多种藤柳，数年之后，便可足用，更毋须以巨万金钱造此不经久之事。或又云料埽原以挑水，一两年后，水已收道，料埽虽烂，亦复何虑。监工殊不谓然。若不改弦更张，恐抢险不过养痈耳。为今之计，虽无他料可用，其埽工应先行改式。傍岸者使之联成一片，作斜坡入水，以导其流，并须多用木桩，牵连于岸，以坚固麻绳系之，其护埽所抛之石，亦宜加粗加多，位置得法，方可御冲刷之力。监工曾见有以石块排于埽上者，镇压秸料，不使为风吹去，抑何可笑。此外尚有石堤，如北镇一带，尚称稳固，亦盐窝石堤，则已根底全虚，所未即坍圮者，赖尚有石灰粘凑，然亦不能久矣。

二、盐窝至海口尾闾情形

黄河尾闾，已由盐窝改道三次，首次向东北由铁门关入海，二次向东由韩家垣入海，三次庙东南由丝网口入海。今谨将三处情形次第言之，尚有新挑引河一条，亦并论及。

铁门关海口，此系大清河尾闾。黄河改道山东以来，由此入海，历三十余年，至韩家垣决口，舍东北而向正东。今铁门关一道，前半已淤垫甚高，河身成为平地，莫可辨识，左右两堤，尽成村落。铁门关以下，堤已尽矣，一派黄沙，地极瘠苦。约距铁门关下游八里，河形复见，有水直通于海，河边之地，虽系沙滩，而沙下不深，便有混土。河中之水，平时深约二尺，大潮可涨至三四尺，可至萧神庙，若东北风大作，可增至五六尺不等， 由三沟子起有船只可以出海，往来烟台。此次因河冻地潮，不能出海察勘，仅至三沟子以下十里，满地苇草，大潮所经，遂返辔不复前进。据土人言，往下八里，已见寻常潮汐，再往下十二里，便为海滨。海口有拦门沙，潮退时，仅深二尺。此沙共长宽若干，未曾复勘，揣度必不甚小。计自盐窝至铁门关，海口约一百一十里。

韩家垣海口，自韩家垣决口，黄河尾闾，取道于此，垂八九年，近复改道东南。韩家垣一带，已无黄河踪迹，唯自新萧神庙以下，距海约六十里之遥，复见河形，中亦有水，系最低之地，积水不消。闻距海约十一里，此河分为两溜，状如燕尾，然亦不深。海口亦有拦门沙，潮退时，直塞口门，不容河水泻出。此拦门沙露出水面，宽约二里。查韩家垣一道，并未筑堤。计自盐窝至韩家垣海口，约一百里。

新挑引河，此河系于韩家垣决口之后，特于口门之下，挑挖一道，以便引水至萧神庙旧槽入海。然当时深仅四五尺，宽仅三丈，现在尚无此数。弯曲甚多，此河计长四十里，若取直共有二十五里，大约系循原有水道挑挖节省工费之故。河底以萧神庙韩家垣两处，挖深三尺，便有泥土，亦有泥土竟见于地面者。周围

各村，均有井，深一丈一尺，即可见水，泥在水中，不甚深也。铁门关附近，有烧瓦器之窑。该处土质，概可想见。

丝网口海口 现在黄河之由此口入海，漫散地上，并无河道。小水时分为多，溜底均不深，中有沙滩，正溜水底，深仅三四尺，有一两处最深，亦不过一丈。将近海口，则只有一尺四五寸，此处水面甚宽，约有三百丈之多。闻海口并无拦门沙，想系流缓溜浅，其沙已于地上停淤，无可再送入海也。查北岭子决口之时，尚有上游三处，同时开口，故丝网口水流不猛，北岭子门之树，至今犹竖水中，古庙一座，亦巍然独立，是其明验。若谓辛庄等处，房合漂流，则系土屋不坚之故，非水力汹涌有以致之也。北岸于北岭子以下，并未设堤，唯以铁门关南堤为北岸，以护村落而已。南岸则由盐窝起新行接筑，一堤距水约远二里，计自盐窝至丝网口海口约九十里。

三、酌量应办治河事宜

治河如治病，必须先察其原。欲察其原，必须先按脉理，方知其病原之所在，然后施药。不特厥疾可疗，而且永无后患。若但按疮敷药，不问其毒发于何处，非良医之所为也。黄河在山东为患，而病原不在于山东。若只就山东治黄河，何异于按疮敷药？虽可一时止痛，而不久旧疾复作矣，盖其毒未消，其病根未拔也。夫水性犹人，初本善也，若不导之教之，性乃迁矣。天之生水，原以养人，何尝以害人？乃人不知其性，不防其迁，遂使肆为暴虐，生民昏垫，国帑虚糜，终无底止。推原其故，良因治水仅就一隅，不筹全局。今若一误再误，恐徒劳无功耳。欲求一劳永逸、宜先就委窃原。由山东视黄河，黄河只在山东。由中国视黄河，则黄河尚有不在山东者，安知山东黄河之患，非从他处黄河而来？故就中国治黄河，黄河可治。若就山东治黄河，黄河恐终难治。请详言之，溯黄河之源，出于星宿海，取道甘肃，流入蒙古沙漠，改道多次，始至山西，已挟沙而来矣，道出陕西，又与渭水汇流，其质更浊，再穿土山向东而出，拖泥带水，直入河南，所至披靡、水益浑矣。此即黄河之病原也。下游之病良由此，主治之宜在病原加意。盖下游停淤之沙，系从上游拖带而来。上游地高，势如建瓴，且两面有山约束之，水流极速，沙不能停，迨一过荥泽一派，平原水力遂杀，流缓则沙停。沙停则河淤，河淤过高，水遂改道，此自然之理。征诸往事，已有明证。唯一河改道，万姓遭殃，转于沟壑，死于饥寒，从古迄今，不知凡几。而黄河则南迁北徙，畅所欲为，以开封为中心，自辟半径之路，于扬子江北中间千五百里

扇形之地，任意穿越，虽齐鲁诸大峰，亦难阻制。河水所经之处，沙停滩结，民叹其鱼，防不胜防，迄无良策，补偏救弊，劳民伤财，其祸较疾病刀兵尤为猛烈。然天下无不治之水，虽非易事，尚非人力难施。其法维何？曰求诸算学而已。

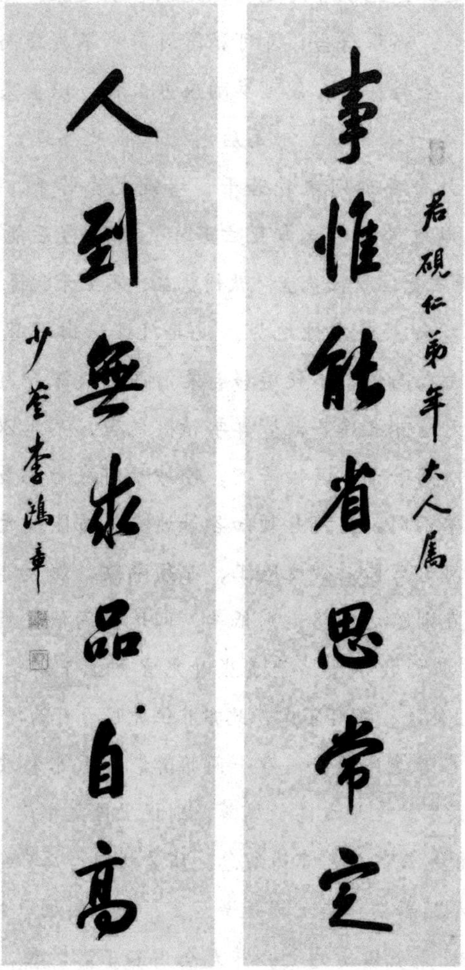

李鸿章书法

治法，夫治法岂易言哉！黄河延袤中国境内，计一万余里之长。地势之高低，河流之屈曲，水性之缓急，含沙之多少，向未详细考究，并无图表。问诸水滨，亦鲜有能答之者。今欲求治此河，有应行先办之事三：一、测量全河形势。凡河身宽窄深浅，堤岸高低厚薄，以及大水小水之浅深，均须详志；

二、测绘河图，须纤悉不遗；三、分段派人查看水性，较量水力，记载水志，考求沙数、并随时查验水力若干，停沙若干。凡水性沙性，偶有变迁、必须详为记出，以资参考。以上三事，皆极精细，而最关紧要者，非此无以知河水之性，无以定应办之工，无以导河之流，无以容水之涨，无以防患之生也。此三事未办，所有工程，终难得当，即可稍纾目前，不旋踵而前功尽隳矣。若测绘既详，考究复审，全局在握，便可参酌应办工程，以垂久远，犹须各省黄河统归一官节制，方能一律保护，永无后患，但照此办理，经费必巨。然欲使一劳永逸，宜先筹计每年养河之费若干，堵筑之费若干，蠲免粮钱若干，赈济抚恤若干，财产淹没若干，民命死亡若干，并除弊后能兴利若干，积若干年共计若干，较所费之资，孰轻孰重，孰损孰益，不至于犹豫矣。

按照图志，可以知某处水性地势，定其河身。由河身，即可定水流之速率，不使变更；水面之高低，不使游移。凡河底之浅深，河岸之坚脆，工料之松固，均可相因，无意外之虑。此皆算学精微之理，不能以意为之。定河身最为难事。须知盛涨水高若干，其性若何，停沙于河底者几多，停沙于滩面者几多，涨之高低、速率不同。定河身须知各等速率，方能使无论高低之涨，其速率均足刷沙入海。河形弯曲，致生险工，亦须酌改，然大非易事，非详慎推算不为功。盖裁弯取直则路近，路近则低率，即地势高低之数增。低率增则速率亦增，速率增则过水之数亦增，于盛涨时尤宜并上下游通行筹算后，方可裁去一弯。盖裁弯能生他险，不可不虑，此亦非但凭眼力可为之事。

河堤所资以束水者也，须并河身一同推算。即入水斜坡，统须坚固，以御异常盛涨，方不至误事。至堤之高低厚薄，则视土性之松实，料质之坚脆耳。至应如何造法，亦须视水线高低，水力缓急。所需材料，总以能御水挖为妙，不必尽用石堤，亦毋庸尽用料埽，盖土堤筑造坚实，护以柳树草片，亦足以御寻常水力。查各国护河之堤，多以土为之，并无全用石工者。但须推算合法，位置得宜，看守不懈，勿任践踏耳。其石堤料场，只于险处用之。总而言之，可省者宜省，不可省者必不宜省，然非测算精详不可。监工兹绘堤式两种，似与黄河合宜，何处应用何式，则俟临时查勘，因地制宜，非谓全河均应改用也。唯无论需用何种材料，均须采择上品者方能坚久。大水时河流至堤根，小水时河流在两岸之中。而堤与岸均系松土，常为急流挟之，以去即化为沙，至流缓处，淤成高滩，积渐遂生危险。此固可虑，而尤可虑者，上游各土山随时坍塌入水，流至下游，为患甚烈。应行设法保护，于过水两岸，尽筑斜坡，先护以泥，再种草片，并多栽树木，以坚实之。有险之处，则宜于岸根打桩，以树枝编成筐，以泥土填成块，再叠石为墙，或砌石为坡，并抛大石块于水底，方足以御水力。其土山两旁，亦须抛石水底，再筑石墙于其上，以阻塌陷，如此则岸土不致为水拖带，河流可以渐清，河患自然日减。此系治河应办紧要之工程。

大溜应教常走河之中间，宜在何处设法，此时不能预定。大约须于弯处水底多筑挑水坝，以导其流。挑水坝应用树枝，或用石块，则俟随时斟酌情形办理，唯秸料不能经久，且无劲力，则不可用。减水坝亦应讲求，以防异常盛涨，宜即设在堤边。应先测量地势，察勘情形，以河流之方向，定坝口之方向。此坝须以大石并塞门德土为之。坝后所挑之河，或已有之河，应筑坚堤约束，庶所过之水，不致以邻国为壑。此河亦须宽深不甚弯曲，且低于黄河，其河身实有容水之地，始能合用。

黄河尾闾海口高仰复有拦门沙，致河水入海未畅。应用机器挖土船以挑挖之，然先筑海塘，再用机器，或可事半功倍。此海塘接长河堤入海，则水力益专，能将沙攻至海中深处，为海口必不可少之工程。再用机器于拦沙挖深一道，俾水力更激，可以自刷其余。此项工程，需费颇钜，然各国海口均有之，黄河何独不然？美国密西西比海口，奥国大牛白海口，前亦堵塞，今大轮船可以往来，是其明验。法国仙纳海口，前此亦有拦沙阻碍，行船最为险恶，旋经以大石填海，筑造海塘，高出大潮水面，两塘相距九十丈，塘成之日，海口竟深至二丈，至今船只称便。比国麦司海口，亦曾兴此大工。此外尚有多处，不胜枚举。

黄河延袤数省，关系国计民生极大。现时上游水至下游，不能即知。下游出险，上游事后方觉，声气不通，防范未能周密。应照永定河办法，沿河设立电线，按段通电，随时随事，报知全河官弁，俾患可预弭。此为刻不容缓之事。治河之工程，既已举行，守河之章程，亦宜厘定，俾一律恪遵，永远办理，方不致前功尽弃。查现在河防员弁，虽能克已奉公，而百姓践蹋堤埽挑土砍柳锄草诸恶习，并未广为禁止。应妥定律例，严行厉禁，周密巡查，犯者惩治。堤上不准搭盖房屋，如须行车，必专筑马路之处，格外培厚，方不至于损堤。官弁随时稽查，稍有残缺不整，即为修补。如此则工程可永远完固，不致生意外之虞。黄河上游，应否建设闸坝，用以拦沙。或择大湖用以减水，亦应考。求治

河有此办法，理合声明。上游之山，应令栽种草木，以杀水势。泰西各国，因山水暴发，屡次为灾，饬令于源头及濒水诸山栽种草木，水势遂杀，偶有一二处树木，被人私砍，水势即复猖狂，政府严行禁止，并设官专管树木。西人重视此事，是有效验之明证。查山水暴发，其故有二，一因山上土松，不能吸水；二因山势陡峭，无以阻水。若遍种树木，则树根既能坚土，又复吸水，且可杀其势，从容而下，不至倒泻。倘山上不宜种树，亦应种草，其功虽不及树木之大，亦终胜于无。法国颁行亚尔伯诸山种树律例以来，成效已大著矣。

四、现时应办救急事宜

前篇治河应办各事，既非旦夕之功。必俟全河详细测量，估计工料，妥筹办法。方臻美备。诚恐河流汹涌，迫不及持，亟应先办救急事宜。庶几现时灾患不生，将来治理较易，救急之事维何？曰培修堤岸，固筑险工，并疏通尾闾而已。至于更改河形以畅其流，展缩河身以顺其性，保护堤岸以阻其倾，各工程应俟日后从容办理，此时无暇及此。

培修河堤之法，前篇已详言之，毋庸再赘。唯应以埝为堤。若大堤则相距太远，有河面过宽之患，又复残缺不整，修无可修，即修亦无益。各处险工，宜全行固筑，应派员全工察勘，估计工程。凡当冲之堤，已朽之埽，务即一律保护，其过低过薄之堤，亦应加高培厚。堤内临水之坡，应加泥一层，以种青草，并于堤根遍栽树木，设法禁人践踏。此为最急之务，速办为妙。有险处之堤根，或抛石或编坝以固之，亦须因地制宜。凡堤有所开过路之道，应即行修补，并于堤顶筑造石子马路，以便车马往来，不至损碍。尾闾海道，最宜妥定，铁门关、韩家垣现均淤塞，丝网口则水势散漫，并无河槽。查此项尾闾，择地者主见不一：有谓铁门关淤塞处应挑通使水仍复旧道者；有谓宜仍由韩家垣旧道者；有谓应由十六户挑引河直至铁门关以避盐窝险工者；有谓应由盐窝挑一直河仍由丝网口者；有谓应于蒲台县三岔河引水入海者；有谓黄河应于大马家挑河至孔家庄并入徒骇河使之入海者。大马家在利津上游八里之地，查徒骇河形颇弯曲，孔家庄河面约宽九十丈，小水水面约六十丈，两岸颇高，并未筑堤，大水约离岸尚低八尺，其上游于禹城以下，全已淤塞，海口约距孔家庄七十里，并无拦沙。鄙意黄河未治之先，其水不应走徒骇河，盖恐浊流入清，即使清者亦变为浊，未免可惜。如欲酌定一处，必须于各处详细测量，品地势之高低，察流水之方向。查现在武备学堂测量生颇具聪明，又复勤奋，四散测量，不遗余力，惜时日太促，未能详备，所绘之图，只能阅其大概，况各段河中过水之数，以及地之低率，无从查考。至引河河形，唯按海口之地甚平，引河以愈短愈直愈妙。盖河短势直，即低率市增，流水较有力也。河身则以能容盛涨为度，两堤则以能束水为度，又须格外坚固，以防冲决。大约海口所有旧河槽，以不用为妙，以旧槽形皆曲折，堤亦不周备，不如另择新地酌量形势办理之为愈。今无论引河挑在何处，其海口必须有机器挖沙，不能恃水自刷，因河病末除，河沙未减，到处停淤之病，仍不能免，恐新挑之河，不久亦如旧口为沙堵塞不通也。鄙意引河河形，以能容水畅流为度，庶无意外之虑。减水坝为必不可少之件，应设何处，尚未详考。有人指示济南府城下游十八里，原有滚坝之处，似可合用。监工于归途便道履勘，见此坝距黄河尚有五里，原造之意，系引济南诸山清水入黄，以助攻沙，然向未启用。坝门甚小，只有一丈四尺，又与诸河不通，若欲用之，尚须另挑引河以通小清河。查小清河河身，仅足自容，盛涨时水已漫岸，又无河堤约束，若再将黄河灌入，势必漫浸，即济南省城亦恐遭淹溺。鄙意如欲减水，以入徒骇河为宜，然仍须测量筹算方可定议，唯徒骇河亦须加宽添筑河堤，方可合用。

以上四大端，皆系知无不言，言无不尽。是否有当，均候裁夺示遵。监工此番奉委勘河，常与司道大员及地方官合同查勘。虽各人看法稍异，而和衷共济，为国家宣劳，为中堂效命， 以国计民生为怀，作一劳永逸之想，则不约而同。盖无分中外。咸欲赞成利国利民之大功，其胸中则毫无成见也。

卢法尔谨上。

李鸿章之督粤也，承前督李瀚章、谭钟麟之后，百事废弛已极，盗贼纵横，萑符遍地。鸿章至，风行雷厉，复就地正法之例，以峻烈忍酷行之，杀戮无算，君子病焉。然群盗慑其威名，或死或逃，地方亦赖以小安。而其最流毒于粤人者，则赌博承饷一事是也。粤中盗风之炽，其源实由赌风而来。盗未有不赌，赌未有不盗。鸿章之劝赌也，美其名曰缉捕经费，其意谓以抽赌之金为治盗之用也。是何异恐民之不为盗而以是诲之？既诲之，而复诛之，君子谓其无人心矣。孟子曰：及陷于罪，然后从而刑之，是罔民也。夫不教而刑，犹谓罔民，况劝之使人于刑哉？扬汤止沸，施薪救火，其老而悖耶？不然，何晚节末路，乃为此坏道德损名誉之业以遗后人也。或曰：鸿章知赌风之终不可绝，不如因而用之以救政费之急。夫淫风固未易绝，而未闻官可以设女闾；盗风固未易绝，而未闻官可以设山泊。此等义理，李鸿章未必知之。知之而复为之，则谓之全无心肝而已。鸿章莅粤，拟行警察法于省城，盖从黄遵宪之议也。业未竟而去。

粤中华洋杂处，良莠不齐。狡黠之徒，常藉入教为护符，以鱼肉乡里，而天主教及其他教会之牧师，常或袒庇而纵恣之。十年以来，大吏皆阘冗无能，老朽濒死，畏洋如虎，以故其焰益张。李鸿章到粤，教民尚欲逞故技以相尝试。鸿章待其牧师等，一据正理，严明权限，不稍假借。经一二次后，无复敢以此行其奸者。噫嘻！以数十年老练之外交家，虽当大敌或不足，然此么麽者，则诚不足以当其一嘘矣。今之地方官，以办教案为畏途者，其亦太可怜耳。

鸿章之来粤也，盖朝旨以康党在海外气势日盛，使之从事于镇压云。鸿章乃捕系海外义民之家族三人焉。无罪而孥，骚扰百姓，野蛮政体，莫此为甚。或曰：非李鸿章之意也。虽然，吾不敢为讳。

第十一章　李鸿章之末路

义和团之起
李鸿章之位置
联军和约
中俄满洲条约
李鸿章薨逝
身后恤典

晚年李鸿章

李鸿章最初之授江苏巡抚也，仅有虚名，不能到任；其最后之授直隶总督也，亦仅有虚名，不能到任。造化小儿，若故为作弄于其间者然。虽然，今昔之感，使人短气矣。鸿章莅粤未一年，而有义和团之事。义和团何自起？戊戌维新之反动力也。初，今上皇帝既以新政忤太后，八月之变，六贤被害。群小竞兴，而康有为亡英伦，梁启超走日本。盈廷顽固党，本已疾外人如仇雠矣，又不知公法，以为外国将挟康

梁以谋己也。于是怨毒益甚。而北方人民，自天津教案以至胶州割据以来，愤懑不平之气，蓄之已久，于是假狐鸣篝火之术、乘间而起。顽固党以为可借以达我目的也，利而用之。故义和团实政府与民间之合体也，而其所向之鹄各异：民间全出于公，愚而无谋，君子怜之；政府全出于私，悖而不道，普天嫉之。

使其时李鸿章而在直隶也，则此祸或可以不作，或祸作而鸿章先与袁、许辈受其难，皆未可知。而天偏不使难之早平，偏不令李之早死。一若特为李设一位置，使其一生历史更成一大结果者。至六月以后，联军迫京师，于是李鸿章复拜议和全权大臣之命。

当是时，为李鸿章计者曰，拥两广自立，为亚细亚洲开一新政体，上也；督兵北上，勤王剿拳，以谢万国，中也；受命入京，投身虎口，行将为顽固党所甘心，下也。虽然，第一义者，唯有非常之学识，非常之气魄，乃能行之，李鸿章非其人也。彼当四十年前方壮之时，尚不敢有破格之举，况八十老翁安能语此？故为此言者，非能知李鸿章之为人也。第二义近似矣，然其时广东实无一兵可用，且此举亦涉嫌疑，万一廷臣与李不相能者，加以称兵犯阙之名，是骑虎而不能下也，李之衰甚矣！方日思苟且迁就，以保全身名，斯亦非其所能及也。虽然，彼固曾熟审于第三义，而有以自择，彼知单骑入都之或有意外，故迟迟其行，

李鸿章与各国代表

彼知非破京城后则和议必不能成，故逗留上海，数月不发。

两宫既狩，和议乃始。此次和汉虽不如日本之艰险，而纠葛亦过之。鸿章此际，持以镇静，徐为磋磨，幸各国有厌乱之心，朝廷有悔祸之意，遂于光绪二十七年七月，定为和约十二款如下：

第一款 一、大德国钦差男爵克大臣被戕害一事，前于西历本年六月初九日即中历四月二十三日，奉谕旨(附件二)亲派醇亲王载沣为头等专使大臣；赴大德国大皇帝前，代表大清国大皇帝暨国家惋惜之意。醇亲王已遵旨于西历本年七月十二日即中历五月二十七日，自北京起程。

二、大清国国家业已声明，在遇害该处所竖立铭志之碑，与克大臣品位相配，列叙大清国大皇帝惋惜凶事之旨，书以辣丁、德、汉各文。前于西历本年七月二十二日即中历六月初七日，经大清国钦差全权大臣文致大德国钦差全权大臣（附件三）。现于遇害处所建立牌坊一座，足满街衢，已于西历本年六月二十五日即中历五月初十日兴工。

第二款 一、惩办伤害诸国国家及人民之首祸诸臣。将西历本年二月十三、二十一等日即中历上年十二月二十五日本年正月初三等日，先后降旨，所定罪名，开列于后(附件四、五、六)。端郡王载漪，辅国公载澜，均定斩监候罪名，又约定如皇上以为应加恩贷其一死，即发往新疆永远监禁，永不减免；庄亲王载勋，都察院左都御史英年，刑部尚书赵舒翘，均定为赐令自尽；山西巡抚毓贤，礼部尚书启秀，刑部左侍郎徐承煜，均定为即行正法，协办大学士吏部尚书刚毅，大学士徐桐，前四川总督李秉衡，均已身死，追夺原官，即行革职。又兵部尚书徐用仪，户部尚书立山，吏部左侍郎许景澄，内阁学士兼礼部侍郎衔联元，太常寺卿袁昶，因上年力驳殊悖诸国义法极恶之罪被害，于西历本年二月十三日即中历上年十二月二十五日奉上谕开复原官，以示昭雪(附件七)。庄亲王载勋已于西历本年二月二十一日即中历正月初三日、英年赵舒翘已于二十四日即六日均自尽。毓贤已于念二日即初四日、启秀徐承煜已于念六日即初八日均正法。又西历本年二月十三日即中历上年十二月念五日上谕将甘肃提督董福祥革职，俟应得罪名，定谳惩办。西历本年四月念九日、六月初三、□月□□等日即中历三月十一、四月十七□月□□等日先后降旨，将上年夏间凶惨案内所有承认获咎之各外省官员，分别惩办。

原文部分

二、上谕将诸国人民遇害被虐之城镇停止文武各等考试五年(附件八)。

第三款 因大日本国使馆书记生杉山彬被害，大清国大皇帝从优荣之典，已于西历本年六月十八日即中历五月初三日降旨简派户部侍郎那桐为专使大臣，赴大日本国大皇帝前，代表大清国大皇帝及国家惋惜之意(附件九)。

第四款 大清国国家允定在于诸国被污渎及挖掘各坟墓建立涤垢雪侮之碑，已与诸国全权大臣合同商定，其碑由各该国使馆督建，并由中国国家付给估算各费银两，京师一带，每处一万两，外省每处五千两。此项银两，业已付清。兹将建碑之坟墓，开列清单附后(附件十)。

第五款 大清国国家允定不准将军火暨专为制造军火各种器料运入中国境内，已于西历一千九百一年八月十七日即中历本年七月初四日降旨禁止进口二年。嗣后如诸国以为有仍应续禁之处，亦可降旨将二年之限续展(附件十一)。

第六款 上谕大清国大皇帝允定付诸国偿款海关银四百五十兆两，此款系西历一千九百年十二月二十二日即中历光绪二十六年十一月初一日条款内第二款所载之各国各会各人及中国人民之赔偿总数(附件十二)。

甲、此四百五十兆系海关银两，照市价易为金款，此市价按诸国各金钱之价易金如左：海关银一两，即德国三马克零五五，即奥国三克勒尼五九五，即美国圆零七四二，即法国三佛郎克五，即英国三先令，即日本一圆四零七，即荷兰国一弗乐零七九六，即俄国一卢布四一二。俄国卢布，按金平算即十七多理亚四二四。此四百五十兆，按年息四厘正，本由中国分三十九年按后附之表各章清还(附件十三)。本息用金付给，或按应还日期之市价易金付给。还本于一千九百零二年正月初一日起至一千九百四十年终止。还本各款，应按每届一年付还，初次定于一千九百零一年正月初一日。付还利息，由一千九百零一年七月初一日起算。唯中国国家亦可将所欠首六个月至一千九百零一年十二月三十一日之息，展在自一千九百零二年正月初一日起，于三年内付还。但所展息款之利，亦应按年四厘付清。又利息每届六个月付给，初次定于一千九百零二年七月初一日付给。

乙、此欠款一切事宜，均在上海办理。如后诸国各派银行董事一名会同将所有由该管之中国官员付给之本利总数收存，分给有干涉者，该银行出付回执。

丙、中国国家将全救保票一纸交驻京诸国钦差领衔手内。此保票以后分作零票，每票上各由中国特派之官员画押。此节以及发票一切事宜，应由以上所述之银行董事各遵本国饬令而行。

丁、付还保票财源各进款，应每月给银行董事收存。

戊、所定承担保票之财源，开列于后：一、新关各进款，俟前已作为担保之借款各本利付给之后，余剩者又进口货税增至切实值百抽五，将所增之数加之。所有向例进口免税各货，除外国运来之米及各杂色粮面并金银以及金银各钱外，均应列入切实值百抽五货内。二、所有常关各进款，在各通商口岸之常关，均归新关管理。三、所有盐政各进项，除归还泰西借款一宗外，余剩一并归入，至进口货税增至切实值百抽五。诸国现允可行，唯须—二端：一将现在照估价抽收进口各税，凡能改者皆当急速改为按件抽税几何。改办一层如后，以为估算货价之基、应以一千八百九十七、八、九三年卸货时各货牵算价值，乃开除进口及杂费总数之市价。其未改以前，各该税仍照估价征收。二北河黄浦两水路，均应改善，中国国家及应拨款相助。至增税一层，俟此条款画押两个月后，即行开办，除在此画押日期后至迟十日已在途间之货外，概不得免押。

第七款 大清国国家允定各使馆境界以为专与住用之处。并独由使馆管理。中国民人，概不准在界内居住。亦可由行防守，使馆界线于附件之图上标明如后(附件十四)：东面之线，系崇文门大街，图上十、十一、十二等字；北面图上系五、六、七、八、九、十等字之线，西面图上系一、二、三、四、五等字之线；南面图上系十二、一等字之线，此线循城墙南址随城垛而画。按照西历一千九百零一年正月十六日即中历上年十一月二十六日文内后附之条，中国国家应允诸国分应自主，常留兵队分保使馆。

第八款 大清国国家应允将大沽炮台及有碍京师至海通道之各炮台一律削平，现已设法照办。

第九款 按照西历一千九百零一年正月十六日即中历上年十一月二十六日文内后附之条款，中国国家应允由诸国分应主办，会同酌定数处留兵驻守，以保京师至海通道无断绝之处。今诸国驻防之处，系黄村、郎坊、杨村、天津军粮城、塘沽、芦台、唐山、滦州、昌黎、秦王岛、山海关。

第十款 大清国国家允定两年之久，在各府厅州县将以后所述之上谕颁行布告：

一、西历本年二月初一日即中历上年十二月十三日上谕以永禁或设、或入与诸国仇敌之会，违者皆斩(附件十五)。

二、西历本年□月□□日即中历□月□□日上谕一道，犯罪之人如何惩办之处，均一一裁明。

三、西历本年□月□□日即中历□月□□日上谕，以诸国人民遇害被虐，各城镇停止文武各等考试。

四、西历本年二月初一日即中历上年十二月十三日上谕，各省抚督文武大吏暨有司各官，于所属境内均有保平安之责，如复滋伤害诸国人民之事，或再有违约之行，必须立时弹压惩办，否则该管之员，即行革职，永不叙用，亦不得开脱别给奖叙(附件十六)。

以上谕旨现于中国全境渐次张贴。

第十一款 大清国国家允定将通商行船各条约内，诸国视为应行商改之处，及有关通商各他事宜，均行议商，以期妥善简易。按照第六款赔偿事宜，约定中国国家应允襄办改善北河黄浦两水路，其襄办各节如左：

一、北河改善河道，在一千八百九十八年会同中国国家所兴各工，尽由诸国派员兴修。

二、俟治理天津事务交还之后，即可由中国国家派员与诸国所派之员会办，中国国家应付海关银每年六万以养其工。

三、现设立黄浦河道局经管整理改善水道各工所，派该局各员，均代中国及诸国保守在沪所有通商之利益。预估后二十年，该局各工及经管各费应每年支用海关银四十六万两，此数平分，半由中国国家付给，半由外国各干涉者出资。该局员差并权责进款之详细各节，皆于后附文件内列明(附件十七)

第十二款 西历本年七月二十四日即中国六月初九日降旨，将总理各国事务衙门按照诸国酌定改为外务部，班列六部之前。此上谕内已简派外务部各王大臣矣(附件十八)。且变通诸国钦差大臣觐见礼节，均已商定由中国全权大臣屡次照会在案。此照会在后附之节略内述明(附件十九)。

兹特为议明以上所述各语，及后附诸国全权大臣所复之文牍，均系以法文为凭。大清国国家既如此按以上所述，西历一千九百年十二月二十二日，即中历光绪二十六年十一月初一日，文内各款，足适诸国之意妥办，则中国愿将一千九百年夏间变乱所生之局势完结，诸国亦照允随行。是以诸国全权大臣奉各本国政府之命代为声明，除第七款所述之防守使馆兵队外，诸国兵队即于西历一千九百零一年□月□□日即中历□月□□日全由京城撤退。并除第九款所述各处外，亦于西历一千九百零一年□月□□日即中历□□年月□□日由直隶省撤退。今将以上条款缮定同文十二份，均由诸国全权大臣画押，诸国全权大臣各存一份，中国全权大臣收存一份。

联军和约既定，尚有一事为李鸿章未了之债者，则俄人满洲事件是也。初中俄密约所订，俄人有自派兵队保护东方铁路之权，至是义和团起，两国疆场之间有违言焉，俄人即藉端起衅，掠吉林黑龙江之地，达于营口北。东方有联军之难，莫能问也。及和议开，俄人坚持此事归中俄两国另议，与都中事别为一谈。不得已，许之。及列国和约定，然后满洲之问题起。李鸿章其为畏俄乎？为亲俄乎？抑别有不得已者乎？虽不可知，然其初议之约，实不啻以东三省全置俄国势力范围之下，昭昭然也。今录其文如下：

第一条 俄国交还满洲于中国，行政之事，照旧办理。

第二条 俄国留兵保护满洲铁路，俟地方平静后，并本条约之枢要四条一概履行后，始可撤兵。

第三条 若有事变，俄国将此兵助中国镇压。

第四条 若中国铁路（疑指满洲铁路）未开通之间，中国不能驻兵于满洲。即他日或可驻兵，其数目亦须与俄国协定，且禁止输入兵器于满洲。

第五条 若地方大官处置各事，不得其宜，则须由俄国所请，将此官革职。满洲之巡察兵，须与俄国相商，定其人数，不得用外国人。

第六条 满洲蒙古之陆军海军，不得聘请外国人训练。

第七条 中国宜将旅顺口之北金州之自主权抛弃之。

第八条 满洲蒙古新疆伊犁等处之铁路矿山，及其他之利益，非得俄国许可，则不得让与他国，或中国自为之，必亦须经俄国允许。牛庄以外之地，不得租借与他国。

第九条 俄国所有之军事费用，一切皆由中国支出。

第十条 若满洲铁路公司有何损害，须中国政府与该公司议定。

第十一条 现在所损害之物，中国宜为赔偿，或以全部利益，或以一部利益以为担保。

第十二条 许中国由满洲铁路之支路修一铁路以达北京。

此草约一布，南省疆吏士民，激昂殊甚，咸飞电阻止，或开演说会，联名抗争。而英美日各国，亦复腾其口舌，势将干涉。俄使不得已，自允让步。经数月，然复改前约数事如下：

第一条 同

第二条 同

第三条 同

第四条 中国虽得置兵于满洲，其兵丁多寡，与俄国协议，俄国协定多少，中国不得反对。然仍不得输入兵器于满洲。

第五条 同

第六条 删

第七条 删

第八条 在满洲企图开矿山修铁路及其他各等之利益者，中国非与俄国协议，则不许将此等利益许他国臣民为之。

第九条 同

第十条 同 并追加此乃驻扎北京之各国公使协议，而为各国所采用之方法字样。

第十一条 同

第十二条 中国得由满洲铁路之支路修一铁路至直隶疆界之长城而止。

至是而李鸿章病且殆矣。鸿章以八十高年，久经患难，今当垂暮，复遭此变，忧郁积劳，已乖常度。本年以来，肝疾增剧，时有盛怒，或如病狂，及加以俄使，助天为虐，恫喝催促，于邑难堪。及闻徐寿朋之死，拊心呕血、遂以大渐，以光绪二十七年九月廿七日薨于京师之贤良寺。闻薨之前一点钟，俄使尚来促画押云。卒之此约未定，今以付诸庆亲王、王文韶。临终未尝口及家事，唯切齿曰：可恨毓贤误国至此。既而又长吁曰：两宫不肯回銮。遂瞑焉长逝，享年七十八岁。行在政府得电报，深宫震悼。翌日奉上谕：

朕钦奉懿旨。大学士一等肃毅伯直隶总督李鸿章，器识渊深，才猷宏远，由翰林倡率淮军。戡平发、捻诸匪，厥功甚伟，朝廷特沛殊恩，晋封伯爵。翊赞纶扉，复命总督直隶兼充北洋大臣，匡济艰难，辑和今外，老成谋国，具有深衷。去年京师之变，特派该大学士为全权大臣，与各国使臣妥定和约，悉合机宜。方冀大局全定，荣膺懋赏，遽闻溘逝，震悼良深。李鸿章著先行加恩，照大学士例赐恤，赏给陀罗经被。派恭亲王溥伟带领侍卫十员，前往奠醊。予谥文忠，追赠太傅，晋封一等侯爵，入祀贤良祠，以示笃念荩臣至意。其余饰终之典，再行降旨。钦此。

其后复赏银五千两治丧。赏其子李经述以四品京堂，承袭一等侯爵；李经迈以京堂候补，其余子孙，优赏有差。赐祭两坛。又命于原籍及立功省份及京师建立专祠，地方官岁时致祭，列入祠典。朝廷所以报其勋者亦至矣。而此一代风云人物，竟随北洋舰队，津防练勇，同长辞此世界此国民。吾闻报之日成一挽联云：

太息斯人去，萧条徐泗空，莽莽长淮，起陆龙蛇安在也

回首山河非，只有夕阳好，哀哀浩劫，归辽神鹤竟何之

第十二章 结论

李鸿章与古今东西人物比较

李鸿章之轶事

李鸿章之人物

李鸿章必为数千年中国历史上一人物，无可疑也；李鸿章必为十九世纪世界史上一人物，无可疑也。虽然，其人物之位置果何等乎？其与中外人物比较，果有若何之价值乎？试一一论列之。

第一，李鸿章与霍光。史家评霍光曰不学无术，吾评李鸿章亦曰不学无术。然则李鸿章与霍光果同流乎？曰：李鸿章无霍光之权位，无霍光之魄力。李鸿章谨守范围之人也，非能因于时势行吾心之所安，而有非常之举动者也。其一生不能大行其志者以此，安足语霍光？虽然，其于普通学问，或稍过之。

霍光

第二，李鸿章与诸葛亮。李鸿章忠臣也，儒臣也，兵家也，政治家也，外交家也。中国三代以后，具此五资格，而永为百世所钦者，莫如诸葛武侯。李鸿章所凭藉，过于诸葛，而得君不及之。其初起于上海也，仅以区区三城，而能奏大功于江南，创业之艰，亦略相类。后此用兵之成就，又远过之矣。然诸葛治崎岖之蜀，能使士不怀奸，民咸自厉，而李鸿章数十年重臣，不能辑和国民，使为已用。诸葛之卒，仅有成都桑八百株，而鸿章以豪富闻于天下，相去何如耶？至其鞠躬尽瘁，死而后已，犬马恋主之诚，亦或仿佛之。

诸葛亮

第三，李鸿章与郭子仪。李鸿章中兴靖乱之功，颇类郭汾阳，其福命亦不相上下。然汾阳于定难以外，更无他事，鸿章则兵事生涯，不过其终身事业之一部分耳。使易地以处，汾阳未必有以过合肥也。

郭子仪

第四，李鸿章与王安石。王荆公以新法为世所诟病，李鸿章以洋务为世所诟病，荆公之新法与鸿章之洋务，虽皆非完善政策，然其识见规模决非诟之者之所能及也。号称贤士大夫者，莫肯相助，且群焉哄之，掣其肘而议其后，彼乃不得不用佥壬之人以自佐，安石、鸿章之所处同也。然安石得君既专，其布画之兢兢于民事，局面宏远，有过于鸿章者。

王安石

第五，李鸿章与秦桧。中国俗儒骂李鸿章为秦桧者最多焉。法越、中日两役间，此论极盛矣。出于市井野人之口，犹可言也，士君子而为此言，吾无以名之，名之曰狂吠而已。

第六，李鸿章与曾国藩。李鸿章之于曾国藩，犹管仲之鲍叔，韩信之萧何也。不宁唯是，其一生之学行见识事业，无一不由国藩提携之而

曾国藩

玉成之。故鸿章实曾文正肘下之一人物也。曾非李所及，世人既有定评。虽然，曾文正，儒者也，使以当外交之冲，其术智机警，或视李不如，未可知也。又文正深守知止知足之戒，常以急流勇退为心，而李则血气甚强，无论若何大难，皆挺然以一身当之，未曾有畏难退避之色，是亦其特长也。

第七，李鸿章与左宗棠。左李齐名于时，然左以发扬胜，李以忍耐胜。语其器量，则李殆非左所能及也。湘人之虚骄者，尝欲奉左为守旧党魁以与李抗，其实两人洋务之见识不相上下，左固非能守旧，李亦非能维新也。左文襄幸早逝十余年，故得保其时俗之名，而以此后之艰巨谤诟，尽附于李之一身。文襄福命亦云高矣。

左宗棠

第八，李鸿章与李秀成。二李皆近世之人豪也。秀成忠于本族，鸿章忠于本朝，一封忠王，一谥文忠，皆可以当之而无愧焉。秀成之用兵、之政治、之外交，皆不让李鸿章，其一败一成，则天也。故吾求诸近世，欲以两人合传而毫无遗憾者，其唯二李乎。然秀成不杀赵景贤，礼葬王有龄，鸿章乃绐八王而骈戮之，此事盖犹有惭德矣。

李秀成

第九，李鸿章与张之洞。十年以来，与李齐名者，则张之洞也。虽然，张何足以望李之肩北。李鸿章实践之人也，张之洞浮华之人也。李鸿章最不好名，张之洞最好名，不好名故肯任劳怨，好名故常趋巧利。之洞于交涉事件，着着与鸿章为难，要其所画之策，无一非能言不能行。鸿章尝语人云：不图香涛作官数十年，仍是书生之见。此一语可以尽其平生矣。至其虚骄狭隘，残忍苛察，较之李鸿章之有常识有大量，尤相去霄壤也。

张之洞

第十，李鸿章与袁世凯。今后承李鸿章之遗产者，厥唯袁世凯。世凯，鸿章所豢养之人也。方在壮年，初膺大任，其所表见盖未著，今难悬断焉。但其人功名心重，其有气魄敢为破格之举，视李鸿章或有过之。至其心术如何，其毅力如何，则非今之所能言也。而今日群僚中，其资望才具，可以继鸿章之后者，舍袁殆难其人也。

袁世凯

第十一，李鸿章与梅特涅。奥宰相梅特涅Metternich，十九世纪第一大奸雄也。凡当国四十年，专出其狡狯之外交手段，外之以指挥全欧，内之以压制民党。十九世纪前半纪，欧洲大陆之腐败，实此人之罪居多。或谓李鸿章殆几似之，虽然，鸿章之心术，不如梅特涅之险，其才调亦不如梅特涅之雄。梅特涅知民权之利而压之，李鸿章不知民权之利而置之；梅特涅外交政策能操纵群雄，李鸿章外交政策不能安顿一朝鲜，此其所以不伦也。

梅特涅

第十二，李鸿章与俾斯麦。或有称李鸿章为东方俾斯麦者，虽然非谀词，则妄言耳。李鸿章何足以望俾斯麦。以兵事论，俾斯麦所胜者敌国也，李鸿章所夷者同胞也；以内政论，俾斯麦能合向来散漫之列国而为一大联邦，李鸿章乃使庞然硕大之支那降为二等国；以外交论，俾斯麦联奥、意而使为我用，李鸿章联俄而反堕彼谋。三者相较，其霄壤何如也。此非以成败论人也，李鸿章之学问智术胆力，无一能如俾斯麦者，其成就之不能如彼，实优胜劣败之公例然也。虽李之际遇，或不及俾，至其凭藉则有过之。人各有所难，非胜其难，则不足为英雄。李自诉其所处之难，而不知俾亦有俾之难，非李所能喻也。使二人易地以居，吾知其成败之数亦若是已耳。故持东李西俾之论者，是重诬二人也。

俾斯麦

第十三，李鸿章与格莱斯顿。或又以李、俾、格并称三雄。此殆以其当国之久位望之尊言之耳，李与格固无一相类者。格之所长，专在内治，专在民政，而军事与外交，非其得意之业也。格莱斯顿，有道之士也，民政国人物之圭臬也；李鸿章者，功名之士也，东方之人物也，十八世纪以前之英雄也。二者相去盖远甚矣。

李鸿章会见格莱斯顿（格莱斯顿，英国政治家，自由党领袖，在维多利亚女王时期多次出任首相）

第十四，李鸿章与爹亚士。法总统爹亚士Thiers，巴黎城下盟时之议和全权也。其当时所处之地位，恰与李鸿章乙未、庚子间相仿佛，存亡危急，忍气吞声，诚人情所最难堪哉。但爹亚士不过偶一为之，李鸿章则至再至三焉，爹亚士所当者只一国，李鸿章则数国，其遇更可悲矣。然爹亚士于议和后能拟一场之演说，使五千兆佛郎立集而有余，而法兰西不十年，依然成为欧洲第一等强国；若李鸿章则为偿款所困，补救无术，而中国之沦危，且日甚一日。其两国人民爱国心之有差率耶？抑用之者不得其道也。

第十五，李鸿章与井伊直弼。日本大将军柄政时，有幕府重臣井伊直弼者，当内治外交之冲，深察时势，知闭关绝市之不可，因与欧美各国结盟，且汲汲然欲师所长以自立。而当时民间，尊王攘夷之论方盛，井伊以强力镇压之，以效忠于幕府，于是举国怨毒，集彼一身，卒被壮士刺杀于樱田门外。而日本维新之运乃兴。井伊者，明治政府之大敌，亦明治政府之功臣也。其才可敬，其遇可怜，日人至今皆为讼冤。李鸿章之境遇，殆略似之，然困难又较井伊万万也。井伊横死，而鸿章哀荣，其福命则此优于彼焉。然而日本兴矣，然而中国如故也。

井伊直弼

第十六，李鸿章与伊藤博文。李鸿章与日相伊藤，中日战役之两雄也。以败论，自当右伊而左李，虽然，伊非李之匹也。日人常评伊藤为际遇最好之人，其言盖当。彼当日本维新之初，本未尝有大功，其栉风沐雨之阅历，既输一筹，故伊藤之轻重于日本，不如鸿章之轻重于中国，使易地以处，吾恐其不相及也。虽然，伊有优于李者一事焉，则曾游学欧洲，知政治之本原是也。此伊所以能制定宪法为日本长治久安之计，李鸿章则唯弥缝补苴，画虎效颦，而终无成就也。但日本之学如伊藤者，其同辈中不下百数，中国之才如鸿章者，其同辈中不得一人，则又不能专为李咎者也。

伊藤博文

李鸿章之治事也，案无留牍，门无留宾，盖其规模一仿曾文正云。其起居饮食，皆立一定时刻，甚有西人之风。其重纪律，严自治，中国人罕有能及之者。不论冬夏，五点钟即起，有家藏一宋拓兰亭，每晨必临摹一百字，其临本从不示人。此盖养心自律之一法。曾文正每日在军中，必围棋一局，亦是此意。每日午饭后，必昼寝一点钟，从不失时。其在总理衙门时，每昼寝将起，欠伸一声，即伸一足穿靴，伸一手穿袍，服役人一刻不许迟误云。

养生一用西医法，每膳供双鸡之精汁，朝朝经侍医诊验，常上电气。

戈登尝访李鸿章于天津，勾留数月。其时俄国以伊犁之役，颇事威吓，将有决裂之势。鸿章以询戈登，戈登曰：中国今日如此情形，终不可以立于往后之世界。除非君自取之，握全权以大加整顿耳。君如有意，仆当执鞭效犬马之劳。鸿章瞿然改容，舌挢而不能言。

李鸿章接人常带傲慢轻侮之色，俯视一切，揶揄弄之。唯事曾文正，如严父，执礼之恭，有不知其然而然者。

李鸿章与外国人交涉。尤轻侮之，其意殆视之如一市侩，谓彼辈皆以利来，我亦持筹握算，唯利是视耳。崇拜西人之劣根性，鸿章所无也。

李鸿章于外国人中，所最敬爱者唯两人：一曰戈登、一曰美国将军格兰德，盖南北美之战立大功者也。格兰德游历至津，李鸿章待以殊礼。此后接见美国公使，辄问询其起居。及历聘泰西时，过美国，闻美人为格兰德立纪功碑，即赠千金以表敬慕之情。

李鸿章之治事最精核，每遇一问题，必再三盘诘，毫无假借，不轻然诺，既诺则必践之，实言行一致之人也。

李鸿章之在欧洲也，屡问人之年及其家产几何。随员或请曰：此西人所最忌也，宜勿尔。鸿章不恤。盖其眼中直无欧人，一切玩之于股掌之上而已。最可笑者，尝游英国某大工厂，观毕后，忽发一奇问，问于其工头曰：君统领如许大之工场，一年所入几何？工头曰：薪水之外无他入。李徐指其钻石指环曰：然则此钻石从何来？欧人传为奇谈。

世人竟传李鸿章富甲天下，此其事殆不足信，大约数百万金之产业，意中事也。招商局、电报局、开平煤矿、中国通商银行，其股份皆不少。或言南京、上海各地之当铺银号，多属其管业云。

李鸿章之在京师也，常居贤良寺。盖曾文正平江南后，初次入都陛见，即僦居于此，后遂以为常云。将来此寺当为《春明梦余录》添一故实矣。

李鸿章生平最遗恨者一事，曰未尝掌文衡。戊戌会试时在京师，谓必得之，卒不获。虽朝殿阅卷大臣，亦未尝一次派及，李颇怏怏云。以盖代勋名，而恋恋于此物，可见科举之毒入人深矣。

以上数条，不过偶所触及，拉杂记之，以观其人物之一斑而已。著者与李鸿章相交既不深，不能多识其遗闻轶事，又以无关大体，载不胜载，故从缺如。然则李鸿章果何等之人物乎？吾欲以两言论断之曰：不学无术，不敢破格，是其所短也；不避劳苦，不畏谤言，是其所长也。呜呼！李鸿章往矣，而天下多难，将更有甚于李鸿章时代者，后之君子，何以待之？

吾读日本报章，有德富苏峰著论一篇，其品评李鸿章有独到之点，兹译录如下：

支那之名人物李鸿章逝，东洋之政局，自此不免有寂寞，不独为清廷起乔雕柱折之感而已。

概而言之，谓李鸿章人物之伟大，事功之崇隆，不如谓其福命之过人也。彼早岁得科第，入词馆，占清贵名誉之地位；际长发之乱，为曾国藩幕僚，任淮军统帅，赖戈登之力以平定江苏；及其平捻也，亦实承曾国藩之遗策，遂成大功；及为直隶总督，办天津教案，正当要挟狼狈之际，忽遇普法战起，法英俄美，皆奔走喘息于西欧大事，而此教案遂销沉于无声无形之间。迩来二十有五年，彼统制北洋，开府天津，综支那之大政，立世界之舞台，此实彼之全盛时代也。

虽然，彼之地位，彼之势力，非悉以侥幸而得之者。彼在支那文武百僚中，确有超卓之眼孔，敏捷之手腕，而非他人之所能及也。彼知西来之大势，识外国之文明，思利用之以自强，此种眼光，虽先辈曾国藩，恐亦让彼一步，而左宗棠、曾国荃更无论也。

彼屯练淮军于天津，教以洋操；兴北洋水师，设防于旅顺、威海、大沽；开招商局，以便沿海河川之交通；置机器局，制造兵器；办开平煤矿；倡议设铁路。自军事、商务、工业，无一不留意。虽其议之发自彼与否暂勿论，其权全在彼与否暂勿论，其办理之有成效与否暂勿论，然要之导清国使前进以至今日之地位者谁乎？固不得不首屈一指曰：李鸿章也。

世界之人，殆知有李鸿章，不复知有北京朝廷。虽然，北京朝廷之于彼，必非深亲信者。不宁唯是，且常以猜疑憎嫉之眼待之，不过因外部之压迫，排难解纷，非彼莫能，故不得已而用之耳。况各省督抚，满廷群僚，其不释然于彼者，所在皆是。盖虽其全盛时代，而其在内之势力，固已甚微薄，而非如对外之有无限权力无限光荣也。

中日之役是彼一生命运之转潮也。彼果自初蓄意以主战乎？不能深知之。但观其当事机将决裂之际，忽与俄使喀希尼商，请其干涉弭兵，则其始之派兵于朝鲜，或欲用威胁手段，不战而屈日本，亦未可知。大抵彼自视过高，视中国过大，而料敌情颇有不审者，彼盖未知东亚局面之大势。算有遗策，不能为讳也。一言蔽之，则中日之役，实彼平生之孤注一掷也。而此一掷不中，遂至积年之劳绩声名，扫地几尽。

寻常人遇此失意，其不以忧愤死者几希。虽然，彼以七十三岁之高龄，内则受重谴于朝廷，外则任支持于残局，挺出以任议和之事，不幸为凶客所狙，犹能从容，不辱其命，更舆榇赴俄国，贺俄皇加冕，游历欧美，于前事若无一毫介意者，彼之不可及者，在于是。

彼之末路，萧条甚矣。彼之前半生，甚亲英国，其后半生，最亲俄国，故英人目彼为鬻身于俄廷。以吾论之，彼之亲俄也，以其可畏乎？以其可信乎？吾不得而知之，要之，彼认俄国为东方最有势力之国，宁赂关外之地，托庇于其势力之下，以苟安于一时。此其大原因也。彼之中俄密约满洲条约等事，或视之与秦桧之事金，同为卖国贼臣。此其论未免过酷。盖彼之此举，乃利害得失之问题，非正邪善恶之问题也。

彼自退出总理衙门后，或任治河而远出于山东，或任商务而僻驻于两广，直至义和团事起，乃复任直隶总督，与庆王同任议和全权，事方定而溘然长逝，此实可称悲惨之末路，而不可谓耻辱之末路也。何也？彼其雄心，至死未消磨尽也。

使彼而卒于中日战事以前，则彼为十九世纪之一伟人，作世界史者必大书特书而无容疑也。彼其容貌堂堂，其辞令巧善，机锋锐敏，纵擒自由，使人一见而知为伟人。虽然，彼之血管中，曾有一点英雄之血液否乎？此吾所不敢断言也。彼非如格莱斯顿有道义的高情，彼非如俾斯麦有倔强的男性，彼非如康必达有爱国的热火，彼非如西乡隆盛有推心置腹的至诚。至其经世之识量，亦未有能令我感服而不能已者。要而论之，彼非能为鼓吹他人崇拜英雄心之偶像也。

虽然，彼之大横著，有使人惊叹者。彼支那人也！彼大支那人也！彼无论如何之事，不惊其魂，不恼其心，彼能忍人所不能忍，无论若何失望之事，视之如浮云过空，虽其内心或不能无懊恼乎，无悔恨乎，然其痕迹，从何处求之见之？不观乎铁血宰相俾斯麦乎？一旦失意退隐，其胸中瞋恚之火，直喷出如焰。而李鸿章则于其身上之事，若曾无足以挂其虑者然，其容忍力之伟大，吾人所尊敬膜拜而不能措者也。

若使彼如诸葛孔明之为人，则决无可以久生于此世界之理。何也？彼一生之历史，实支那帝国衰亡史也，如剥笋皮，一日紧一日，与彼同时代之人物，雕落殆尽。彼之一生以前光后暗而终焉。而彼之处此，曾不以扰动其心。或曰：彼殆无脑筋之人也！虽然，天下人能如彼之无脑筋者有几乎？无脑筋之绝技一至此，宁非可叹赏者耶？

陆奥宗光评彼曰：谓彼有豪胆，有逸才，有决断力，宁谓彼为伶俐有奇智，妙察事机之利害得失也。此言殆可谓铁案不移。虽然，彼从不畏避责任，是彼之不可及也，此其所以数十年为清廷最要之人，濒死而犹有绝大关系，负中外之望也。或曰：彼自视如无责任，故虽如何重大之责任，皆当之而不辞。然此之一事，则亦技之所以为大也。

彼可谓支那人之代表人也。彼纯然如凉血类动物，支那人之性也；彼其事大主义，支那人之性也；其容忍力之强，支那人之性也；其硬脑硬面皮，支那人之性也；其词令巧妙，支那人之性也；其狡狯有城府，支那人之性也；其自信自大，支那人之性也。彼无管仲之经世的识量，彼无孔明之治国的诚实，虽然，彼非如王安石之学究。彼其以逸待劳，机智纵横，虚心平气，百般之艰危纠纷，能从容以排解之，舍胜海舟外，殆未见有其比也。

以上之论，确能摹写李鸿章人物之真相而无所遗，褒之不过其当，贬之不溢其短，吾可无复赞一辞矣。至其以李鸿章为我国人物之代表，则吾四万万人不可不深自反也。吾昔为饮冰室自由书，有《二十世纪之新鬼》一篇，今择其论李鸿章者际录于下：

呜呼！若星氏、格氏可不谓旷世之豪杰也哉？此五人者（指域多利亚、星亨、格里士比、麦坚尼、李鸿章），于其国皆有绝大之关系。除域多利亚为立宪政府国之君主，君主无责任，不必论断外，若格里士比，若麦坚尼，皆使其国一新焉，若星亨，则欲新之而未能竟其志者也。以此论之，则李鸿章之视彼三人，有惭德矣。李鸿章每自解曰：吾被举国所掣肘，有志焉而未逮也，斯固然也。虽然，以视星亨、格里士比之冒万险忍万辱排万难以卒达其目的者何如？夫真英雄恒不假他之势力，而常能自造势力。彼星氏格氏之势力，皆自造者也。若李鸿章则安富尊荣于一政府之下而已。苛其以强国利民为志也，岂有以四十年之勋臣耆宿，而不能结民望以战胜旧党者？惜哉！李鸿章之学识不能为星亨，其热诚不能为格里士比，所凭藉者十倍于彼等，而所成就乃远出彼等下也。质而言之，则李鸿章实一无学识无热诚之人也。虽然，以中国之大，其人之有学识有热诚能逾于李鸿章者几何？十九世纪列国皆有英雄，而我国独无一英雄，则吾辈亦安得不指鹿为马，聊自解嘲，翘李鸿章以示于世界曰：此我国之英雄也。呜呼！亦适成为我国之英雄而已矣，亦适成为我国十九世纪以前之英雄而已矣。

要而论之，李鸿章有才气而无学识之人也，有阅历而无血性之人也。彼非无鞠躬尽瘁死而后已之心，然彼弥缝偷安以待死者也。彼于未死之前，当责任而不辞，然未尝有立百年大计以遗后人之志。谚所谓做一日和尚撞一日钟。中国朝野上下之人心，莫不皆然，而李亦其代表人也。虽然，今日举朝二品以上之大员，五十岁以上之达官，无一人能及彼者，此则吾所敢断言也。嗟乎！李鸿章之败绩，既已屡见不一见矣。后此内忧外患之风潮，将有甚于李鸿章时代数倍者，乃今也欲求一如李鸿章其人者，亦渺不可复睹焉。念中国之前途，不禁毛发栗起，而未知其所终极也。

九州生气恃风雷　万马齐喑究可哀
我劝天公重抖擞　不拘一格降人才